税法理论与实践

主　编：张彦涛　魏　明
副主编：龙江滨　李　鹏　鄢红星

陕西师范大学出版总社

图书代号　JC22N1835

图书在版编目(CIP)数据

税法理论与实践 / 张彦涛，魏明主编. —西安：陕西师范大学出版总社有限公司，2023.1
ISBN 978-7-5695-3321-7

Ⅰ.①税… Ⅱ.①张… ②魏… Ⅲ.①税法—中国—高等学校—教材 Ⅳ.①D922.22

中国版本图书馆CIP数据核字(2022)第224155号

税法理论与实践
SHUIFA LILUN YU SHIJIAN

张彦涛　魏　明　主编

责任编辑	于盼盼
责任校对	刘金茹
封面设计	鼎新设计
出版发行	陕西师范大学出版总社 (西安市长安南路199号　邮编 710062)
网　　址	http://www.snupg.com
经　　销	新华书店
印　　刷	陕西隆昌印刷有限公司
开　　本	787 mm×1092 mm　1/16
印　　张	18.5
字　　数	390千
版　　次	2023年1月第1版
印　　次	2023年1月第1次印刷
书　　号	ISBN 978-7-5695-3321-7
定　　价	55.00元

读者购书、书店添货或发现印装质量问题，请与本社高等教育出版中心联系。
电话：(029)85303622(传真)　85307864

前　言

任何企业和个人在经营过程中都避免不了申报纳税,税法与企业及个人的经济活动息息相关,中国的税收"取之于民、用之于民"。为推进税法理论与实践更好地结合,促进税法教材更适应社会主义法治发展,我们编写了这本《税法理论与实践》教材。

本教材以党的二十大精神为指引,运用多元方式推动党的二十大精神进校园、进课堂,实现深入学习全动员、全参与、全覆盖。本教材传授和宣传税收法定原则的精神要义,旨在培养读者诚信为先、依法纳税和德法兼修的职业素养,激发读者税法遵循的自觉性和职业规范性,以实际行动践行"崇法守纪、兴税强国"的税收价值理念,进而使每一位读者成为合格的纳税人、负责的从业者,更成长为一名推动国家税务体系发展的建言人,做好社会主义事业的建设者和接班人。

本教材主要介绍了18个税种的税款缴纳和电子申报流程,一方面使读者了解我国税法的基本概况,同时也引导读者去思考为什么税法这么规定,税法规定背后真正的含义是什么,促使读者心系国家的发展,思考税收法规对人民、对社会的影响,培养依法纳税的责任感和使命感,助力读者树立正确的价值观,培养读者的职业规范和依法纳税的意识。

本教材共分为十五章,由张彦涛担任主编,其中第一章由魏明编写,第二章、第三章、第五章、第八章由张彦涛编写,第四章、第九章由龙江滨编写,第七章、第十一章、第十二章、第十三章由李鹏编写,第六章、第十章、第十四章、

第十五章由鄢红星编写,全书由张彦涛统编。

尽管本教材在编写过程中凝聚了各方的智慧和力量,但因水平有限,书中错误疏漏在所难免,敬请各位专家学者和同仁批评指正。

编　者

2022 年 12 月 1 日

目 录

第一章 税法概述 ... 1
- 第一节 税法原理 ... 2
- 第二节 税收制度 ... 11
- 第三节 税收法律关系与立法运行 ... 18

第二章 增值税法 ... 23
- 第一节 增值税概述 ... 24
- 第二节 增值税的基本要素 ... 26
- 第三节 增值税的计税方法 ... 31
- 第四节 进出口环节增值税的缴纳 ... 42
- 第五节 增值税优惠政策 ... 50
- 第六节 增值税发票管理 ... 52
- 第七节 增值税的电子申报流程 ... 53

第三章 消费税法 ... 66
- 第一节 消费税概述 ... 67
- 第二节 消费税的计税依据 ... 75
- 第三节 消费税应纳税额的计算 ... 78
- 第四节 消费税的出口退税政策 ... 83
- 第五节 消费税的征收管理 ... 84

第四章 城市维护建设税法与教育费附加 ... 92
- 第一节 城市维护建设税的税制要素 ... 93
- 第二节 教育费附加的税制要素 ... 94
- 第三节 城建税与教育费附加的纳税申报 ... 96

第五章　关税法 … 97
第一节　关税的税制要素 … 98
第二节　关税的应纳税额计算 … 99
第三节　关税的征收管理 … 104

第六章　个人所得税法 … 111
第一节　个人所得税概述 … 112
第二节　个人所得税应纳税额的计算 … 117
第三节　综合所得的预扣预缴 … 126
第四节　综合所得汇算清缴 … 135
第五节　经营所得应纳税额的计算 … 137
第六节　财产租赁所得和财产转让的缴纳 … 142
第七节　利息、股息、红利所得和偶然所得 … 145
第八节　境外所得已纳税额的扣除 … 146
第九节　个人所得税征收管理 … 148
第十节　个人所得税税收优惠 … 153

第七章　企业所得税法 … 157
第一节　企业所得税概述 … 158
第二节　应纳税所得额 … 159
第三节　应纳税所得额的计算 … 161
第四节　企业所得税优惠政策 … 168
第五节　企业所得税的纳税申报 … 169

第八章　资源税法 … 174
第一节　资源税的概念和特点 … 176
第二节　资源税基本要素 … 177
第三节　资源税采集与申报 … 181

第九章　城镇土地使用税法与耕地占用税法 … 185
第一节　城镇土地使用税的基本要素 … 185
第二节　城镇土地使用税采集与申报 … 189
第三节　耕地占用税的基本要素 … 192
第四节　耕地占用税采集与申报 … 194

第十章　土地增值税法 199
第一节　土地增值税的基本要素 200
第二节　土地增值税采集与申报 208

第十一章　房产税法与契税法 212
第一节　房产税 213
第二节　重庆房产税试点政策 217
第三节　上海房产税试点政策 219
第四节　房产税采集与申报 220
第五节　契税 224
第六节　契税采集与申报 227
第七节　二手房交易涉及的税费 232

第十二章　车船税法与车辆购置税法 235
第一节　车船税 237
第二节　车船税采集与申报 240
第三节　车辆购置税 243
第四节　车辆购置税采集与申报 246

第十三章　烟叶税法与船舶吨税法 249
第一节　烟叶税 252
第二节　烟叶税采集与申报 253
第三节　船舶吨税 256
第四节　船舶吨税的执照申请 259

第十四章　印花税法 262
第一节　印花税 263
第二节　印花税采集与申报 268

第十五章　环境保护税法 273
第一节　环境保护税 275
第二节　环境保护税采集与申报 278

参考文献 285

第一章　税法概述

> **课前阅读**

关于税收的起源

赋税是社会经济和政治发展到一定阶段的产物，中国是世界上人类发展最早的地区之一，在这块土地上劳动和生息的人类祖先，为我们谱写了悠久的历史和文化。

中国的原始社会，大约是从几十万年以前开始的。渔猎经济的进步，促成了氏族公社的最后形成。而氏族制度的形成和逐步完善化，又大大地促进了社会经济的发展。

首先是农业的建立。相传神农氏"因天之时，分地之利，制耒耜，教民农作，神而代之，使民宜之。"部落首领领导氏族成员，利用天时地利，从事农业生产，使农业得到了发展，中国成了世界上农业发展最早的国家之一。在农业发展的基础上，家畜饲养业也产生并发展起来，在继续狩猎和捕鱼的同时，除了养狗之外，开始普遍养猪。家畜饲养成了农业的一个重要补充。随着农业、家畜饲养业的发展，人们生活的改善，又向原始手工业提出了新的要求。一些原始手工业，如制陶业、纺织业、缝纫以及房屋建筑业等也开始出现。只是这时的手工业多在农事和其他生产的间隙中进行，它们还没有从农业中独立出来，而是同早期农业生产结合在一起进行的。生产的产品也主要是为了满足本部落居民的需要。

随着农业、畜牧业和手工业的发展，原始社会生产水平进入一个新的发展时期。随着畜牧业和手工业先后成为独立的生产部门，这种社会大分工又推动了生产工具的改进和生产技术的提高。粮食较前丰盛了，还有不少粮食用作储备，手工工艺的进步，直接交换为目的的商品生产出现了。一种新的社会形态——奴隶制，已开始在原始社会的内部萌芽、生根和发育起来。而交换的进一步发展、私人占有财富的增多，又是促使原始社会迅速向奴隶制社会转变的催化剂。

由于生产力的发展，氏族部落内部的财产占有开始有了差别，出现了阶级分化。在国家出现以前，为保证氏族首领和氏族集团的公共需要，需向公社成员提取一部分产品充当公积金。这种征收，还不完全具备税收的性质。只有当国家出现以后，为了实现国家职能的需要，才产生了税收。

正如恩格斯所说,"为了维持这种公共权力,就需要公民缴纳费用——捐税。捐税是以前的氏族公社完全没有的。"

第一节 税法原理

一、税法的概念与基本特征

(一)税法的概念

税收是国家为了实现其职能,凭借政治权力,按照法律规定的标准,无偿地取得财政收入的一种分配形式。税收分配客体是社会剩余产品。税收具有强制性、无偿性、固定性的特点。税法是指有权的国家机关制定的有关调整税收分配过程中形成的权利义务关系的法律规范总和。税法调整对象是税收分配中形成的权利义务关系,而不是税收分配关系。狭义税法仅指国家最高权力机关正式立法的税收法律。立法机关包括:全国人大及其常委会、地方人大及其常委会、行政机关。税法的征税主体是国家,征税依据是政治权力,征税目的是满足国家实现其职能的需要。

(二)税法的基本特征

(1)从立法过程上看,税法属于制定法。

即税法是由国家制定的,不是由习惯做法或司法判例而认可的。

(2)从法律性质上看,税法属于义务性法规。

税法是直接要求人们从事或不从事某种行为的法规,具有强制性;税法是以规定纳税义务为核心构建的,任何人都不能随意变更或违反法定纳税义务;从税法的角度看,纳税人以尽义务为主,其履行纳税义务与获得的权利不对等;纳税人的权利从总体上看是纳税人的程序性权利,如申请复议或提起诉讼的权利,一般建立在其纳税义务的基础之上,是从属性的。

(3)从内容上看,税法具有综合性。

即税法是由实体法、程序法、争讼法等构成的综合法律体系。

二、税法的原则

税法原则是构成税收法律规范的基本要素之一,是调整税收关系的法律规范的抽象和概括,是贯穿税收立法、执法、司法等全过程的具有普遍指导意义的法律准则。税法基本原则是一定社会经济关系在税收法制中的体现,是国家税收法治的理论基础。任何国家的税法体系和税收法律制度都要建立在一定的税法原则基础上。税法原则可以分为税法基本原则和适用原则两个层次。

(一)税法基本原则

从法理学的角度分析,税法基本原则可以概括成税收法律主义、税收公平主义、税收合作信赖主义与实质课税原则。

1. 税收法律主义

税收法律主义也称税收法定性原则,是指税法主体的权利义务必须由法律加以规定,税法的各类构成要素皆必须且只能由法律予以明确规定,征纳主体的权利义务只以法律规定为依据,没有法律依据,任何主体不得征税或减免税收。税收法律主义的要求是双向的:一方面,要求纳税人必须依法纳税;另一方面,课税只能在法律的授权下进行,超越法律规定的课征是违法和无效的。从现代社会来看,税收法律主义的功能则偏重于保持税法的稳定性与可预测性,这对于市场经济的有序性和法治社会的建立与巩固是十分重要的。

税收法律主义可以概括成课税要素法定、课税要素明确和依法稽征三个具体原则。

(1) 课税要素法定原则。即课税要素必须由法律直接规定。首先,这里的课税要素不仅包括纳税人、征税对象、税率、税收优惠,而且应包括征税基本程序和税务争议的解决办法等。其次,课税要素的基本内容应由法律直接规定,实施细则等仅是补充,以行政立法形式通过的税收法规、规章,如果没有税收法律作为依据或者违反了税收法律的规定都是无效的。最后,税收委托立法只能限于具体和个别的情况,不能做一般的、没有限制的委托,否则即构成对课税要素法定原则的否定。

(2) 课税要素明确原则。所谓课税要素明确原则,是指在法律和授权立法的行政法规或地方性法规中,对课税要素和征收程序等内容的规定,必须尽量明确而不生歧义。如果规定模糊,就会产生行政机关确定课税要素的自由裁量权,容易导致征税权的滥用。

(3) 依法稽征原则。即税务行政机关必须严格依据法律的规定稽核征收,而无权变动法定课税要素和法定征收程序。除此之外,纳税人同税务机关一样都没有选择开征、停征、减免、退补税收及延期纳税的权力,即使征纳双方就此达成一致也是违法的。依法稽征原则包含依法定课税要素稽征和依法定征收程序稽征两个方面。依法稽征原则的适用,事实上也受到一定的限制,这主要是由税收法律主义与其他税法原则的冲突和稽征技术上的困难造成的。但是,无论如何,其根本目的必须是提高税务行政效率,方便纳税人缴税,解决稽征技术上的困难,而不是对税法的规避。

党的十八届三中全会明确提出"落实税收法定原则",开启了税收法律制度体系建设的新阶段,重申了严格落实《中华人民共和国立法法》提出的税收基本制度属于全国人民代表大会的专属立法权限,也为未来税制改革提供了法治方向,具有十分重要的现实意义。

2. 税收公平主义

税收公平主义是近代法的基本原理,即平等性原则在课税思想上的具体体现,与其他税法原则相比,税收公平主义渗入了更多的社会要求。一般认为,税收公平最基本的含义是:税收负担必须根据纳税人的负担能力分配,负担能力相等,税负相同;负担能力不等,税负不同。当纳税人的负担能力相等时,以其获得收入的能力为确定负担能力的基本标准,但收入指标不完备时,财产或消费水平可作为补充指标;当纳税人的负担能力不等时,应当根据其从政府活动中期望得到的利益大小缴税或使社会牺牲最小。

法律上的税收公平主义与经济上要求的税收公平较为接近,其基本思想内涵是相通的。但是,两者也有明显的不同:第一,经济上的税收公平往往是作为一种经济理论提出来的,可以作为制定税法的参考,但是对政府与纳税人尚不具备强制性的约束力,只有当其被国家以立法形式所采纳时,才会上升为税法基本原则,在税收法律实践中得到全面的贯彻。第二,经济上的税收公平主要是从税收负担带来的经济后果上考虑,而法律上的税收公平不仅要考虑税收负担的合理分配,而且要从税收立法、执法、司法各个方面考虑。纳税人既可以要求实体利益上的税收公平,也可以要求程序上的税收公平。第三,法律上的税收公平是有具体法律制度予以保障的。例如,对税务执法中受到的不公正待遇,纳税人可以通过税务行政复议税务行政诉讼制度维护其合法权益。由于税收公平主义源于法律上的平等性原则,所以许多国家的税法在贯彻税收公平主义时,都特别强调"禁止不平等对待"的法理,禁止对特定纳税人给予歧视性对待,也禁止在没有正当理由的情况下对特定纳税人给予特别优惠。因为对一部分纳税人的特别优惠,很可能就是对其他纳税人的歧视。

3. 税收合作信赖主义

税收合作信赖主义,也称公众信任原则。它在很大程度上汲取了民法"诚实信用"原则的合理思想,认为税收征纳双方的关系就其主流来看是相互信赖、相互合作的,而不是对抗性的。一方面,纳税人应按照税务机关的决定及时缴纳税款,税务机关有责任向纳税人提供完整的税收信息资料,征纳双方应建立起密切的税收信息联系和沟通渠道。税务机关用行政处罚手段强制征税也是基于双方合作关系的,目的是提醒纳税人与税务机关合作自觉纳税。另一方面,没有充足的依据,税务机关不能对纳税人是否依法纳税有所怀疑,纳税人有权利要求税务机关予以信任,纳税人也应信赖税务机关的决定是公正和准确的,税务机关作出的行政解释和事先裁定,可以作为纳税人缴税的根据,当这种解释或裁定存在错误时,纳税人并不承担法律责任,纳税人因此而少缴的税款也不必缴纳滞纳金。

税收合作信赖主义与税收法律主义存在一定的冲突,因此,许多国家税法在适用这一原则时都作了一定的限制。第一,税务机关的合作信赖表示应是正式的,纳税人不能将税务人员个人私下作出的表示,认为是税务机关的决定,而要求引用税收合作信赖主义少缴税。第二,对纳税人的信赖必须是值得保护的。如果税务机关的错误表示是基于纳税人方面隐瞒事实或虚假报告作出的,则对纳税人的信赖不值得保护。第三,纳税人必须信赖税务机关的错误表示并据此已作出某种纳税行为。也就是说,纳税人已经构成对税务机关表示的信赖,但没有据此作出某种纳税行为,或者这种信赖与其纳税行为没有因果关系,也不能引用税收合作信赖主义。

4. 实质课税原则

实质课税原则,是指应根据纳税人的真实负担能力决定纳税人的税负,不能仅考核其表面上是否符合课税要件。也就是说,在判断某个具体的人或事件是否满足课税要件,是否应承担纳税义务时,不能受其外在形式的蒙蔽,而要深入探求其实质,如果实质条件满足了课税要件,就应按实质条件的指向确认纳税义务。反之,如果仅仅是形式上符合课税要件,而实质上并不满足,则不能确定其负有纳税义务。之所以提出这一原则,是因为纳税人是否满足课税要件,其外在形式与内在真实之间往往会因一些客观因素或纳税人的刻意伪装而产生差异。例如,纳税人借转让定价而减少计税所得,若从表面来看,应按其确定的价格计税。但是,这并不能反映纳税人的真实所得,因此,税务机关根据实质课税原则,有权重新估定计税价格,并据以计算应纳税额。实质课税原则的意义在于防止纳税人的避税与偷税,增强税法适用的公正性。

(二)税法适用原则

税法适用原则,是指税务行政机关和司法机关运用税收法律规范解决具体问题所必须遵循的准则。其作用在于,在使法律规定具体化的过程中提供方向性的指导,判定税法之间的相互关系,合理解决法律纠纷,保障法律顺利实现,以达到税法认可的各项税收政策目标,维护税收征纳双方的合法权益。税法适用原则并不违背税法基本原则,而且在一定程度上体现着税法基本原则。但是与其相比,税法适用原则含有更多的法律技术性准则,更为具体化。

1. 法律优位原则

法律优位原则也称行政立法不得抵触法律原则,其基本含义为法律的效力高于行政立法的效力。法律优位原则在税法中的作用主要体现在处理不同等级税法的关系上。与一般法律部门相比,税法与社会经济生活的联系十分紧密。为了适应市场经济条件下社会经济生活的复杂多变性,税法体系变得越来越庞大,内部分工越来越细致,立法的层次性越来越鲜明;不同层次税法之间在立法、执法、司法中的越权或缺位也就更容易出现。因此,界定不同层次税法的效力关系十分有必要。法律优位原则明确了税收法律的效力高于税收行政法规的效力,对此还可以进一步推论为税收行政法规的效力优于税收行政规章的效力。效力低的税法与效力高的税法发生冲突时,效力低的税法即是无效的。

2. 法律不溯及既往原则

法律不溯及既往原则是绝大多数国家所遵循的法律程序技术原则。其含义为:一部新法实施后,对新法实施之前人们的行为不得适用新法,而只能沿用旧法。在税法领域内坚持这一原则,目的在于维护税法的稳定性和可预测性,使纳税人能在知道纳税结果的前提下作出相应的经济决策,税收的调节作用才会较为有效。否则就会违背税收法律主义和税收合作信赖主义,对纳税人也是不公平的。但是,在某些特殊情况下,税法对这一原则的适用也有例外。一些国家在处理税法的溯及力问题时,还坚持"有利溯及"原则,即对税法中溯及既往的规定,对纳税人有利的,予以承认;对纳税人不利的,则不予承认。

3. 新法优于旧法原则

新法优于旧法原则也称后法优于先法原则,其含义为:新法、旧法对同一事项有不同规定时,新法的效力优于旧法。其作用在于避免因法律修订带来新法、旧法对同一事项有不同的规定而给法律适用带来的混乱,为法律的更新与完善提供法律适用上的保障。新法优于旧法原则的适用,以新法生效实施为标志,新法生效实施以后用新法,新法实施以前包括新法公布以后尚未实施这段时间,仍沿用旧法,新法不发生效力。新法优于旧法原则在税法中普遍适用,但是当新税法与旧税法处于普通法与特别法的关系时,以及某些程序性税法引用"实体从旧,程序从新原则"时,可以例外。

4. 特别法优于普通法原则

特别法优于普通法原则的含义为:对同一事项两部法律分别订有一般规定和特别规定时,特别规定的效力高于一般规定的效力。当对某些税收问题需要作出特殊规定,但是又不便于普遍修订税法时,即可以通过特别法的形式予以规范。凡是特别法中作出规定的,即排斥普通法的适用。不过这种排斥仅就特别法中的具体规定而言,并不是说随着特别法的出现,原有的居于普通法地位的税法即告废止。特别法优于普通法原则打破了税法效力等级的限制,即居于特别法地位级别较低的税法,其效力可以高于作为普通法的级别较高的税法。

5. 实体从旧、程序从新原则

实体从旧、程序从新原则的含义包括两个方面:一是实体税法不具备溯及力;二是程序性税法在特定条件下具备一定的溯及力。即对于一项新税法公布实施之前发生的纳税义务在新税法公布实施之后进入税款征收程序的,原则上新税法具有约束力。在一定条件下允许"程序从新",是因为程序性税法规范的是程序性问题,不应以纳税人的实体性权利义务发生的时间为准,判定新的程序性税法与旧的程序性税法之间的效力关系。并且,程序性税法主要涉及税款征收方式的改变,其效力发生时间的适当提前,并不构成对纳税人权利的侵犯,也不违背税收合作信赖主义。

6. 程序优于实体原则

程序优于实体原则是关于税收争讼法的原则,其含义为:在诉讼发生时税收程序法优于税收实体法适用。即纳税人通过税务行政复议或税务行政诉讼寻求法律保护的前提条件之一,是必须事先履行税务行政执法机关认定的纳税义务,而不管这项纳税义务实际上是否完全发生。否则,税务行政复议机关或司法机关对纳税人的申诉不予受理。适用这一原则,是为了确保国家课税权的实现,不因争议的发生而影响税款的及时、足额入库。

三、税收负担与税负转嫁

税收负担指整个社会或单个纳税人(个人和法人)实际承受的税款,它表明国家课税对全社会产品价值的集中度以及税款的不同分布所引起的不同纳税人的负担水平。依据考察的层次不同,税收负担主要分为宏观税收负担和微观税收负担。宏观税收负担主要研究一国当年征收的税收总额与社会总产出或总经济规模之间的对比关系,即社会的总体税负水平;微观税收负担主要研究单个纳税人向国家缴纳的税收与其产出的对比关系,即企业或个人的税负水平。

(一)宏观税收负担

衡量宏观税收负担的指标主要有国民收入税收负担率、国民生产总值税收负担率、国内生产总值税收负担率。其计算公式分别是税收收入总额与国民收入、国民生产总值和国内生产总值的比率。

(二)微观税收负担

微观税收负担是从纳税人的角度考察企业、个人等微观经济主体的税收负担水平。微观税收负担率是指纳税人实纳税额占其可支配产品的比重,主要包括以下五个指标:

(1)企业综合税负率,是一定时期内企业实际缴纳的各种税收总额与同期企业的总产值的比率。

(2)企业直接税负担率,是企业在一定时期所缴纳的直接税税款占同期企业收益总额的比率。

(3)企业增值负担率,是企业在一定时期所缴纳的各种税款总额占同期企业实现的增值额的比率。

(4)企业净产值负担率,是企业在一定时期所缴纳的各种税款总额占同期企业实现的净产值的比率。

(5)个人所得负担率,是个人在一定时期所缴纳的所得税款占同期个人收入总额的比率。

(三)税负转嫁与归宿

1. 税负转嫁与税负归宿的概念

所谓税负转嫁,就是纳税人不实际负担国家课于他们的税收,而通过购入或卖出商品价格的变动,将全部或部分税收转移给他人负担的过程。税收归宿是税负转嫁过程的终点,也是税收负担的实际承受者。这样就产生了纳税人可以是负税人、部分负税人和非负税人的不同情况。

2. 税负转嫁的形式

税负转嫁的形式主要有:

(1)前转(顺转),即纳税人在进行交易时,按照课税商品的流转方向,用提高价格的办法,把所纳税款向前转嫁给商品的购买者或消费者。这是税负转嫁的基本形式。

(2)后转(逆转),即纳税人用压低价格的办法把税款向后转嫁给货物或劳务的供应者。例如纳税人通过压低购进原材料价格将税负转嫁给原材料生产者。

(3)混转(散转),混转又叫散转,即纳税人将自己缴纳的税款分散转嫁给多方负担。混转是在税款不能完全向前顺转,又不能完全向后逆转时采用。例如织布厂将税负一部分用提高布匹价格的办法转嫁给印染厂,一部分用压低棉纱购进价格的办法转嫁给纱厂,一部分则用降低工资的办法转嫁给本厂职工等。严格地说,混转并不是一种独立的税负转嫁方式,而是前转与后转等的结合。

(4)辗转转嫁,即转嫁行为多次发生。

(5)税收资本化,是税负转嫁的一种特殊形式,即应税物品(主要是土地和其收益来源具有永久性的政府债券等资本品)交易时,买主将物品可预见的未来应纳税款从所购物品价格中做一次性扣除,此后名义上虽由买主按期纳税,实际上税款由卖主负担。

(6)消转,又称转化,即纳税人用降低课税品成本的办法使税负从新增利润中得到抵补。这既不是提高销价的前转,也不是压低购价的后转,它实际上是利用生产者应得的超额利润抵补税收,实际上不转嫁,由纳税人自己负担。

3. 税负转嫁与供求弹性的关系

(1)税负转嫁的程度取决于征税后的价格变动。如图 1-1 所示:

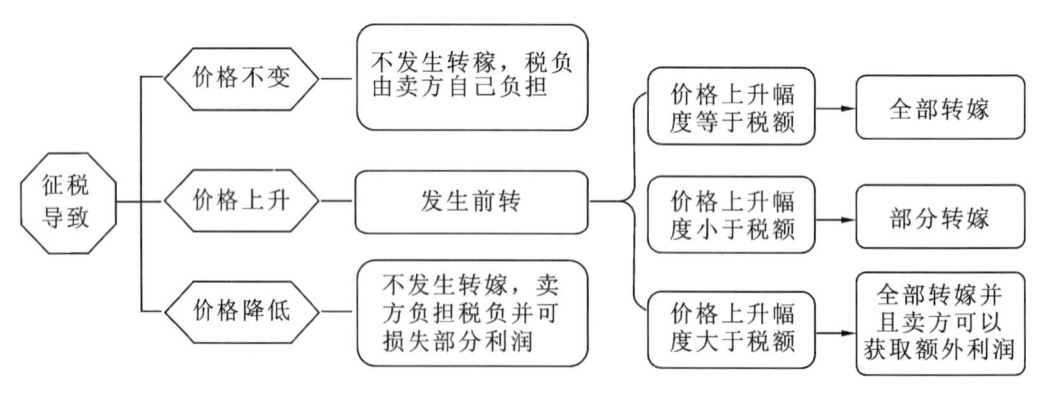

征税导致：
- 价格不变 → 不发生转嫁,税负由卖方自己负担
- 价格上升 → 发生前转 →
  - 价格上升幅度等于税额 → 全部转嫁
  - 价格上升幅度小于税额 → 部分转嫁
  - 价格上升幅度大于税额 → 全部转嫁并且卖方可以获取额外利润
- 价格降低 → 不发生转嫁,卖方负担税负并可损失部分利润

图 1-1

注:本图仅就税负转嫁的基本形式——"前转"进行讨论。

(2)由征税引起的价格变动的程度,取决于商品的需求弹性和供给弹性。

需求弹性对税负转嫁的影响:

需求弹性高——前转较困难

需求弹性低——前转较容易

供给弹性对税负转嫁的影响:

供给弹性高——税负转嫁较容易

供给弹性低——税负转嫁较困难

总之,税负转嫁的主要途径是价格的变动,转嫁的幅度取决于供求弹性。在其他条件不变时,就供给和需求的相对弹性来说,哪方弹性小,税负就向哪方转嫁,供给弹性等于需求弹性时,税负由买卖双方平均负担。

四、税收分类

(一)按征税对象分类

按征税对象不同,税收可以划分为商品流转税、所得税、资源税和财产税及行为目的税。

1. 商品流转税

商品流转税,是指在生产、流通及服务领域中,以销售商品或提供劳务而取得的销售收入额或营业收入额为征税对象的各税种总称。

2. 所得税

所得税,是指以所得额为征税对象的各税种总称。所得额,是指法人或自然人在一定期间内提供劳务、销售货物、转让各项财产或权利、进行投资、接受捐赠和其他方面的所得。

3. 资源税

资源税是以各种应税自然资源为征税对象、为了调节资源级差收入并体现国有资源有偿使用而征收的各税种总称。

4. 财产税

财产税,是指以各种财产为征税对象的各税种总称。

5. 行为目的税

行为目的税,是指为达到特定目的,对特定对象和行为发挥调节作用而征收的各税种总称。

(二)按计税依据分类

按计税依据不同,税收可以分为从量税与从价税。

1. 从量税

从量税,是指以征税对象的自然计量单位(重量、面积、件数等)为依据,按固定税额计征的税收。从量税实行定额税率,计算简便。

2. 从价税

从价税,是指以征税对象的价值量为依据,按一定比例计征的税收。从价税实行比例税率和累进税率,税收负担比较合理。

(三)按税收与价格关系分类

按税收与价格关系的不同,税收可分为价内税与价外税。

1. 价内税

价内税,是指税款包含在应税商品价格内,作为商品价格组成部分。

2. 价外税

价外税,是指税款独立于应税商品价格之外,不作为商品价格的组成部分。

(四) 按税收管理和支配权限的归属分类

按税收管理和支配权限的归属不同,税收可分为中央税、地方税、中央地方共享税。

1. 中央税

中央税即属于中央固定财政收入,由中央集中管理和使用的税种。具体来说,中央税包括下列税种:关税,海关代征消费税和增值税,消费税,中央企业所得税,地方银行和外资银行及非银行金融企业所得税,铁道部门、各银行总行、各保险总公司等集中交纳的收入(包括所得税、利润和城市维护建设税),车辆购置税。

2. 地方税

地方税即属于地方固定财政收入,由地方管理和使用的税种。具体说来,地方税包括下列税种:个人所得税,城镇土地使用税,城市维护建设税(不含铁道部门、各银行总行、各保险总公司集中交纳的部分),房产税,车船使用税,印花税,烟叶税,耕地占用税,契税,土地增值税。

3. 中央地方共享税

中央地方共享税即由中央和地方共同管理和使用的税种。具体说来,中央地方共享税包括下列税种:增值税、资源税、印花税、个人所得税等。增值税(不含进口)中央分享50%,地方分享50%。资源税按不同的资源品种划分,一部分资源税作为地方收入,海洋石油资源税作为中央收入,水资源税中央分享10%。证券交易印花税,中央分享100%,其他印花税归地方。个人所得税,中央分享60%,地方分享40%。

(五) 按税收负担是否易于转嫁分类

按税收负担是否易于转嫁,税收可分为直接税与间接税。

1. 直接税

直接税,是指税负不易转嫁,纳税主体直接承担税负的税收,即纳税人与负税人为同一人。

2. 间接税

间接税,是指纳税义务人不是税收的实际负担人,纳税义务人能够用提高价格或提高收费标准等方法把税收负担转嫁给别人的税种。

五、税制结构

税制结构如图 1-2 所示：

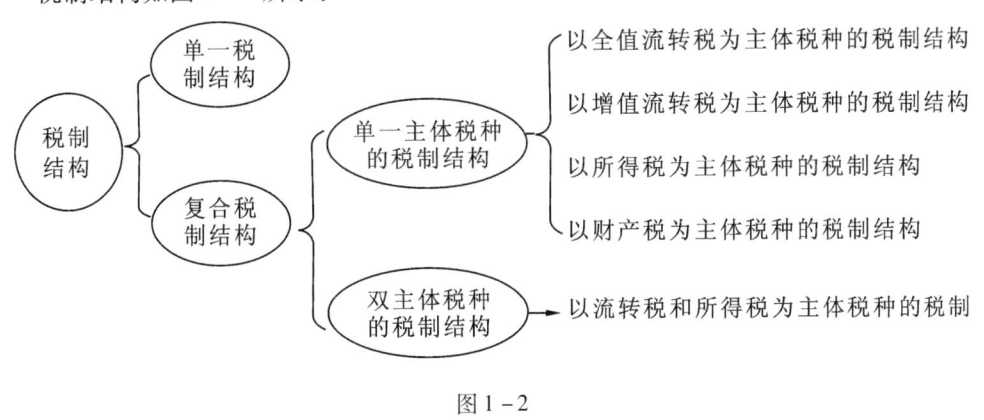

```
                          ┌─ 以全值流转税为主体税种的税制结构
              ┌─ 单一税      ├─ 以增值流转税为主体税种的税制结构
              │  制结构  单一主体税种
税制结构 ─┤              的税制结构├─ 以所得税为主体税种的税制结构
              │                      └─ 以财产税为主体税种的税制结构
              └─ 复合税
                 制结构   双主体税种
                          的税制结构 ── 以流转税和所得税为主体税种的税制
```

图 1-2

注：①由于全值流转税是以商品和非商品的流转额为课税对象，只要有商品或劳务的流转额发生，就能课征到税款，因此这类税制征税范围广，且不受生产成本变化的影响。在实行价内税的情况下，这类税的税金又是价格的组成部分，它能够与价格杠杆配合，调节生产。不足之处在于税负转嫁和重复征税问题。

②以增值流转税(增值税)为主体税种的税制结构。在实行凭发票抵扣进项税额制度并实行电脑化征管的前提下，增值税征收过程会产生纳税人之间相互监督、互相牵制的效应，避免偷漏税行为的发生。

③以所得税为主体税种的税制结构。当经济发展水平低时，难以保证国家的税收需要。

④以财产税为主体税种的税制结构。财产税估值难，征收成本较高。

⑤双主体税种的税制结构。我国应坚持"流转税与所得税并重的多种税，多环节征收"的复合税制结构。

第二节 税收制度

一、税收制度的基本要素

(一)征税对象

征税对象又称课税对象或课税客体，是指对什么东西征税，即征税的标的物。

征税对象是税收制度最基本的要素，也是一种税区别于另一种税的主要标志。每一个征税对象都有税目和计税依据。

与征税对象相关的基本概念有以下两个：

1. 计税依据

计税依据又称税基，是指计算应纳税额的依据，是征税对象的量的表现。其数额同税额成正比例,计税依据的数额越多,应纳税额也越多。计税依据和征税对象存在十分紧密的关系,因为计税依据是征税对象的数量表现,征税对象是从质的方面对征税的规定,即对什么征税;计税依据则是从量的方面对征税的规定,即如何计量。

计税依据是计算应纳税额根据的标准,即根据什么来计算纳税人应缴纳的税额。计税依据与征税对象虽然同样是反映征税的客体,但两者要解决的问题不相同。征税对象解决对什么征税的问题,计税依据则是确定了征税对象之后,解决如何计量的问题。有些税种的征税对象和计税依据是一致的,如各种所得税,其征税对象和计税依据都是应税所得额。但是有些税种则不一致,如消费税,其征税对象是应税消费品,计税依据则是消费品的销售收入。计税依据分为从价计征和从量计征两种类型,从价计征的税收,是以征税对象的自然数量与单位价格的乘积作为计税依据;从量计征的税收,是以征税对象的自然实物量作为计税依据,该项实物量以税法规定的计量标准(重量、体积、面积等)计算。

2. 税目

税目又称课税品目,指税法规定的征税对象范围内的具体征税项目。税目是征税对象的具体化,也是各个税种所规定的具体征税项目。税目反映征税的范围,代表征税的广度。制定税目的主要目的是区别不同的具体对象,规定高低不同的税率,以体现国家的税收政策。

制定税目的方法主要有两种:其一列举法。即将征税对象逐一列出,如按照征税对象的经营项目或者收入项目等分别设置税目,必要时还可以在税目之下划分若干个子目。列举法的优点是界限清楚,便于掌握;缺点是税目过多时不便查找,有些项目不容易归类。其二概括法。即按照征税对象的类别设计税目,如按照商品类别或者行业设计税目。概括法的优点是税目较少,查找方便;缺点是税目过粗,不利于体现国家政策。

在实际工作中,上述两种方法可以同时运用。例如,消费税按照应税消费品类别设有15个税目,其中部分税目下设若干子目。

(二)纳税人

纳税人又称纳税义务人,它是课税的主体,是税法规定的直接负有纳税义务的单位和个人,包括自然人和法人。

法人是依法成立,具有民事权利能力和民事行为能力,依法独立享有民事权利和承担民事义务的组织。

税收实践中还要注意区别以下与纳税人紧密相连的概念:

1. 负税人

负税人,是指实际负担税款的单位和个人。负税人与纳税人的区别在于:负税人是经济学中的概念,即税收的实际负担者;而纳税人是法律用语,即直接负有纳税义务的单位和个人。税法只规定纳税人,不规定负税人。二者有时可能相同,有时不尽相同。

2. 扣缴义务人

扣缴义务人,是指法律、行政法规规定负有代扣代缴、代收代缴税款义务的单位和个人。扣缴义务人既非纯粹意义上的纳税人,也非实际负担税款的负税人,只是负有代为扣税并缴纳税款法定职责的义务人。

(三) 税率

税率是应纳税额与计税依据之间的比率。税收的固定性特征是通过税率体现的。税率是税收制度的核心要素,是计算应纳税额的尺度。在计税依据已经确定的前提下,国家征税的数量和纳税人的负担水平就取决于税率,国家一定时期的税收政策也体现在税率方面。税率有以下三种形式:

1. 比例税率

比例税率是从价计税时按照计税依据计算应纳税额的法定比例,通常采用固定的百分比的形式。比例税率的特点是,在税率确定的情况下,应征税额与计税依据之间始终保持同一比例。在经济上,比例税率对同一类征税对象或者纳税人实行等比负担,有利于鼓励规模经营、平等竞争。同时,应纳税额计算简便。但是,这种税率在调节收入分配、财产分布等方面的作用不如累进税率。

在实际运用中,比例税率主要分为统一比例税率和差别比例税率。

统一比例税率是指一种税只设一个税收比例的税率,所有纳税人都按照同一个税率纳税。所以,严格的统一比例税率在现实中不经常被采用。

差别比例税率是指一个税种设有两个以上的比例税率,税率是根据不同的征税项目分别设计的。实行差别比例税率有利于更好地贯彻区别对待、公平税负的原则,也有利于贯彻国家的经济政策。

在我国现行税制中,差别比例税率有 4 种类型:第一类是产品差别比例税率,即按照产品大类或者品种分别设计税率,如消费税就是采用这种税率。第二种是行业差别比例税率,即按照经营项目所属的行业设计税率,如增值税就是采用这种税率。第三类是地区差别比例税率,即对同一征税对象按照其所在地区分别设计税率,如城市维护建设税就是采用这种税率。第四类是幅度差别比例税率,即在税法规定的统一比例幅度以内,由财税部门或者地方政府根据实际情况确定具体的适用税率,如契税就是采用这种税率。

2. 定额税率

定额税率是从量计税时按照征税对象的计量单位直接规定的应纳税额,又称固定税额。

定额税率的计税依据是征税对象的计量单位。计税依据的计量单位可以是自然单位(如啤酒按吨计,汽车按辆计),也可以是复合单位(如电力按千度计,天然气按千立方米计)。

定额税率的特点是,在税率确定的情况下,应征税额与计税依据之间始终保持同一比例,计算简便,且不受价格变化的影响,适用于品种比较单一、价格相对稳定的大宗商品。

3. 累进税率

累进税率又称累进税制,指征收比例随着计税依据数额增加而逐级提高的税率。即根据计税依据的数量设置若干级距,分别适用由低到高的不同税率。

累进税率的主要特点是,税收负担随着计税依据数额的增加而递增,能够较好地体现纳税人的税负水平与负税能力相适应的原则,可以更有效地调节纳税人的收入、财产等,正确处理税收负担公平问题,多在所得税、财产课税中应用。

累进税率在实际运用中主要有全额累进税率、超额累进税率、全率累进税率、超率累进税率等四种形式。目前我国税种采用超额累进税率和超率累进税率,分别是个人所得税和土地增值税。

全额累进税率是累进税率一种,指按照计税依据的全部数额累进征税的累进税率。即将计税依据分为若干个不同的征税级距,相应规定若干个由低到高的不同的适用税率,当计税依据数额由一个征税级距上升到另一个较高的征税级距时,全部计税依据都要按照上升以后的征税级距的适用税率计算征税。

全额累进税率的优点是计算方法简单,累进幅度大,能够大幅度地调节纳税人的收入、财产。缺点是由于累进急剧,在累进分界点上下税负悬殊,甚至会出现增加的税额超过增加的计税依据数额的现象,不利于鼓励纳税人增加收入、财产。目前这种税率已经很少使用。

超额累进税率是累进税率的一种,是指按照计税依据的不同部分分别累进征税的累进税率。即将计税依据(如所得税的应纳税所得额)分为若干个不同的征税级距,相应规定若干个由低到高的不同的适用税率,当计税依据数额由一个征税级距上升到另一个较高的征税级距时,仅就达到上一级距的部分按照上升以后的征税级距的适用税率计算征税。这种税率通常用于个人所得税、财产税、遗产税等税种。

全率累进税率是累进税率的一种,是指按征税对象相对比例划分征税级距,就纳税人的征税对象全部数额按与之相适应的级距税率计征的一种累进税率。即将征税对象的相对比例(如产值利润率、资金利润率、销售利润率、成本利润率、工资利润率、工资增长率,等等)从小到大划分为若干不同的征税级距,分别制定从低到高的不同的等级税率,但实际征税时,仍以征税对象的绝对数额作为计税依据,当纳税人的征税对象的相对比例达到某一等级时,全部征税对象数额都要按这一等级的税率征税。

超率累进税率是把征税对象数额的相对量划分为若干级距,分别规定相应的税率,在征税对象比率增加,需要提高一级税率时,仅对增加的部分按规定的等级税率计征。如我国现行的土地增值税就是采用这种税率。

(四)起征点和免征额

起征点又称征税起点,指税法规定的计税依据应当征税的数量界限(起点)。计税依据数额达不到起征点的不征税,达到起征点的按照计税依据全额征税。例如,增值税暂行条例实施细则规定,适用于小规模纳税人的起征点,按期纳税的月销售额为15万,纳税人的营业额只要达到上述起征点,就应当按照其全部营业额计算缴纳增值税。

规定起征点主要是为了适当照顾应税收入、所得、财产等较少的纳税人,贯彻合理负担的原则;同时,可以适当缩小征税面,降低税收成本。

免征额是指税法规定的计税依据中免予征税的数额,准确地说是费用扣除额。例如,在我国个人所得税法中,对个人工资、薪金所得规定每年可减除费用6万元是"免征额"。即纳税人6万元以下的收入将免征个人所得税,而从超过6万元的部分开始实行累进税率。

(五)纳税环节与纳税期限

纳税环节,是指税法规定的征税对象在从生产到消费的流转过程中应当缴纳税款的环节。任何税种都要确定纳税环节。按照纳税环节的多少,税收课征制度可以分为一次课征制和多次课征制。

纳税期限,是指纳税人的纳税义务发生后应依法缴纳税款的期限,或者税法规定的纳税主体向税务机关缴纳税款的具体时间。

(六)纳税地点

纳税地点,是指纳税人具体申报缴纳税款的地点。纳税地点一般为纳税人的住所地,也有规定在营业地、财产所在地或特定行为发生地。

(七)税收优惠

税收优惠,是指税法对某些特定的纳税人或征税对象给予鼓励和照顾的一种免除规定,包括减免税、税收抵免等多种形式。税收优惠按照优惠目的通常可以分为照顾性和鼓励性两种;按照优惠范围可以分为区域性和产业性两种。

(八)税收法律责任

税收法律责任是税收法律关系的主体因违反税法所应当承担的法律后果,包括经济责任、行政责任和刑事责任。

1. 经济责任

经济责任包括补缴税款、加收滞纳金等。

2. 行政责任

行政责任包括罚款、税收保全及强制执行等。

3. 刑事责任

对违反税法情节严重构成犯罪的行为,要依法承担刑事责任。无论纳税人还是征税人违反税法规定,都将依法承担法律责任。

二、我国税收制度的建立与发展

(一)中国历史上的税收制度(表1-1)

表1-1 中国历史上的税收制度表

时期	税收制度
夏、商、周时期	贡、助、彻(税收雏形)
春秋战国时期	初税亩(中国税收由雏形阶段进入成熟时期)
唐朝中期	两税法
宋朝时期	商税制度、王安石变法
明朝	一条鞭法
清朝	摊丁入亩

(二)中华人民共和国成立后税收制度的建立与发展

2006年,取消农业税,标志着在中国延续了两千多年的农业赋税从此退出历史舞台。

2007年,统一内外资企业城镇土地使用税制度;2008年,统一内外资企业所得税制度;2009年,统一内外资企业房产税制度;2010年,统一内外资企业和个人城市维护建设税制度。至此,中国改革开放以来施行的内外两套税制得到了统一。

2009年,实施成品油税费改革,完善了消费税制度。

2009年,在全国范围内实施生产型增值税向消费型增值税的增值税转型改革,允许企业购进机器设备所含增值税税款在销项税额中抵扣;2012年,选择部分地区开始实施营改增试点;2013年,营改增试点在全国范围内推开。试点行业范围包括交通运输业和部分现代服务业。

2014年,逐步将铁路运输业、邮政业、电信业纳入营改增试点行业范围。

2015年,稳妥实施营改增试点,积极开展消费税改革和资源税从价计征改革。

2016年,全面推开营改增试点,实现增值税对货物和服务的全覆盖。全面推开资源税从价计征改革,扩大资源税征收范围。《中华人民共和国环境保护税法》在第十二届全国人大常委会第二十五次会议上获表决通过,于2018年1月1日起施行。

2017年,简并增值税税率,取消13%档次增值税税率,形成17%、11%、6%三档税率结构;废止《中华人民共和国营业税暂行条例》,同时修订《中华人民共和国增值税暂行条例》;修改《中华人民共和国企业得税法》,加大对公益性捐赠的支持力度;将水资源税改革试点范围扩大至北京等9个省(自治区、直辖市);颁布《中华人民共和国环境保护税法实施条例》;《中华人民共和国烟叶税法》《中华人民共和国船舶吨税法》在第十二届全国人大常委会第三十一次会议上获表决通过,并于2018年7月1日起施行。

2018年,深化增值税改革,将17%、11%税率分别调整为16%、10%,形成16%、

10%、6%三档税率结构;统一增值税小规模纳税人标准为年应征增值税销售额500万元及以下,同时允许符合条件的增值税一般纳税人,在2018年12月31日前,可转登记为小规模纳税人;对装备制造等先进制造业、研发等现代服务业符合条件的企业和电网企业在一定时期内未抵扣完的进项税额予以一次性退还。

2019年,下调增值税税率,将16%、10%税率分别调整为13%、9%,形成13%、9%、6%三档税率结构;扩大进项税额抵扣范围,配套不动产一次性抵扣、国内旅客运输服务纳入抵扣、生产生活性服务业加计抵减政策;正式建立增值税留抵退税制度,对符合条件的纳税人的增量留抵税额予以退还。实施小微企业普惠性税收减免政策,加大小微企业税收优惠力度。

2019年7月1日,《中华人民共和国车辆购置税法》正式实施。

2019年8月2日,第十三届全国人大常委会第十二次会议审议通过了《中华人民共和国资源税法》,自2020年9月1日起实施。

2019年9月1日,《中华人民共和国耕地占用税法》正式施行。

2021年9月1日起《中华人民共和国城市建设维护税法》正式施行。

2021年9月1日起《中华人民共和国契税法》正式施行。

2022年7月1日起《中华人民共和国印花税法》正式施行。

近些年立法的税种及其施行时间,见表1-2:

表1-2 近些年立法的税种及其施行时间表

税法	施行时间
车船税法	2012年1月1日起
环境保护税法	2018年1月1日起
烟叶税法	2018年7月1日起
船舶吨税法	2018年7月1日起
车辆购置税法	2019年7月1日起
耕地占用税法	2019年9月1日起
资源税法	2020年9月1日起
城市维护建设税法	2021年9月1日起
契税法	2021年9月1日起
印花税法	2022年7月1日起

三、中国现行税收制度的税种介绍

目前,中国共有18个税种,按照税种性质大致可分为以下五个类别:

商品类税,包括增值税、消费税、车辆购置税和关税4个税种。

所得类税,包括企业所得税、个人所得税、烟叶税3个税种。

财产类税,包括车船税、契税、房产税3个税种。

行为类税,包括印花税、城市维护建设税、船舶吨税和环境保护4个税种。

资源类税,包括土地增值税、城镇土地使用税、耕地占用税、资源税4个税种。

第三节 税收法律关系与立法运行

一、税收法律关系的概念与特点

(一)概念

税收法律关系是税法所确认和调整的国家与纳税人之间在税收分配过程中形成的权利义务关系。关于性质,有两种学说,其一权力关系说:国家依据政治权利强制纳税人服从。其二是债务关系说:本质是金钱的给付,是一种公法上的债权债务关系。

(二)特点

(1)主体的一方只能是国家。

(2)体现国家单方面的意志。税收法律关系的成立、变更、消灭不以主体双方意思表示一致为要件。

(3)权利义务关系具有对等性。

(4)具有财产所有权或支配权单向转移的性质。

二、税收法律关系的基本构成

国家征税与纳税人纳税表面上表现为利益分配的关系,但经法律明确其双方的权利与义务后,这种关系实质已上升为一种特定的法律关系。

税收法律关系由权利主体、客体和法律关系内容三方面构成。

权利主体,即税收法律关系中享有权利和承担义务的当事人。在我国税收法律中,权利主体一方是代表国家行使征税职责的国家税务机关,包括国家各级税务机关、海关和财政机关;另一方是履行税务义务的人,包括法人、自然人和其他组织,在华的外国企业、组织、外籍人、无国籍人,以及在华虽然没有机构、场所但有来源于中国境内所得的外国企业或组织。这种税收法律关系中权利主体双方法律地位平等,只是因为主体双方是行政管理者与被管理者的关系,所以双方的权利与义务不对等。权利客体即税收法律关系的权利、义务所共同指向的对象,也就是征税对象。如所得税法关系客体就是生产经营所得和其他所得;财产税法律关系客体即是财产;流转税法律关系客体就是货物销售收入或劳务收入。

三、税收立法

(一)税收立法的概念

从广义上来说,是国家机关根据法定权限和程序,制定、修改、废止税收法律规范的活动。从狭义上来说,是国家最高权力机关制定税收法律规范的活动。

税收立法的主体是全国人大及其常委会、国务院及其有关职能部门、拥有地方立法权的地方政权机关等。税收立法权的划分,是税收立法的核心问题。划分税收立法权的直接法律依据主要是《宪法》与《立法法》的规定,税收立法必须经过法定程序。制定税法是税收立法的重要部分,但不是其全部,修改、废止税法也是其必要的组成部分。

(二)税收立法权及程序

1. 税收法律——由全国人大及其常委会(最高权力机关)制定

1)制定程序(4项)

提出→审议→表决通过→公布(国家主席签署主席令公布)。

2)举例

如属于全国人民代表大会通过的税收法律有:《中华人民共和国企业所得税法》《中华人民共和国个人所得税法》;属于全国人民代表大会常务委员会通过的税收法律有:《中华人民共和国税收征收管理法》《中华人民共和国车船税法》《中华人民共和国环境保护税法》《关于惩治偷税、抗税犯罪的补充规定》等。

2. 税收行政法规——由国务院(国家最高行政机关)制定

1)制定程序(4项)

立项→起草→审查→决定和公布(总理签署国务院令公布实施)。税收行政法规应在公布后30日内报全国人大常委会备案。

2)举例

如《中华人民共和国个人所得税法实施条例》《中华人民共和国增值税暂行条例》等。

3)效力

税收行政法规的效力低于宪法、税收法律,而高于税务规章。

3. 税收地方性法规——由地方人大及其常委会制定

税收地方性法规,是根据《中华人民共和国立法法》规定的程序,由省、自治区、直辖市和设区的市人民代表大会及其常务委员会,根据本行政区域的具体情况和实际需要,在不与宪法、法律、行政法规相抵触的前提下制定,由大会主席团或者常务委员会用公告公布施行的规范税务方面的法律规范,目前除海南省、民族区域自治地方外,其他地方省、市都无权制定税收地方性法规。

4. 税务规章（仅指税务部门规章）——由国务院税务主管部门制定

1）制定程序

立项→起草→审查→决定和公布。

第四项"决定和公布"：审议通过的税务规章，报局长签署后予以公布，在国家税务总局公报上刊登的税务规章文本为标准文本。

2）税务规章与法律、行政法规的关系

（1）税务规章规定的事项属于执行法律或者国务院的行政法规、决定、命令的事项。不立异、不重复——不能另行创设法律和国务院的行政法规、决定、命令没有的内容；也不得重复法律和国务院的行政法规、决定、命令已经明确的内容。

（2）税务规章规定的事项必须是税务机关业务范围内的事项。如果制定行政法规条件尚不成熟且需要制定规章的，税务机关应当与其他部门联合制定规章，单独制定的税务规章无效。

3）税务规章的施行时间和解释

（1）税务规章的施行时间：税务规章一般应当自公布之日起30日后施行。特殊情况下也可自公布之日起实施。

（2）税务规章由国家税务总局负责解释。税务规章解释与税务规章具有同等效力。

4）税务规章的适用

（1）税务规章的效力低于法律、行政法规；

（2）税务规章之间对同一事项都作出过规定，特别规定与一般规定不一致的，适用特别规定，新的规定与旧的规定不一致的，适用新的规定；

（3）税务规章一般不应溯及既往，但为了更好地保护税务行政相对人的权利而作的特别规定除外。

5）税务规章的冲突裁决机制

（1）税务规章与地方性法规对同一事项的规定不一致，不能确定如何适用时，由国务院提出意见，国务院认为应当适用地方性法规的，税务规章就不再适用；认为应当适用税务规章的，应当提请全国人大常委会裁决。

（2）税务规章与其他部门规章、地方政府规章对同一事项的规定不一致的，由国务院裁决。

6）税务规章的监督

（1）监督方式：备案审查、提请审查、国务院有权改变或撤销税务规章。

（2）人民法院在行政诉讼中对税务规章可以"参照"适用，对不适当的税务规章不能宣布无效或予以撤销，但有权不适用。

5. 税收规范性文件的制定管理

1）税收规范性文件的概念

税收规范性文件，是指县以上（含）税务机关依照法定职权和规定程序制定公布的，规定纳税人、扣缴义务人、其他税务行政相对人权利、义务,在本辖区内具有普遍约束力并反复适用的文件。

2)税收规范性文件的特征

(1)属于非立法行为的行为规范。

(2)适用主体的非特定性。

(3)不具有可诉性。

(4)具有向后发生效力的特征。

3)税收规范性文件权限范围

(1)税收规范性文件不得设定税收开征、停征、减免退补税事项、行政许可、行政审批、行政处罚、行政强制、行政事业性收费。

(2)县以下税务机关以及各级税务机关的内设机构、派出机构、直属机构、临时性机构,不得以自己名义独立制定税收规范性文件。

四、税收司法

(一)税收司法概述

1. 含义

广义的税收司法,是指各级公安机关、人民检察院和人民法院等国家司法机关,在宪法和法律规定的职权范围内,按照法定程序处理涉税行政、民事和刑事案件的专门活动。

2. 税收司法的基本原则

税收司法包括两项基本原则,即独立性和中立性原则,要求司法机关在调查或审判涉税案件时不得受到外界任何因素的干扰,且不得偏袒向任何一方的基本原则,旨在保证司法程序的公平与公正性。

(二)税收行政司法

税收行政司法是针对税务机关做出的具体行政行为,行政相对人表示不服,可依法提起行政复议或行政诉讼来保证自己的合法权益不受侵害,从而对税务机关实行监督,督促其依法行政。

税务行政诉讼的具体受案范围如下:

(1)征税行为包括:征收税款(查账、查定、查验、定期定额)、加收滞纳金及扣缴义务人、受税务机关委托征收的单位作出的、代扣代缴代收代缴、委托征收、审批减免税出口退税行为等。

(2)排除抽象税收行为。

(三)税收刑事司法

税收刑事司法是指在税务机关、公安、检察院、法院的配合下,对危及税收制度且造成刑事责任的涉税违法行为予以刑事判决。

4个参与机关:税务机关、公安机关、检察院和法院。

4个阶段案件:移送、立案侦查、案件审查(提起公诉)、司法裁判。

(四)税收民事司法

税收民事司法是指税务机关享有税收债权,体现公法与私法之间的关系,享有税收优先权、代位权和撤销权。

1.税收优先权

(1)税务机关征收税款,税收优先于无担保债权,法律另有规定的除外。

(2)纳税人欠缴的税款发生在纳税人以其财产设定抵押、质押或者纳税人的财产被留置之前的,税收应当优先于抵押权、质权和留置权执行。

(3)纳税人欠缴税款,同时又被行政机关处以罚款、没收非法所得的,税收优先于罚款、没收违法所得。

2.税收代位权、撤销权

税务机关行使代位权、撤销权的,不免除欠缴税款的纳税人尚未履行的纳税义务和应承担的法律责任。

第二章　增值税法

> **课前阅读**

增值税的由来

增值税，是商品（劳务）在流转过程中产生的增值额为计税依据而征收的一种流转税。

1917年，美国学者亚当斯即已提出增值税的雏形。

1921年，德国学者西蒙士正式提出"增值税"的名称。

1984年，法国对生产税进行改造，将一次课征改为分段征收，道道扣税，并允许从应纳税额中扣除购进原材料、零部件或半成品价款中的已纳税额，从而实质性地改进了传统流转税，使之初具增值税的特征。

1954年，在莫里斯·劳莱的倡导下，法国将生产税的扣除范围扩大到生产经营的一切收入，并将征收范围扩大到商业批发环节，并更名为增值税。

1984年，我国颁布了《增值税条例（草案）》，作为一种尝试，仅仅对机器、机械等12种产品征收增值税，范围很小，征收方式也很落后。经过十年的不断实践，增值税的优点逐渐显现，人们对增值税的认识也不断深入，经验的积累让税务机关驾驭增值税的手法也愈加老练成熟，扩大增值税征收范围的时机成熟了。

1994年，我国进行了大规模的分税制改革，国地税分设，同时颁布实施《增值税暂行条例》对销售货物和修理修配劳务开征增值税，但服务业仍征收营业税。由于当时投资过热，因此选择了生产型增值税，即对企业购进固定资产的进项税额不能抵扣。

2009年，美国次贷危机、欧洲的主权国家债务危机导致全球经济深陷泥淖，难以自拔。以出口为导向的中国经济也饱受摧残。为了刺激经济的增长，在税收领域将生产型增值税转变为消费型增值税，即允许企业购进固定资产的进项税额进行抵扣。

2012年，中国经济进入新常态，为应对不断下滑的GDP，供给侧改革成为主要选项，而减税成为其中最重要的内容。于是，增值税扩围迈开实质性的步伐。营业税改增值税在上海开始试点，交通运输业和部分现代服务业纳入增值税的征税范围。

2014年1月1日起，将铁路运输和邮政服务业纳入营业税改征增值税试点，2016年

5月1日全面实施营改增。将建筑业、房地产业、金融业、生活服务业全部纳入营改增试点,至此,营业税彻底退出历史舞台。

2016年成为中国增值税元年。

第一节 增值税概述

一、增值税的含义

增值税是以商品和劳务在流转过程中产生的增值额作为征税对象而征收的一种流转税。我国的增值税是对我国境内销售货物或者加工、修理修配劳务,销售服务、无形资产、不动产以及进口货物的单位和个人,就其销售货物、劳务、服务、无形资产、不动产的增值额和货物进口金额为计税依据而课征的一种流转税。这个定义中直接明确了我国增值税的纳税义务人范畴和征税范围。

二、增值税的类型、特点和计税原理

(一)增值税的类型

增值税按照对外购固定资产的处理方式不同,可以将增值税划分为不同的类型:生产型增值税、收入型增值税、消费型增值税,见表2-1:

表2-1 增值税的类型及特征

类型	固定资产扣除	特征
生产型	不允许扣除	理论增值额 < 法定增值额
收入型	按折旧进度扣除	理论增值额 = 法定增值额
消费型	一次扣除	理论增值额 > 法定增值额

注:我国从2009年实现生产型向消费型转型。

(二)增值税的特点

(1)保持税收中性,对资源配置不会产生扭曲,具有中性效应,增值税是中性税收,在单一税率的条件下,只要商品劳务的最终销售价格相同,不论经过多少中间环节,最终所缴纳的税额都是相同的。增值税有利于避免重复征税,不会对生产者和消费者的经营与消费决策产生扭曲解

(2)普遍征收,征税范围广泛,税源充裕稳定,在生产和流通的各个环节对所有的货物与服务征收增值税称为一般商品增值税,目前世界多数国家如OECD成员国的增值税,基本上属于一般商品增值税。增值税征税范围遍及社会经济活动的各个部门、领域、环节,具有稳定广阔的税源。

(3)税收负担由最终消费者承担,因为增值税是一个间接税种。

(4)实行税款抵扣制度,税负转嫁明显,增值税作为间接税、流转税,计算征收时对一般纳税人实行税款抵扣制度。对纳税人而言,通过把销项税额减去进项税额的余额作为应纳税额,就是将从购买者那里收取的税款交给政府,而本身并未承担税款。当应税商品(劳务)最终到达消费者环节时,该商品(劳务)在各个环节的所有税款便全部转嫁给最终消费者。

(5)实行比例税率,按产品或行业采用比例税率,而不能采取累进税率。

(6)实行价外税制度,透明度高,依照税收与价格的关系,增值税属于价外税,即税款不包含在价格内,作为计税依据的价格仅由生产成本加上平均利润构成,因此税收的变动不直接影响商品的价格和企业利润,价外税课征的重点是消费者,税收透明度高。

(三)增值税的计税原理

(1)按照全部销售额计算税款,但是只能货物或者劳务价值中新增的部分进行征税。

(2)实行税款抵扣制度,对以前环节已纳税款予以扣除。

(3)税款随着货物销售逐环节转移,最终消费者是税款的全部承担者,但政府并不直接向消费者征税,而是在生产经营的各个环节分段征收,各个环节的纳税人并不承担增值税税款。

三、增值税的发展历程

(一)试点开征阶段(1979—1993年)

这一阶段,增值税税种开始设立,并逐渐在全国试点。1979年7月起,我国首先在湖北省襄樊市(今襄阳市)进行增值税试点。1984年国务院发布《中华人民共和国增值税条例(草案)》(国发〔1984〕125号),将机器机械、钢材钢坯、自行车、缝纫机、电风扇及其零配件等12类商品纳入增值税的范围,标志着增值税正式成为我国的一个税种。

(二)逐步确立阶段(1994—2003年)

这一阶段,增值税地位逐步确立,征税范围逐渐扩大。1994年我国实施分税制改革,以完善增值税制度为主。我国对增值税制进行了较为彻底的改造,将外商投资企业由征收工商统一税改为征收增值税,增值税征收范围由部分工业行业扩大到工业、商业和进口环节产品,以及加工、修理修配劳务,实行凭增值税专用发票抵扣制度,简化计税办法,对不符合增值税计征条件的小规模纳税人采取按固定的征收率,实行简易计税办法。

(三)转型改革阶段(2004—2011年)

这一阶段,增值税由生产型向消费型转型。2004年7月,选择东北地区的部分行业(从事装备制造业、石油化工业、冶金业、船舶制造业、汽车制造业、农产品加工业产品生产为主的增值税一般纳税人)试行扩大增值税抵扣范围,开始实施增值税转型试点,由生产型转向消费型。2008年11月国务院颁布新修订《增值税暂行条例》,决定自2009年1

月1日起在全国范围内实施增值税转型改革,固定资产(不含小汽车)进项税额可全额抵扣。

(四)全面推广阶段(2012—2016年)

这一阶段,由部分行业营改增到全面营改增试点。因增值税、营业税并存导致重复征税的现象存在,2012年,我国开始在交通运输等部分行业进行"营改增"试点,2016年5月1日"营改增"全面试点,试点范围扩大到建筑业、房地产业、金融业、生活服务业,全部企业新增不动产也纳入增值税抵扣范围。

(五)深化改革阶段(2017年至今)

这一阶段,增值税开始以并档减税降负改革。2017年开始的增值税改革主要以减税并档为主,2018年《政府工作报告》中提出"改革完善增值税制度,按照三档并两档方向调整税率水平,重点降低制造业、交通运输等行业税率,提高小规模纳税人年销售额标准",2019年《政府工作报告》中提出"深化增值税改革,将制造业等行业现行16%的税率降至13%,将交通运输业、建筑业等行业现行10%的税率降至9%,确保主要行业税负明显降低;保持6%一档的税率不变,但通过采取对生产、生活性服务业增加税收抵扣等配套措施,确保所有行业税负只减不增,继续向推进税率三档并两档、税制简化方向迈进"。

第二节 增值税的基本要素

一、增值税的纳税义务人

(一)境内纳税义务人

境内纳税义务人,是指在境内发生应税行为的单位和个人。

(1)单位是指企业、行政单位、事业单位、军事单位、社会团体及其他单位。

(2)个人是指个体工商户和其他个人。

(3)以发包人为纳税人的规定:采用承包、承租、挂靠方式经营的,同时满足以下两个条件的,以发包人为纳税人:一是以发包人名义对外经营,二是由发包方承担相关法律责任。

(4)以承包人为纳税人的规定:采用承包、承租、挂靠方式经营的,不同时满足以下两个条件的,一是以发包人名义对外经营,二是由发包方承担相关法律责任。以承包人为纳税人。

(二)境外扣缴义务人

(1)没有经营机构的境外单位和个人:境外单位或者个人在境内发生应税行为,在境内未设有经营机构的,以其境内代理人为扣缴义务人;

(2)没有代理人的境外单位和个人:境外单位或者个人在境内发生应税行为,在境内没有代理人的,以购买方为增值税扣缴义务人。

(3)财政部和国家税务总局另有规定的除外。

按会计核算水平和经营规模,增值税纳税人分为一般纳税人和小规模纳税人两类。一般纳税人包括:①年应税销售额超过规定标准的纳税人。年应税销售额即纳税人在连续不超过12个月或4个季度的经营期内累计应征增值税销售额,包括:纳税申报销售额、稽查查补销售额、纳税评估调整销售额。自2018年5月1起,年销售额标准统一为500万元(不再划分行业)。②年应税销售额未超过规定标准的纳税人,能够提供准确税务资料的,可以向主管税务机关办理一般纳税人资格登记,成为一般纳税人。小规模纳税人是指年销售额500万元及以下,并且会计核算不健全,不能按规定报送有关税务资料的增值税纳税人。

二、增值税的征税范围

(一)法定应税行为

法定应税行为主要包括:①销售或者进口货物;②销售劳务;③销售服务,包括交通运输服务、邮政服务、电信服务、建筑服务、金融服务、现代服务、生活服务;④销售无形资产;⑤销售不动产。

(二)不征增值税的情形

不征增值税的情形包括:①行政单位收取的同时满足条件的政府性基金或者行政事业性收费;②存款利息;③被保险人获得的保险赔付;④房地产主管部门或者其指定机构、公积金管理中心、开发企业以及物业管理单位代收的住宅专项维修资金;⑤在资产重组过程中,通过合并、分立、出售、置换等方式,将全部或者部分实物资产以及与其相关联的债权、负债和劳动力一并转让给其他单位和个人,其中涉及的不动产、土地使用权转让行为。

(三)特殊征税范围非经营活动的界定

经营活动的销售服务、无形资产或者不动产,是指有偿提供服务、有偿转让无形资产或者不动产。

非经营活动的情形如下:①行政单位收取的同时满足以下条件的政府性基金或者行政事业性收费。一是由国务院或者财政部批准设立的政府性基金,由国务院或者省级人民政府及其财政、价格主管部门批准设立的行政事业性收费;二是收取时开具省级以上(含省级)财政部门监(印)制的财政票据;三是所收款项全额上缴财政。②单位或者个体工商户聘用的员工为本单位或者雇主提供取得工资的服务。③单位或者个体工商户为聘用的员工提供服务。④财政部和国家税务总局规定的其他情形。

(四)境内销售服务、无形资产或者不动产的界定

在境内销售服务、无形资产或者不动产,是指:①服务(租赁不动产除外)或者无形资产(自然资源使用权除外)的销售方或者购买方在境内;②所销售或者租赁的不动产在境内;③所销售自然资源使用权的自然资源在境内;④财政部和国家税务总局规定的其他情形。

下列情形不属于在境内销售服务或者无形资产:①境外单位或者个人向境内单位或者个人销售完全在境外发生的服务。②境外单位或者个人向境内单位或者个人销售完全在境外使用的无形资产。③境外单位或者个人向境内单位或者个人出租完全在境外使用的有形动产。④财政部和国家税务总局规定的其他情形:a.为出境的函件、包裹在境外提供的邮政服务、收派服务;b.向境内单位或者个人提供的工程施工地点在境外的建筑服务、工程监理服务;c.向境内单位或者个人提供的工程、矿产资源在境外的工程勘察勘探服务;d.向境内单位或者个人提供的会议展览地点在境外的会议展览服务。

境外单位或个人销售的服务(不含租赁不动产),在以下两种情况下属于在我国境内销售服务,应照章缴纳增值税:①境外单位或个人向境内单位或个人销售的完全在境内发生的服务,属于境内销售服务;②境外单位或个人向境内单位或个人销售的未完全在境外发生的服务,属于境内销售服务。

境外单位或个人销售的无形资产,在以下两种情况下属于在我国境内销售无形资产,应照章缴纳增值税:①境外单位或个人向境内单位或个人销售的完全在境内使用的无形资产,属于境内销售无形资产;②境外单位或个人向境内单位或个人销售的未完全在境外使用的无形资产,属于境内销售无形资产。

(五)不征税项目

(1)纳税人取得的中央财政补贴,不属于增值税应税收入,不征税增值税。

(2)融资性售后回租业务中,承租方出售资产的行为不属于增值税的征税范围,不征收增值税。

(3)药品生产企业销售自产创新药的销售额,为向购买方收取的全部价款和价外费用,其提供给患者后续免费使用的相同创新药,不属于增值税视同销售范围。

(4)根据国家指令无偿提供的铁路运输服务、航空运输服务,属于《营业税改增值税试点实施办法》第十四条规定的用于公益事业的服务,不征收增值税。

(5)存款利息不征收增值税。

(6)被保险人获得的保险赔付不征收增值税。

(7)房地产主管部门或者其指定机构、公积金管理中心、开发企业以及物业管理单位代收的住宅专项维修资金,不征收增值税。

(8)纳税人在资产重组过程中,通过合并、分立、出售、置换等方式,将全部或者部分实物资产以及与其相关联的债权、负债和劳动力一并转让给其他单位和个人,不属于增值税的征税范围。

(六)视同应税销售行为的范围 单位或者个体工商户的下列行为,视同销售货物

(1)将货物交付其他单位或者个人代销。

(2)销售代销货物。

(3)设有两个以上机构并实行统一核算的纳税人,将货物从一个机构移送其他机构用于销售,但相关机构设在同一县(市)的除外;"用于销售"是指售货机构发生以下情形之一的经营行为:一是向购货方开具发票,二是向购货方收取货款。售货机构的货物移送行为有上述情形之一的,应当向所在地税务机关缴纳增值税;未发生上述情形的,则应由总机构统一缴纳增值税。

(4)将自产或者委托加工的货物用于非增值税应税项目。

(5)将自产、委托加工的货物用于集体福利或者个人消费。

(6)将自产、委托加工或者购进的货物作为投资,提供给其他单位或者个体工商户。

(7)将自产、委托加工或者购进的货物分配给股东或者投资者。

(8)将自产、委托加工或者购进的货物无偿赠送其他单位或者个人。

(9)单位或个体工商户向其他单位或个人无偿销售应税服务、无偿转让无形资产或者不动产,但用于公益事业或者以社会公众为对象的除外。

(10)财政部和国家税务总局规定的其他情形。

(七)混合销售行为的界定

一项销售行为如果既涉及服务又涉及货物,为混合销售。根据《财政部国家税务总局关于全面推开营业税改征增值税试点的通知》(财税〔2016〕36号)文件附件一《营业税改征增值税试点实施办法》第四十条规定,一项销售行为如果既涉及服务又涉及货物,为混合销售。从事货物的生产、批发或者零售的单位和个体工商户的混合销售行为,按照销售货物缴纳增值税;其他单位和个体工商户的混合销售行为,按照销售服务缴纳增值税。

本条所称从事货物的生产、批发或者零售的单位和个体工商户,包括以从事货物的生产、批发或者零售为主,并兼营销售服务的单位和个体工商户在内。

(1)增值税征税范围中只有货物与服务的组合才可能是混合销售,混合销售是一项销售行为,虽然既涉及货物又涉及服务,但二者之间有直接关联,从定量的角度看具有匹配性。例如销售空调并安装的经营行为中,销售一台空调匹配一台空调的安装服务或者相反一台空调的安装服务匹配一台空调的销售。

(2)尽管混合销售传递给客户既有货物的价值也有服务的价值,但从销售方的角度看其中服务的价值是为传递货物的价值服务,也即是传递货物价值的费用(或成本)或者是相反货物的价值服务于传递服务的价值,从定性的角度看具有从属性。因而归并为一项销售行为。

案例: 某汽车美容店,提供汽车打蜡服务的同时,也伴随着车蜡的销售行为。首先该

项销售行为既涉及服务又涉及货物,为混合销售。再判断从属关系,该汽车美容店是否是从事货物的生产、批发或者零售的单位和个体工商户,很明显不是。这家汽车美容店提供打蜡服务同时销售车蜡的行为,属于增值税混合销售,应按生活服务缴税。

(八)兼营行为的界定

纳税人在经营中,既包括销售货物和加工修理修配劳务,又包括销售服务、无形资产和不动产的行为,适用不同税率或征收率,属于兼营行为。

根据《中华人民共和国增值税暂行条例》第三条规定,纳税人兼营不同税率的项目,应当分别核算不同税率项目的销售额;未分别核算销售额的,从高适用税率。纳税人销售货物、加工修理修配劳务、服务、无形资产或者不动产适用不同税率或者征收率的,应当分别核算适用不同税率或者征收率的销售额,未分别核算销售额的,按照以下方法适用税率或者征收率:

(1)兼有不同税率的销售货物、加工修理修配劳务、服务、无形资产或者不动产,从高适用税率。

(2)兼有不同征收率的销售货物、加工修理修配劳务、服务、无形资产或者不动产,从高适用征收率。

(3)兼有不同税率和征收率的销售货物、加工修理修配劳务、服务、无形资产或者不动产,从高适用税率。

也就是说,纳税人兼营不同税率或征收率的项目,通常情况下(除了混合销售)是兼营,对于兼营的要求是分开核算,未分别核算的,从高适用税率。

案例: 小张去家门口商场逛街,看中一台最新款的空调,商场还提供空调上门安装服务。

此案例在商场的销售行为中,销售货物空调与安装服务均是增值税应税项目,在这里安装服务是与销售货物空调并行的销售安装服务呢(兼营),还是商场为了销售空调而花费的销售费用呢(混合销售)? 如果是前者,总销售额将拆分为两项销售额分别计税;如果是后者那么应将花费用的安装费用(无论商场自己提供安装还是购进安装转提供给消费者)记入到销售费用(或成本)中从而反映到销售货物空调的销售额中。

上述分析我们可看出,安装服务与销售货物空调不同的区分,将决定是两项销售行为还是一项销售行为,也即决定是分别计税还是合并计税的问题。由于税率不同,分别计税与合并计税得出的应纳税额是不同的。

案例: 还是小张,商场也逛了,空调也买到了,就顺便在商场里吃个午饭。商场既销售商品,又提供餐饮服务,很明显,商场提供餐饮服务,不以销售商品为前提条件,你不买东西,也可以来商场里花钱吃饭,也就是说,这两种业务面对的是不同的客户群体,属于独立的应税销售行为,因此,该应税销售行为是兼营行为。

三、增值税一般纳税人的税率

(1)适用13%税率。增值税一般纳税人销售或者进口货物,提供应税劳务,除适用9%

的税率外,税率一律适用13%;增值税一般纳税人提供有形动产租赁服务适用13%税率。

(2)适用9%税率。以下情形适用9%的税率:①纳税人销售或者进口下列货物,税率为9%:农产品(含粮食)、自来水、暖气、石油液化气、天然气、食用植物油、冷气、热水、煤气、居民用煤炭制品、食用盐、农机、饲料、农药、农膜、化肥、沼气、二甲醚、图书、报纸、杂志、音像制品、电子出版物;②纳税人发生下列应税行为,税率为9%:提供交通运输、邮政、基础电信、建筑、不动产租赁服务,销售不动产,转让土地使用权。

(3)适用6%税率。增值税一般纳税人发生下列应税行为,税率为6%:提供增值电信服务、金融服务、现代服务(不包括有形动产租赁服务、不动产租赁服务)、生活服务,销售无形资产(不包括转让土地使用权)。

(4)零税率。纳税人出口货物税率为零,国务院另有规定的除外。境内单位和个人发生的跨境应税行为,税率为零,具体范围由财政部和国家税务总局另行规定。

四、小规模纳税人的征收率

小规模纳税人法定征收率为3%,但财政部和国家税务总局另有规定的除外。

(1)小规模纳税人转让其取得的不动产,按照5%的征收率计算应纳税额。

(2)小规模纳税人出租其取得的不动产,按照5%的征收率计算应纳税额。其中个人(含个体工商户)出租住房,按照5%的征收率减按1.5%计算应纳税额。

(3)小规模纳税人提供劳务派遣服务,以取得的全部价款和价外费用为销售额,按照简易计税方法按3%的征收率计算应纳税额;也可以选择差额纳税,以取得的全部价款和价外费用,扣除代用工单位支付给劳务派遣员工的工资、福利和为其办理社会保险及住房公积金后的余额为销售额,按照简易计税方法按5%的征收率计算应纳税额。

自2023年1月1日至2023年12月31日,增值税小规模纳税人适用3%征收率的应税销售收入,减按1%征收率征收增值税;适用3%预征率的预缴增值税项目,减按1%预征率预缴增值税。

一般纳税人销售自己使用过的不得抵扣且未抵扣进项税额的固定资产,以及纳税人销售旧货,按照简易方法依照3%的征收率减按2%征收增值税。

第三节 增值税的计税方法

一、一般计税方法和简易计税方法

(一)一般计税方法

一般计税方法适用于增值税一般纳税人。

采用一般计税方法计税的,应纳税额为当期销项税额抵扣当期进项税额后的余额。

应纳税额计算公式为：

应纳税额 = 当期销项税额 – 当期进项税额

销项税额 = 不含税销售额 × 税率 = 含税销售额 ÷ (1 + 税率) × 税率

当期销项税额小于当期进项税额不足抵扣时，其不足部分可以结转下期继续抵扣或申请退税(需符合条件)。

(二)简易计税方法

简易计税方法适用于小规模纳税人和一般纳税人选择或适用简易计税的项目。

采用简易计税方法计税的，按照销售额和增值税征收率计算的增值税额，不得抵扣进项税额。

应纳税额计算公式为：

应纳税额 = 不含税销售额 × 征收率 = 含税销售额 ÷ (1 + 征收率) × 征收率

二、增值税销售额确定

销项税额是指纳税人发生应税销售行为时，按照销售额与规定税率计算并向购买方收取的增值税税额。

常规情况下的销售额确认：纳税人销售货物或者应税劳务销售额为向购买方收取的全部价款和价外费用，但是不包括收取的增值税。

价外费用包括价外向购买方收取的手续费、补贴、基金、集资费、返还利润、奖励费、违约金、滞纳金、延期付款利息、赔偿金、代收款项、代垫款项、包装费、包装物租金、储备费、优质费、运输装卸费及其他各种性质的价外收费。但下列项目不包括在内：

(1)受托加工应征消费税的消费品所代收代缴的消费税。

(2)符合条件的代垫运输费用。

(3)符合条件的代为收取的政府性基金或者行政事业性收费。

(4)销售货物的同时代办保险等向购买方收取的保险费，以及向购买方收取的代购买方缴纳的车辆购置税、车辆牌照费。

三、特殊销售方式下的销售额确认

(一)采取折扣方式销售

1. 折扣销售

1)业务内涵

折扣销售是指销货方在发生应税销售行为时，因购货方购买数量较大等原因而给与购货方的价格优惠。如：购买5件商品，销售价格折扣10%；购买10件商品，销售价格折扣20%。

2）销售额的确定

纳税人发生应税销售行为,如将价款和折扣额在同一张发票上的"金额"栏分别注明的,可按照折扣后的销售额缴纳增值税;未在同一张发票上的"金额"栏注明折扣额,而仅在发票的"备注栏"注明折扣额的,折扣额不得从销售额中减除;未在同一张发票上分别注明的,以价款为销售额,不得扣减折扣额。

2. 销售折扣

1）业务内涵

销售折扣是指销货方在发生应税销售行为后,为了鼓励购货方及早偿还货款而协议许诺给予购货方的一种折扣优待,如:10天内付款,货款折扣2%;20天内付款,货款折扣1%;30天内全价付款。其实质是应税销售行为发生后的一种融资性质的理财费用,仅限于应税销售行为价格的折扣。

2）销售额的确定

销售折扣不得从销售额中减除。

3. 销售折让

1）业务内涵

销售折让是指企业因售出商品的质量不合格等原因而在售价上给予的减让。对增值税而言,销售折让实质是纳税人发生应税销售行为后因为质量不合格等原因在售价上给予的减让。销售折让仅限于应税销售行为价格的折扣。

2）销售额的确定

销售折让可以按折让后的货款为销售额。

（二）采取以旧换新方式销售

1）业务内涵

以旧换新是指纳税人在销售自己的货物时,有偿收回旧货物的行为。

2）销售额的确定

按新货物的同期销售价格确定销售额,不得扣减旧货物的收购价格。

3）特殊业务的特殊处理

金银首饰的以旧换新业务,可以按销售方实际收取的不含增值税的全部价款征收增值税。

（三）采取还本销售方式销售

1）业务内涵

还本销售是指纳税人在销售货物后,到一定期限由销售方一次或分次退还给购货方全部或部分价款。

2）销售额的确定

采取还本销售货物方式销售货物,其销售额就是货物的销售价格,不得从销售额中减除还本支出。

(四)采取以物易物方式销售

1)业务内涵

以物易物是一种较为特殊的购销活动,是指购销双方不是以货币结算,而是以同等价款的货物相互结算,实现货物购销的一种方式。

2)业务处理方法

(1)双方均作购销处理:以物易物双方都应作购销处理,以各自发出的货物核算销售额并计算销项税额,以各自收到的货物按规定核算购货额并计算进项税额。

(2)合法票据是进项税抵扣的依据:在以物易物活动中,应分别开具合法的票据,如果收到货物不能取得相应的增值税专用发票或其他合法票据的,不能抵扣进项税额。

(五)包装物押金的税务处理

1)业务内涵

包装物押金是指纳税人为销售货物而出租或出借包装物所收取的押金。

2)销售额的确定

(1)未逾期包装物押金:纳税人为销售货物而出租出借包装物收取的押金,单独记账核算的,时间在一年以内,又未过期的,不并入销售额征税。

(2)逾期包装物押金:对因逾期未收回包装物不再退还的押金,应并入销售额征税;"逾期"是指按合同约定实际逾期或以一年为限。

(3)在将包装物押金并入销售额征税时,先将该押金按该包装货物的适用税率换算成不含税收入再并入销售额计税。

3)特殊业务的特殊处理

(1)对于除啤酒、黄酒之外的酒类,包装物押金,在收取的当时就要作为销售额计征增值税;

(2)对于啤酒、黄酒包装物押金,按照一般押金规定处理。

(六)直销企业销售额的确定

(1)直销企业对直销员收取货款时:直销企业先将货物销售给直销员,直销员再将货物销售给消费者的,直销企业的销售额为其向直销员收取的全部价款和价外费用。直销员将货物销售给消费者时,应按照现行规定缴纳增值税。

(2)直销企业对消费者收取货款时:直销企业通过直销员向消费者销售货物,直接向消费者收取货款,直销企业的销售额为其向消费者收取的全部价款和价外费用。

(七)贷款服务销售额的确定

1)确认原则

贷款服务以提供贷款服务取得的全部利息及利息性质的收入为销售额。

2）确认时间

银行提供贷款服务按期计收利息的，结息日当日计收的全部利息收入，均应计入结息日所属期的销售额，按现行规定计算缴纳增值税。

3）特殊业务的特殊处理

资管产品管理人运营资管产品的贷款服务以 2018 年 1 月 1 日起产生的利息及利息性质的收入为销售额。2018 年 1 月 1 日以前产生的利息及利息性质的收入不作为销售额。

（八）直接收费的金融服务销售额的确定

直接收费金融服务，以提供直接收费金融服务收取的手续费、佣金、酬金、管理费、服务费、经手费、开户费、过户费、结算费、转托管费等各类费用为销售额。

（九）发卡机构、清算机构和收单机构收取的提供银行卡跨机构资金清算服务销售额的确定

1）发卡机构的销售额

发卡机构以其向收单机构收取的发卡行服务费为销售额，并按照此销售额向清算机构开具增值税发票。

2）清算机构的销售额

清算机构以其向发卡机构、收单机构收取的网络服务费为销售额，并按照发卡机构支付的网络服务费向发卡机构开具增值税发票，按照收单机构支付的网络服务费向收单机构开具增值税发票。清算机构从发卡机构取得的增值税发票上记载的发卡行服务费，一并计入清算机构的销售额，并由清算机构按照此销售额向收单机构开具增值税发票。

3）收单机构的销售额

收单机构以其向商户收取的收单服务费为销售额，并按照此销售额向商户开具增值税发票。

四、差额确定销售额的业务

（一）金融商品转让的销售额

1）业务内涵

（1）金融商品转让是指转让外汇、有价证券、非货物期货和其他金融商品所有权的业务活动。

（2）其他金融商品转让包括基金、信托、理财产品等各类资产管理产品和各种金融衍生品的转让。

（3）购入基金、信托、理财产品等各类资产管理产品持有至到期的，不属于金融商品转让行为。

2）销售额的确定

（1）金融商品转让，按照卖出价扣除买入价后的余额为销售额。

（2）转让金融商品出现的正负差，按盈亏相抵后的余额为销售额。若相抵后出现负差，可结转下一纳税期与下期转让金融商品销售额相抵，但年末时仍出现负差的，不得转入下一个会计年度。

3）买入价和卖出价的确定

（1）金融商品的买入价是购入金融商品支付的价格，不包括买入金融商品支付的交易费用和税费。

（2）对于持有以下规定情形的限售股在解禁流通后对外转让的，按照以下规定确定买入价：①上市公司实施股权分置改革时，在股票复牌之前形成的原非流通股股份，以及股票复牌首日至解禁日期间由上述股份孳生的送、转股，以该上市公司完成股权分置改革后股票复牌首日的开盘价为买入价。②公司首次公开发行股票并上市形成的限售股，以及上市首日至解禁日期间由上述股份孳生的送、转股，以该上市公司股票首次公开发行（IPO）的发行价为买入价。③因上市公司实施重大资产重组形成的限售股，以及股票复牌首日至解禁日期间由上述股份孳生的送、转股，以该上市公司因重大资产重组股票停牌前一交易日的收盘价为买入价。

（3）金融商品的买入价，可以选择按照加权平均法或者移动加权平均法进行核算，选择后36个月内不得变更。

（4）金融商品的卖出价是卖出原价，不得扣除卖出过程中支付的税费和交易费用。

4）资管产品管理人运营资管产品2018年1月1日后转让2017年底前取得的股票、债券等金融商品的销售额确定

资管产品管理人转让2017年12月31日前取得的股票（不包括限售股）、债券、基金、非货物期货，可以选择按照实际买入价计算销售额，或者以2017年最后一个交易日的股票收盘价（2017年最后一个交易日处于停牌期间的股票，为停牌前最后一个交易日收盘价）、债券估值（中债金融估值中心有限公司或中证指数有限公司提供的债券估值）、基金份额净值、非货物期货结算价格作为买入价计算销售额。

5）未收到利息的处理

证券公司、保险公司、金融租赁公司、证券基金管理公司、证券投资基金以及其他经人民银行、银监会、证监会、保监会批准成立且经营保险业务的机构发放贷款后，自结息日起90天内发生的应收未收利息按现行规定缴纳增值税；自结息日起90天后发生的应收未收利息暂不缴纳增值税，待实际收到利息时按规定缴纳增值税。

6）金融商品转让，不得开具增值税专用发票

金融商品转让，销售额为卖出价与买入价的差额，不开具增值税专用发票。

(二)经纪代理服务的销售额

经纪代理服务,以取得的全部价款和价外费用,扣除向委托方收取并代为支付的政府性基金或者行政事业性收费后的余额为销售额。向委托方收取的政府性基金或者行政事业性收费,不得开具增值税专用发票。

(三)融资租赁和融资性售后回租业务的销售额

(1)融资租赁服务的销售额:经人民银行、银监会或者商务部批准从事融资租赁业务的纳税人,提供融资租赁服务,以取得的全部价款和价外费用,扣除支付的借款利息、发行债券利息和车辆购置税后的余额为销售额。

(2)融资性售后回租服务的销售额:经人民银行、银监会或者商务部批准从事融资租赁业务的纳税人,提供融资性售后回租服务,以取得的全部价款和价外费用,扣除对外支付的借款利息、发行债券利息后的余额作为销售额。

(四)航空运输企业的销售额

航空运输企业的销售额不包括代收的机场建设费和代售其他航空运输企业客票而代收转付的价款。

航空运输销售代理企业提供境外航段机票代理服务,以取得的全部价款和价外费用,扣除向客户收取并支付给其他单位或者个人的境外航段机票结算款和相关费用后的余额为销售额。

(五)客运场站服务的销售额

纳税人中的一般纳税人提供客运场站服务,以其取得的全部价款和价外费用,扣除支付给承运方运费后的余额为销售额。

(六)旅游服务的销售额

1. 差额确定

纳税人提供旅游服务,可以选择以取得的全部价款和价外费用,扣除向旅游服务购买方收取并支付给其他单位或者个人的住宿费、餐饮费、交通费、签证费、门票费和支付给其他接团旅游企业的旅游费用后的余额为销售额。

2. 发票使用

选择上述办法计算销售额的纳税人,向旅游服务购买方收取并支付的上述费用,不得开具增值税专用发票,可以开具普通发票。

(七)简易计税建筑服务的销售额确定

纳税人提供建筑服务适用简易计税方法的,以取得的全部价款和价外费用扣除支付的分包款后的余额为销售额。

(八)自行开发房地产项目的销售额确定

房地产开发企业中的一般纳税人销售其开发的房地产项目,以取得的全部价款和价外费用,扣除受让土地时向政府部门支付的土地价款和在取得土地时向其他单位或个人支付的拆迁补偿费用后的余额为销售额。

1. 范围界定

房地产老项目是指《建筑工程施工许可证》注明的合同开工日期在 2016 年 4 月 30 日前的房地产项目。

2. 扣除的土地价款

向政府部门支付的土地价款,包括土地受让人向政府部门支付的征地和拆迁费用、土地前期开发费用和土地出让收益等。

3. 扣除的补偿费用

取得土地时向其他单位或个人支付的拆迁补偿费用在扣除时,应提供拆迁协议、拆迁双方支付和取得拆迁补偿费用凭证等能够证明拆迁补偿费用真实性的材料。

4. 房地产开发企业的项目公司

房地产开发企业受让土地向政府部门支付土地价款后,设立项目公司对该受让土地进行开发,同时符合条件的,可由项目公司按规定扣除房地产开发企业向政府部门支付土地价款。

(九)转让不动产差额销售额的确定

1. 确定方法

房地产开发企业以外的一般纳税人,销售其 2016 年 4 月 30 日之前非自建方式取得的不动产,以取得的全部价款和价外费用扣除不动产购置原价或者取得不动产时的作价后的余额为销售额,进行差额计税。

2. 扣除依据丢失

纳税人转让不动产,按照有关规定差额缴纳增值税的,如因丢失等原因无法提供取得不动产时的发票,可向税务机关提供其他能证明契税计税金额的完税凭证等资料,进行差额扣除。

3. 纳税人以契税计税金额进行差额扣除的,按照下列公式计算增值税应纳税额:

(1)2016 年 4 月 30 日及以前缴纳契税的

增值税应纳税额 = [全部交易价格(含税) − 契税计税金额(含税)] ÷ (1 + 5%) × 5%

(2)2016 年 5 月 1 日及以后缴纳契税的

增值税应纳税额 = [全部交易价格(含税) ÷ (1 + 5%) − 契税计税金额(不含税)] × 5%

4. 以不动产取得发票为第一扣除依据

纳税人同时保留取得不动产时的发票和其他能证明契税计税金额的完税凭证等资料的,应当凭发票进行差额扣除。

五、视同应税销售行为销售额的确定

纳税人发生应税销售行为,价格明显偏低且无正当理由的,或者发生应税销售行为而无销售额的,由主管税务机关按照下列顺序确定销售额:

(1)按照纳税人最近时期销售同类应税销售行为的平均价格确定。

(2)按照其他纳税人最近时期销售同类应税销售行为的平均价格确定。

(3)按照组成计税价格确定。组成计税价格的公式为:

组成计税价格 = 成本 × (1 + 成本利润率)

其中,成本利润率由国家税务总局确定。

六、含税销售额的换算

1. 计税基础为不含税销售额

一般纳税人发生应税销售行为取得的含税销售额,在计算销项税额时,必须将其换算为不含税销售额。

2. 换算对象

采用销售额和销项税额合并定价的应税销售行为。

3. 换算公式

不含税销售额 = 含税销售额 ÷ (1 + 适用税率)

七、进项税额抵扣的项目

进项税额,是指纳税人购进货物、应税劳务、服务、无形资产或者不动产,支付或者负担的增值税额。准予从销项税额中抵扣的进项税额包括:

(1)从销售方取得的增值税专用发票(含税控机动车销售统一发票)上注明的增值税额。

(2)从海关取得的海关进口增值税专用缴款书上注明的增值税额。

(3)购进农产品准予抵扣的进项税额。

①自2019年4月1日起,纳税人购进农产品,按照9%的扣除率计算抵扣进项税额。纳税人购进用于生产销售或委托加工13%税率货物的农产品,按照10%的扣除率计算抵扣进项税额。

②自2012年7月1日起,以购进农产品为原料生产销售液体乳及乳制品、酒及酒精、植物油的增值税一般纳税人,其购进农产品无论是否用于生产上述产品,购进农产品增值税进项税额实施核定扣除办法。

(4)自2018年1月1日起,纳税人支付的道路、桥、闸通行费按照以下规定抵扣进项税额:

①纳税人支付的道路通行费,按照收费公路通行费增值税电子普通发票上注明的增

值税额抵扣进项税额。

②纳税人支付的桥、闸通行费,暂凭取得的通行费发票上注明的收费金额按照下列公式计算可抵扣的进项税额:

桥、闸通行费可抵扣进项税额 = 桥、闸通行费发票上注明的金额 ÷ (1 + 5%) × 5%

(5)从境外单位或者个人购进劳务、服务、无形资产或者不动产,自税务机关或者扣缴义务人取得的解缴税款的完税凭证上注明的增值税额。

纳税人凭完税凭证抵扣进项税额的,应当具备书面合同、付款证明和境外单位的对账单或者发票。资料不全的,其进项税额不得从销项税额中抵扣。

(6)纳税人购进国内旅客运输服务的抵扣。纳税人未取得增值税专用发票的,暂按照以下规定确定进项税额:

①取得增值税电子普通发票的,为发票上注明的税额。

②取得注明旅客身份信息的航空运输电子客票行程单的,按照下列公式计算进项税额:

航空旅客运输进项税额 = (票价 + 燃油附加费) ÷ (1 + 9%) × 9%

③取得注明旅客身份信息的铁路车票的,按照下列公式计算的进项税额:

铁路旅客运输进项税额 = 票面金额 ÷ (1 + 9%) × 9%

④取得注明旅客身份信息的公路、水路等其他客票的,按照下列公式计算进项税额:

公路、水路等其他旅客运输进项税额 = 票面金额 ÷ (1 + 3%) × 3%

(7)不动产进项税额的抵扣。自2019年4月1日起,纳税人取得不动产或者不动产在建工程的进项税额不再分2年抵扣。此前按照规定尚未抵扣完毕的待抵扣进项税额,可自2019年4月税款所属期起从销项税额中抵扣。

八、不予抵扣的进项税额

纳税人取得的增值税扣税凭证不符合法律、行政法规或者国家税务总局有关规定的,其进项税额不得从销项税额中抵扣。除此之外,一般纳税人发生下列项目的进项税额不得从销项税额中抵扣:

(1)用于简易计税方法计税项目、免征增值税项目、集体福利或者个人消费的购进货物、加工修理修配劳务、服务、无形资产和不动产。其中涉及的固定资产、无形资产、不动产,仅指专用于上述项目的固定资产、无形资产、不动产。纳税人的交际应酬消费属于个人消费。

(2)非正常损失的购进货物,以及相关的加工修理修配劳务和交通运输服务。

(3)非正常损失的在产品、产成品所耗用的购进货物(不包括固定资产)、加工修理修配劳务和交通运输服务。

(4)非正常损失的不动产,以及该不动产所耗用的购进货物、设计服务和建筑服务。

(5)非正常损失的不动产在建工程所耗用的购进货物、设计服务和建筑服务。

(6)购进的贷款服务、餐饮服务、居民日常服务和娱乐服务。

(7)财政部和国家税务总局规定的其他情形。

【例题2-1】某生产企业为增值税一般纳税人,2022年12月发生以下业务:

业务1:销售给有长期合作关系的客户10万件货物,价目表上注明该批货物不含税单价为每件80元,给予5%的折扣,开具增值税专用发票,在金额栏注明销售额800万元,折扣额40万元。

业务2:销售给A商场一批货物,开具的增值税专用发票上注明销售额200万元,A商场尚未付款提货。

业务3:销售库存原材料,开具普通发票注明含税价款26.4万元。

业务4:销售2008年2月购进的生产设备一台,取得含税销售额7.92万元,该设备账面原值21万元,已提折旧15.6万元(该企业未放弃相关减税优惠)。

业务5:为生产免税产品购入一批原材料,取得的增值税专用发票上注明金额4万元,增值税税额0.52万元。

业务6:为生产应税产品购进一批生产用原材料,取得的增值税专用发票上注明金额600万元,增值税税额78万元,已支付货款并已验收入库;向运输企业(小规模纳税人)支付不含税运费10万元,取得增值税专用发票。

(其他相关资料:该企业取得的增值税专用发票均合规并在当月抵扣)

要求:根据上述资料,按照下列序号计算回答问题,每问需计算出合计数。

问题1:计算业务4应纳的增值税。

【答案】业务4应纳增值税 = 7.92 ÷ (1 + 3%) × 2% = 0.15(万元)

问题2:计算2022年12月该企业应确认的销项税额。

【答案】应确认销项税额 = [(800 - 40) + 200 + 26.4 ÷ (1 + 13%)] × 13% = 127.84(万元)

问题3:计算2022年12月该企业准予从销项税额中抵扣的进项税额。

【答案】准予抵扣的进项税额 = 78 + 10 × 3% = 78.3(万元)

问题4:计算2022年12月该企业应纳的增值税税额。

【答案】应纳增值税 = 127.84 - 78.3 + 0.15 = 49.69(万元)

【例题2-2】位于县城的某制药厂为增值税一般纳税人,主要生产各类应税药品和免税药品。2020年2月发生如下经济业务:

业务1:向医药经销店销售应税药品,取得不含税销售额35万元,支付不含税销货运费3万元,取得增值税专用发票。

业务2:制药厂下设的位于同一县城的非独立核算的门市部销售本厂生产的应税药品,取得销售收入价税合计28万元,另收取优质费2.4万元。

业务3：销售免税药品，取得货款15万元；另支付不含税销货运费0.5万元，取得增值税专用发票。

业务4：外购生产应税药品的原材料，取得增值税专用发票，注明销售额40万元，增值税5.2万元，运输途中合理损耗5%。

业务5：免税药品生产车间领用上月从一般纳税人处购入的生产应税药品的一部分原料（进项税额已抵扣），成本为3万元（含运费成本1万元，支付运费时取得增值税专用发票并已抵扣进项税额）。

业务6：购进生产检测设备一台，取得增值税专用发票，注明销售额8万元，增值税1.04万元；委托运输公司将设备运回制药厂，取得增值税专用发票，注明运费1万元。

（其他相关资料：该制药厂取得的增值税专用发票均合规并在当月抵扣）

要求：根据上述资料，按照下列序号计算回答问题。

问题1：计算本月应转出的进项税额。

【答案】应转出的进项税额 = (3-1)×13% + 1×9% = 0.35(万元)

问题2：计算本月准予从销项税额中抵扣的进项税额。

【答案】从销项税额中抵扣的进项税额 = 3×9% + 5.2 + 1.04 + 1×9% - 0.35 = 6.25(万元)

问题3：计算本月应确认的销项税额。

【答案】本月应确认的销项税额 = [35 + (28 + 2.4) ÷ (1 + 13%)] × 13% = 8.05(万元)

问题4：计算该制药厂本月应纳的增值税。

【答案】本月应纳增值税 = 8.05 - 6.25 = 1.80(万元)

第四节　进出口环节增值税的缴纳

一、进口环节增值税的基本要素

（一）基本概念

进口增值税是指进口环节征缴的增值税，是专门对进口环节的增值额进行征税的一种增值税。

增值税一般纳税人将进口货物和劳务用于应税项目时，按照增值税法规可以进行进项抵扣。

进口环节增值税由海关代征，但进口租赁飞机的增值税，由税务机关按照现行增值税政策组织实施。

（二）征税范围

(1)申报进入中华人民共和国海关境内的货物均应缴纳增值税。进口货物的判断标准为是否持有报关进口手续。只要有报关进口手续,不论是国外产制还是我国出口转内销,是进口者自行采购还是国外捐赠的货物,是进口者自用还是作为贸易或其他用途等,除另有规定外,均应按照规定缴纳进口环节的增值税。

(2)跨境电子商务零售进口税收政策适用于从其他国家或地区进口的、《跨境电子商务零售进口商品清单》范围内的以下商品:①所有通过与海关联网的电子商务交易平台交易,能够实现交易、支付、物流电子信息"三单"比对的跨境电子商务零售进口商品;②未通过与海关联网的电子商务交易平台交易,但快递、邮政企业能够统一提供交易、支付、物流等电子信息,并承诺承担相应法律责任进境的跨境电子商务零售进口商品。

(3)不属于跨境电子商务零售进口的个人物品以及无法提供交易、支付、物流等电子信息的跨境电子商务零售进口商品,按现行规定执行。

(三)纳税义务人

(1)进口货物的纳税义务人:进口货物的收货人(承受人)或办理报关手续的单位和个人,包括了国内一切从事进口业务的企事业单位、机关团体和个人。

(2)代理进口货物的纳税义务人:①对代理进口货物以海关开具的完税凭证上的纳税人为增值税纳税人;②进口代理者代缴进口环节增值税后,由代理者将已纳税款和进口货物价款费用等与委托方结算,由委托方承担已纳税款。

(3)跨境电子商务零售业务的纳税义务人:①跨境电子商务零售进口商品按照货物征收关税和进口环节增值税、消费税,购买跨境电子商务零售进口商品的个人作为纳税义务人;②电子商务企业、电子商务交易平台企业或物流企业可作为代收代缴义务人;③跨境电子商务零售进口商品购买人(订购人)的身份信息应进行认证;未进行认证的,购买人(订购人)身份信息应与付款人一致。

(四)适用税率

(1)进口环节的增值税税率与销售货物劳务有形动产租赁服务一样。

(2)对进口抗癌药品,自2018年5月1日起,减按3%征收进口环节增值税。

(3)对进口罕见病药品,自2019年3月1日起,减按3%征收进口环节增值。

(4)对跨境电子商务零售进口商品的税率:①跨境电子商务零售进口商品的单次交易限值为人民币2000元,个人年度交易限值为人民币20000元。在限值以内进口的跨境电子商务零售进口商品,关税税率暂设为0%;②进口环节增值税、消费税取消免征税额,暂按法定应纳税额的70%征收;③超过单次限值、累加后超过个人年度限值的单次交易,以及完税价格超过2000元限值的单个不可分割商品,均按照一般贸易方式全额征税。

(五)应纳税额的计算

1.计税原则

纳税人进口货物,按照组成计税价格和《增值税暂行条例》规定的税率计算应纳税额。

2. 计算公式

(1)组成计税价格＝关税的完税价格＋关税＋消费税

(2)应纳税额＝组成计税价格×适用税率

3. 组成计税价格的确定

(1)进口货物增值税的组成计税价格中包括已纳关税税额；如果进口货物属于消费税应税消费品，还应包括进口环节已纳消费税税额。

(2)计算进口环节增值税税额时，不得抵扣发生在我国境内的各种税金。

(3)一般贸易下进口货物的关税完税价格以海关审定的成交价格为基础的到岸价作为完税价格。①成交价格是一般贸易下进口货物的买方为购买该项货物向卖方实际支付或应当支付的价格；②到岸价格包括货价，加上货物运抵我国境内输入地点起卸前的包装费、运费、保险费和其他劳务费等费用构成的一种价格。

(4)跨境电子商务零售进口商品按照货物征收关税和进口环节增值税、消费税，以实际交易价格（包括货物零售价格、运费和保险费）作为完税价格。

4. 计税依据

纳税人进口货物取得的合法海关完税凭证，是计算增值税进项税额的唯一依据，其价格差额部分以及从境外供应商取得的退还或返还的资金，不作为进项税额转出处理。

(六)征税管理

1. 管理依据

进口货物增值税的征收管理，依据《税收征收管理法》《海关法》《进出口关税条例》和《进出口税则》的有关规定执行。

2. 纳税时间地点

(1)纳税时间：进口货物增值税纳税义务发生时间为报关进口的当天。

(2)纳税地点和机构：报关地海关。

3. 纳税期限

纳税期限应当自海关填发海关进口增值税专用缴款书之日起15日内缴纳税款。

4. 减免规定

(1)对某些进口货物制定了减免税的特殊规定，如属于"来料加工、进料加工"贸易方式进口国外的原材料、零部件等在国内加工后复出口的，对进口的料、件按规定给予免税或减税；但这些进口免、减税的料件若不能加工复出口的，而是销往国内的，就要予以补税。

(2)对进口货物是否减免税由国务院统一规定，任何地方、部门都无权规定减免税项目。

(3)跨境电子商务零售进口商品自海关放行之日起30日内退货的，可申请退税，并相应调整个人年度交易总额。

二、出口货物、劳务和跨境应税行为的增值税

出口货物、劳务和跨境应税行为有从出口退税和免税政策,但也有既不免税也不退税的,按规定视同内销货物征收增值税。

(一)适用增值税征税政策的出口货物劳务范围

(1)出口企业出口或视同出口,财政部和国家税务总局根据国务院决定明确的取消出口退(免)税的货物(不包括来料加工复出口货物、中标机电产品、列名原材料、输入特殊区域的水电气、海洋工程结构物)。

(2)出口企业或其他单位销售给特殊区域内的生活消费用品和交通运输工具。

(3)出口企业或其他单位因骗取出口退税被税务机关停止办理增值税退(免)税期间出口的货物。

(4)出口企业或其他单位提供虚假备案单证的货物。

(5)出口企业或其他单位增值税退(免)税凭证有伪造或内容不实的货物。

(6)出口企业或其他单位具有以下情形之一的出口货物劳务:

①将空白的出口货物报关单、出口收汇核销单等退(免)税凭证交由除签有委托合同的货代公司、报关行,或由境外进口方指定的货代公司(提供合同约定或者其他相关证明)以外的其他单位或个人使用的。

②以自营名义出口,其出口业务实质上是由本企业及其投资的企业以外的单位或个人借该出口企业名义操作完成的。

③以自营名义出口,其出口的同一批货物既签订购货合同,又签订代理出口合同(或协议)的。

④出口货物在海关验放后,自己或委托货代承运人对该笔货物的海运提单或其他运输单据等上的品名、规格等进行修改,造成出口货物报关单与海运提单或其他运输单据有关内容不符的。

⑤以自营名义出口,但不承担出口货物的质量、收款或退税风险之一的,即出口货物发生质量问题不承担购买方的索赔责任(合同中有约定质量责任承担者除外);不承担未按期收款导致不能核销的责任(合同中有约定收款责任承担者除外);不承担因申报出口退(免)税的资料、单证等出现问题造成不退税责任的。

⑥未实质参与出口经营活动、接受并从事由中间人介绍的其他出口业务,但仍以自营名义出口的。

(二)应纳增值税的计算

1. 一般纳税人出口货物、劳务和跨境应税行为

(1)销项税额 =(出口货物、劳务和跨境应税行为离岸价 – 出口货物耗用的进料加工保税进口料件金额)÷(1 + 适用税率)× 适用税率

①出口货物耗用的进料加工保税进口料件金额＝主营业务成本×(投入的保税进口料件金额÷生产成本)。

②主营业务成本、生产成本均为不予退(免)税的进料加工出口货物的主营业务成本、生产成本。

③当耗用的保税进口料件金额大于不予退(免)税的进料加工出口货物金额时,耗用的保税进口料件金额为不予退(免)税的进料加工出口货物金额。

(2)出口货物、劳务和跨境应税行为若已按征退税率之差计算不得免征和抵扣税额并已经转入成本的,相应的税额应转回进项税额。

(3)出口企业应分别核算内销货物和增值税征税的出口货物的生产成本、主营业务成本。未分别核算的,其相应的生产成本、主营业务成本由主管税务机关核定。

(4)进料加工手册海关核销后,出口企业应对出口货物耗用的保税进口料件金额进行清算。

①清算公式为:

清算耗用的保税进口料件总额＝实际保税进口料件总额－退(免)税出口货物耗用的保税进口料件总额－进料加工副产品耗用的保税进口料件总额

②若耗用的保税进口料件总额与各纳税期扣减的保税进口料件金额之和存在差额时,应在清算的当期相应调整销项税额。

③当耗用的保税进口料件总额大于出口货物离岸金额时,其差额部分不得扣减其他出口货物金额。

2. 小规模纳税人出口货物、劳务和跨境应税行为

应纳税额＝出口货物、劳务和跨境应税行为离岸价÷(1＋征收率)×征收率

三、增值税出口退税政策

出口退税,是出口货物退(免)税的简称,其基本含义是指对出口货物退还其在国内生产和流通环节实际缴纳的增值税、消费税。它是国家运用税收杠杆奖励出口的一种措施。国家为了鼓励企业出口返还企业在国内生产采购中所缴纳的增值税以便所销产品在国际市场上可以公平竞争,国家明确规定不予退还已征税额的产品除外。具体规定如下:

(一)适用情形

(1)生产企业出口自产货物和视同自产货物;

(2)对外提供加工修理修配劳务;

(3)列名生产企业(税法对具体范围有规定)出口非自产货物。

(二)适用增值税退(免)税政策的范围

1. 出口企业出口货物

向海关报关后实际离境并销售给境外单位或个人的货物,分为自营出口货物和委托

出口货物两类。

2. 视同出口货物

(1)对外援助、对外承包、境外投资的出口货物;

(2)进入特殊区域的出口货物;

(3)免税品经营企业销售的货物;

(4)销售给用于国际招标建设项目的中标机电产品;

(5)向海上油气开采企业销售自产海洋工程结构物;

(6)销售用于国际运输工具上的货物;

(7)输入特殊区域的水电气。

3. 出口企业对外提供加工修理修配劳务

对外提供加工修理修配劳务,是指对进境复出口货物或从事国际运输的运输工具进行的加工修理修配。

4. 融资租赁货物

对融资租赁企业、金融租赁公司及其设立的项目子公司,以融资租赁方式租赁给境外承租人且租赁期限在5年(含)以上,并向海关报关后实际离境的货物,试行增值税、消费税出口退税政策。

5. 境内单位和个人提供适用零税率的跨境应税行为

纳税人销售零税率出口货物或者跨境服务时,除在出口环节不征税外,还要对该产品和跨境应税服务在出口前已缴纳的增值税进行退税,使在出口时完全不含增值税,从而以无税产品进入国际市场。具体表现为:不征收、可抵扣、可退税。

(三)增值税退(免)税办法

1. "免、抵、退"税办法

生产企业出口自产货物和视同自产货物及对外提供加工修理修配劳务,以及列名的74家生产企业出口非自产货物免征增值税,相应的进项税额抵减应纳增值税额,未抵减完部分予以退还。

2. 免退税办法

不具有生产能力的出口企业(以下称外贸企业)或其他单位出口货物、劳务,免征增值税,相应的进项税额予以退还。外贸企业外购研发服务和设计服务免征增值税,其对应的外购应税服务的进项税额予以退还。

(四)增值税出口退税率

(1)除另有规定的增值税出口退税率(以下称退税率)外,出口货物的退税率为其适用税率。

(2)适用不同退税率的货物、劳务及跨境应税行为,应分开报关、核算并申报退(免)税,未分开报关、核算或划分不清的,从低适用退税率。

(3)2019年4月1日起,原适用16%税率且出口退税率为16%的出口货物劳务,出口退税率调整为13%;原适用10%税率且出口退税率为10%的出口货物、跨境应税行为,出口退税率调整为9%。

出口退税率的执行时间及出口货物劳务、发生跨境应税行为的时间,按照以下规定执行:报关出口的货物劳务(保税区及经保税区出口除外),以海关出口报关单上注明的出口日期为准;非报关出口的货物劳务、跨境应税行为,以出口发票或普通发票的开具时间为准;保税区及经保税区出口的货物,以货物离境时海关出具的出境货物备案清单上注明的出口日期为准。

(五)增值税退(免)税的计税依据

出口货物劳务的增值税退(免)税的计税依据,按出口货物劳务的出口发票(外销发票)、其他普通发票或购进出口货物劳务的增值税专用发票、海关进口增值税专用缴款书确定。

(1)生产企业出口货物劳务(进料加工复出口货物除外)增值税退(免)税的计税依据,为出口货物劳务的实际离岸价(FOB)。实际离岸价应以出口发票上的离岸价为准,但如果出口发票不能反映实际离岸价,主管税务机关有权予以核定。

(2)生产企业进料加工复出口货物增值税退(免)税的计税依据,按出口货物的离岸价(FOB)扣除出口货物所含的海关保税进口料件的金额后确定。

(3)生产企业国内购进无进项税额且不计提进项税额的免税原材料加工后出口的货物的计税依据,按出口货物的离岸价(FOB)扣除出口货物所含的国内购进免税原材料的金额后确定。

(4)外贸企业出口货物(委托加工修理修配货物除外)增值税退(免)税的计税依据,为购进出口货物的增值税专用发票注明的金额或海关进口增值税专用缴款书注明的完税价格。

(5)外贸企业出口委托加工修理修配货物增值税退(免)税的计税依据,为加工修理修配费用增值税专用发票注明的金额。外贸企业应将加工修理修配使用的原材料(进料加工海关保税进口料件除外)作价销售给受托加工修理修配的生产企业,受托加工修理修配的生产企业应将原材料成本并入加工修理修配费用开具发票。

(6)出口进项税额未计算抵扣的已使用过的设备增值税退(免)税的计税依据,按下列公式确定:

退(免)税计税依据=增值税专用发票上的金额或海关进口增值税专用缴款书注明的完税价格×已使用过的设备固定资产净值÷已使用过的设备原值

已使用过的设备固定资产净值=已使用过的设备原值-已使用过的设备已提累计折旧

上述已使用过的设备,是指出口企业根据财务会计制度已经计提折旧的固定资产。

(7)免税品经营企业销售的货物增值税退(免)税的计税依据,为购进货物的增值税专用发票注明的金额或海关进口增值税专用缴款书注明的完税价格。

(8)中标机电产品增值税退(免)税的计税依据,生产企业为销售机电产品的普通发票注明的金额,外贸企业为购进货物的增值税专用发票注明的金额或海关进口增值税专用缴款书注明的完税价格。

(9)生产企业向海上石油天然气开采企业销售的自产的海洋工程结构物增值税退(免)税的计税依据,为销售海洋工程结构物的普通发票注明的金额。

(10)输入特殊区域的水电气增值税退(免)税的计税依据,为作为购买方的特殊区域内生产企业购进水(包括蒸汽)、电力、燃气的增值税专用发票注明的金额。

(六)增值税免抵退税和免退税的计算

1. 生产企业出口货物劳务增值税免抵退税,依下列公式计算:

(1)当期应纳税额的计算:

当期应纳税额 = 当期销项税额 − (当期进项税额 − 当期不得免征和抵扣税额)

当期不得免征和抵扣税额 = 当期出口货物离岸价 × 外汇人民币折合率 × (出口货物适用税率 − 出口货物退税率) − 当期不得免征和抵扣税额抵减额

当期不得免征和抵扣税额抵减额 = 当期免税购进原材料价格 × (出口货物适用税率 − 出口货物退税率)

(2)当期免抵退税额的计算:

当期免抵退税额 = 当期出口货物离岸价 × 外汇人民币折合率 × 出口货物退税率 − 当期免抵退税额抵减额

当期免抵退税额抵减额 = 当期免税购进原材料价格 × 出口货物退税率

(3)当期应退税额和免抵税额的计算:

A. 当期期末留抵税额 ≤ 当期免抵退税额,则

当期应退税额 = 当期期末留抵税额

当期免抵税额 = 当期免抵退税额 − 当期应退税额

B. 当期期末留抵税额 > 当期免抵退税额,则

当期应退税额 = 当期免抵退税额

当期免抵税额 = 0

当期期末留抵税额为当期增值税纳税申报表中"期末留抵税额"。

2. 外贸企业出口货物劳务增值税免退税,依下列公式计算:

(1)外贸企业出口委托加工修理修配货物以外的货物:

增值税应退税额 = 增值税退(免)税计税依据 × 出口货物退税率

(2)外贸企业出口委托加工修理修配货物:

出口委托加工修理修配货物的增值税应退税额 = 委托加工修理修配的增值税退

（免）税计税依据×出口货物退税率

（七）境内旅客购物离境退税

离境退税政策，是指境外旅客在离境口岸离境时，对其在退税商店购买的退税物品退还增值税的政策。

境外旅客，是指在我国境内连续居住不超过183天的外国人和港澳台同胞。

离境口岸，是指实施离境退税政策的地区正式对外开放并设有退税代理机构的口岸，包括航空口岸、水运口岸和陆地口岸。

退税物品，是指由境外旅客本人在退税商店购买且符合退税条件的个人物品，但不包括下列物品：

（1）《中华人民共和国禁止、限制进出境物品表》所列的禁止、限制出境物品；

（2）退税商店销售的适用增值税免税政策的物品；

（3）财政部、海关总署、国家税务总局规定的其他物品。

境外旅客购物申请离境退税需符合条件：

（1）同一境外旅客同一日在同一退税商店购买的退税物品金额达到500元人民币；

（2）退税物品尚未启用或消费；

（3）离境日距退税物品购买日不超过90天；

（4）所购退税物品由境外旅客本人随身携带或随行托运出境。

退税率计算及相关政策：

（1）计算公式：应退增值税额＝退税物品销售发票金额（含增值税）×退税率。

（2）自2019年4月1日起，将退税物品的退税率由原11%一档调整为11%和8%两档，适用税率为13%的退税物品，退税率为11%；适用税率为9%的退税物品，退税率为8%。

（3）2019年6月30日前，按调整前税率征收增值税的，执行调整前退税率；按调整后税率征收增值税的，执行调整后退税率。

（4）退税物品退税率执行时间，以境外旅客购买退税物品取得的增值税普通发票开具日期为准。

（5）纳税人在增值税税率调整前未开具增值税发票的增值税应税销售行为，需要补开增值税发票的，应当按照原适用税率补开。

第五节　增值税优惠政策

一、一般纳税人税收优惠

（1）一般纳税人为居民提供必需生活物资快递收派服务取得的收入，与其他业务分开核算，开具免税普通发票的，或未开具发票的，免征增值税。为居民提供必需生活分开核算,开具免税普通发票的,或未开具发票的,免征增值税。为居民提供必需生活物资快递收派服务,是指为居民个人快递货物提供的收派服务。收派服务,是指接受寄件人委托,在承诺的时限内完成函件和包裹的收件、分拣、派送服务的业务活动。其中,收件服务,是指从寄件人收取函件和包裹,并运送到服务提供方同城的集散中心的业务活动。分拣服务,是指服务提供方在其集散中心对函件和包裹进行归类、分发的业务活动。派送服务,是指服务提供方从其集散中心将函件和包裹送达同城的收件人的业务活动。

(2)一般纳税人提供公共交通运输服务取得的收入,与其他业务分开核算,开具免税普通发票的,或未开具发票的,免征增值税。公告发布之前已征收入库的按上述规定应予免征的增值税税款,可抵减纳税人以后月份应缴纳的增值税税款或者办理税款退库。已向购买方开具增值税专用发票的,应将专用发票追回后方可办理免税。公共交通运输服务,包括轮客渡、公交客运、地铁、城市轻轨、出租车、长途客运、班车。

(3)航空和铁路运输企业分支机构暂停预缴增值税。

(4)对金融机构向小型企业、微型企业及个体工商户发放小额贷款取得的利息收入,免征增值税。

(5)对国家级、省级科技企业孵化器、大学科技园和国家备案众创空间向在孵对象提供孵化服务取得的收入,免征增值税。

二、小规模纳税人税收优惠

(1)自2023年1月1日至2023年12月31日,对月销售额10万元以下(含本数)的增值税小规模纳税人,免征增值税。

(2)自2023年1月1日至2023年12月31日,增值税小规模纳税人适用3%征收率的应税销售收入,减按1%征收率征收增值税;适用3%预征率的预缴增值税项目,减按1%预征率预缴增值税。

(3)自2023年1月1日至2023年12月31日,增值税加计抵减政策按照以下规定执行:①允许生产性服务业纳税人按照当期可抵扣进项税额加计5%抵减应纳税额。生产性服务业纳税人,是指提供邮政服务、电信服务、现代服务、生活服务取得的销售额占全部销售额的比重超过50%的纳税人。②允许生活性服务业纳税人按照当期可抵扣进项税额加计10%抵减应纳税额。生活性服务业纳税人,是指提供生活服务取得的销售额占全部销售额的比重超过50%的纳税人。

三、期末留抵税额退还

1. 自2019年4月1日起,试行增值税期末留抵税额退税制度

(1) 同时符合以下条件的纳税人,可以向主管税务机关申请退还增量留抵税额:

①自2019年4月税款所属期起,连续6个月(按季纳税的,连续两个季度)增量留抵税额均大于0,且第6个月增量留抵税额不低于50万元;

②纳税信用等级为A级或者B级;

③申请退税前36个月未发生骗取留抵退税、出口退税或虚开增值税专用发票情形的;

④申请退税前36个月未因偷税被税务机关处罚两次及以上的;

⑤自2019年4月1日起未享受即征即退、先征后返(退)政策的。

(2) 增量留抵税额,是指与2019年3月底相比新增加的期末留抵税额。

(3) 纳税人当期允许退还的增量留抵税额,按照以下公式计算:

允许退还的增量留抵税额＝增量留抵税额×进项构成比例×60%

进项构成比例为2019年4月至申请退税前一税款所属期内已抵扣的增值税专用发票(含税控机动车销售统一发票)、海关进口增值税专用缴款书、解缴税款完税凭证注明的增值税额占同期全部已抵扣进项税额的比重。

2. 部分先进制造业纳税人增值税期末留抵税额退税制度

自2019年6月1日起,符合条件的部分先进制造业纳税人,可以自2019年7月及以后纳税申报期向主管税务机关申请退还增量留抵税额,计算公式为:

允许退还的增量留抵税额＝增量留抵税额×进项构成比例

2021年4月1日起,部分先进制造业纳税人是指按照《国民经济行业分类》,生产并销售"非金属矿物制品""通用设备""专用设备""计算机、通信和其他电子设备""医药""化学纤维""铁路、船舶、航空航天和其他运输设备""电气机械和器材""仪器仪表"销售额占全部销售额的比重超过50%的纳税人。

第六节 增值税发票管理

一、增值税发票的种类

1. 增值税专用发票

增值税专用发票由基本联次或者基本联次附加其他联次构成,分为三联版和六联版两种。基本联次为三联:第一联为记账联,是销售方记账凭证;第二联为抵扣联,是购买方扣税凭证;第三联为发票联,是购买方记账凭证。其他联次用途,由纳税人自行确定。

2. 增值税普通发票

增值税普通发票包括折叠票、卷票及定额发票等。

3. 增值税电子普通发票

增值税电子普通发票的开票方和受票方需要纸质发票的,可以自行打印增值税电子普通发票的版式文件,其法律效力、基本用途、基本使用规定等与税务机关监制的增值税普通发票相同。

4. 机动车销售统一发票

从事机动车零售业务的单位和个人,在销售机动车(不包括销售旧机动车)收取款项时,开具机动车销售统一发票。

5. 增值税电子专用发票

自2021年1月21日起,在北京、山西、内蒙古、辽宁、吉林、黑龙江、福建、江西、山东、河南、湖北、湖南、广西、海南、贵州、云南、西藏、陕西、甘肃、青海、宁夏、新疆、大连、厦门和青岛等25个地区的新办纳税人中实行专票电子化,受票方范围为全国。

电子专票由各省税务局监制,采用电子签名代替发票专用章,属于增值税专用发票,其法律效力、基本用途、基本使用规定等与增值税纸质专用发票相同。

二、开具发票的基本要求

纳税人应在发生增值税纳税义务时开具发票。

单位和个人在开具发票时,必须做到按照号码顺序填开,填写项目齐全,内容真实,字迹清楚,全部联次一次打印,内容完全一致,并在发票联和抵扣联加盖发票专用章。

增值税纳税人购买货物、劳务、服务、无形资产或不动产,索取增值税专用发票时,须向销售方提供购买方名称(不得为自然人)、纳税人识别号或统一社会信用代码、地址电话、开户行及账号信息,不需要提供营业执照、税务登记证、组织机构代码证、开户许可证、增值税一般纳税人资格登记表等相关证件或其他证明材料。

自2019年9月20日起,纳税人需要通过增值税发票管理系统开具17%、16%、11%、10%税率蓝字发票的,应向主管税务机关提交《开具原适用税率发票承诺书》,办理临时开票权限。临时开票权限有效期限为24小时,纳税人应在获取临时开票权限的规定期限内开具原适用税率发票。纳税人办理临时开票权限,应保留交易合同、红字发票、收讫款项证明等相关材料,以备查验。

第七节 增值税的电子申报流程

一、增值税的纳税申报

根据《国家税务总局关于增值税、消费税与附加税费申报表整合有关事项的公告》

◀ 税法理论与实践

(国家税务总局公告2021年第20号)规定,自2021年8月1日起,增值税与城市维护建设税、教育费附加、地方教育附加申报表整合。启用的申报表如下:①《增值税及附加税费申报表(一般纳税人适用)》(其中附列资料(五)已被国家税务总局公告2022年第3号修订);②《增值税及附加税费申报表(小规模纳税人适用)》;③《增值税及附加税费预缴表》及其附列资料(其中附列资料已被国家税务总局公告2022年第3号修订)。根据《国家税务总局关于进一步实施小微企业"六税两费"减免政策有关征管问题的公告》(国家税务总局公告2022年第3号)规定,修订《〈增值税及附加税费申报表(一般纳税人适用)〉附列资料(五)》《〈增值税及附加税费预缴表〉附列资料》,增加增值税小规模纳税人、小型微利企业、个体工商户减免优惠申报有关数据项目,相应修改有关填表说明。具体修订内容主要包括两个方面:一是落实政策要求,修改补充数据项目。根据优惠政策适用主体扩围要求,将《〈增值税及附加税费预缴表〉附列资料》表单中的数据项"本期是否适用增值税小规模纳税人'六税两费'减免政策"修改为"本期是否适用小微企业'六税两费'减免政策",并相应增加了"增值税小规模纳税人""一般纳税人-小型微利企业""一般纳税人-个体工商户"3个优惠政策适用主体勾选项。如图2-1所示:

增值税及附加税费申报表(一般纳税人适用)附列资料(五)

(附加税费情况表)

税(费)款所属时间:　年　月　日至　年　月　日

纳税人名称:(公章)　　　　　　　　　　　　　　　　　　金额单位:元(列至角分)

本期是否适用小微企业"六税两费"减免政策	□是 □否	减免政策适用主体	□个体工商户　□小型微利企业
		适用减免政策起止时间	年　月　至　年　月

税(费)种	计税(费)依据			税(费)率(%)	本期应纳税(费)额	本期减免税(费)额		小微企业"六税两费"减免政策		试点建设培育产教融合型企业		本期已缴税(费)额	本期应补(退)税(费)额
	增值税税额	增值税免抵税额	留抵退税本期扣除额			减免性质代码	减免税(费)额	减征比例(%)	减征额	减免性质代码	本期抵免金额		
	1	2	3	4	5=(1+2-3)×4	6	7	8	9=(5-7)×8	10	11	12	13=5-7-9-11-12

图 2-1

在《〈增值税及附加税费预缴表〉附列资料》中增加了"适用减免政策起止时间"数据项。在《〈增值税及附加税费申报表(一般纳税人适用)〉附列资料(五)》表头增加"本期是否适用小微企业'六税两费'减免政策""适用减免政策起止时间""减征比例""减征额"4个数据项,并相应增加了"一般纳税人-小型微利企业""一般纳税人-个体工商

户"2个优惠政策适用主体勾选项。如图2-2所示:

增值税及附加税费预缴表附列资料
(附加税费情况表)
税(费)款所属时间: 年 月 日 至 年 月 日
纳税人名称:(公章)　　　　　　　　　　　　　　　　　　　　金额单位:元(列至角分)

税(费)种	计税(费)依据 增值税预缴税额	税(费)率(%)	本期应纳税(费)额	本期减税(费)额		增值税小规模纳税人"六税两费"减征政策		本期实际预缴税(费)额
				减免性质代码	减免税(费)额	本期是否适用 □是 □否		
						减征比例(%)	减征额	
	1	2	3=1×2	4	5	6	7=(3-5)×6	8=3-5-7

增值税及附加税费预缴表附列资料
(附加税费情况表)
税(费)款所属时间: 年 月 日 至 年 月 日
纳税人名称:(公章)　　　　　　　　　　　　　　　　　　　　金额单位:元(列至角分)

本期是否适用小微企业"六税两费"减免政策	□是 □否	减免政策适用主体	增值税小规模纳税人:□是 □否 增值税一般纳税人:□个体工商户 □小型微利企业
		适用减免政策起止时间	年 月 至 年 月

税(费)种	计税(费)依据 增值税预缴税额	税(费)率(%)	本期应纳税(费)额	本期减免税(费)额		小微企业"六税两费"减征政策		本期实际预缴税(费)额
				减免性质代码	减免税(费)额	减征比例(%)	减征额	
	1	2	3=1×2	4	5	6	7=(3-5)×6	8=3-5-7

图2-2

二是优化表单设计,减轻填报负担。纳税人勾选相应的减免政策适用主体选项并确认适用减免政策起止时间后,系统将自动填列相应的减免性质代码、自动计算减免税款。由于各省(自治区、直辖市)人民政府确定减征比例的时点不同,《公告》明确,修订的表单自各省(自治区、直辖市)人民政府确定减征比例的规定公布当日正式启用。《国家税务总局关于小规模纳税人免征增值税等征收管理事项的公告》(国家税务总局公告2022年第6号)规定,增值税小规模纳税人发生增值税应税销售行为,合计月销售额未超过15万元(以1个季度为1个纳税期的,季度销售额未超过45万元,下同)的,免征增值税的销售额等项目应当填写在《增值税及附加税费申报表(小规模纳税人适用)》"小微企业免税销售额"或者"未达起征点销售额"相关栏次。合计月销售额超过15万元的,免征增值税的全部销售额等项目应当填写在《增值税及附加税费申报表(小规模纳税人适用)》"其他免税销售额"栏次及《增值税减免税申报明细表》对应栏次。

二、一般纳税人的申报流程

(1)登录电子税务局网站,操作路径:"首页"→"我要办税"→"税费申报及缴纳"→"常规申报列表"→"增值税及附加税(费)申报(一般纳税人适用)"。如图2-3所示:

◀ 税法理论与实践

图 2-3

（2）进入申报界面，根据纳税人情况填写相应表单。如图 2-4 所示：

图 2-4

（3）确认进项明细，数据无误后点击"确认提交"。如图 2-5 所示：

图 2-5

- 56 -

第二章 增值税法

(4)确认销项明细,确认数据无误后点击"确认提交"。如图2-6所示:

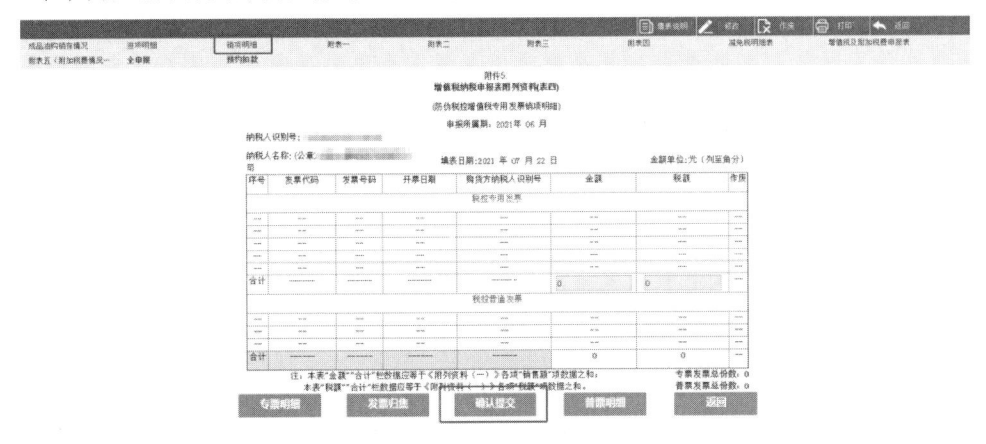

图2-6

(5)据实填报附表一。若"销项明细"有数据,则会在该表相应栏次预填数据。如图2-7所示:

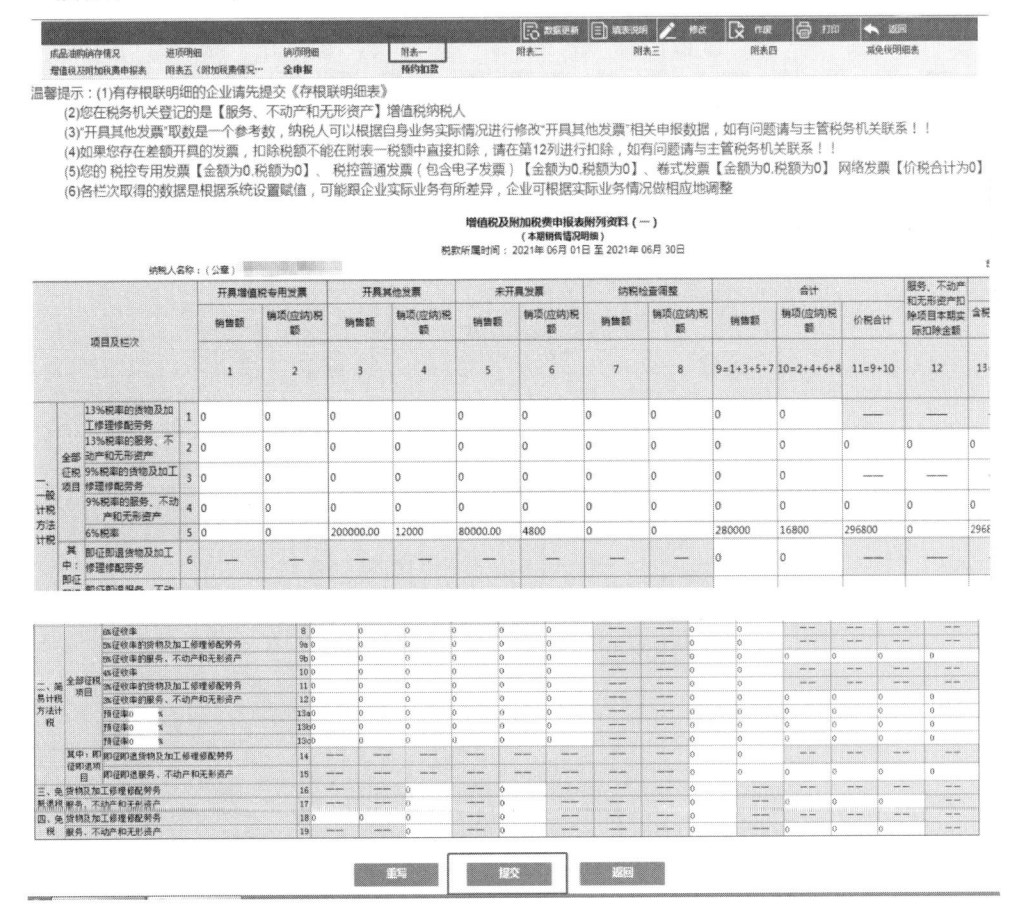

图2-7

— 57 —

◀ 税法理论与实践

（6）据实填报附表二，若"进项明细"有数据，则会在该表相应栏次预填数据。如图2-8所示：

图 2-8

(7)据实填报附表三。如图2-9所示：

图2-9

(8)据实填报附表四。如图2-10所示：

图2-10

(9) 据实填报减免税明细表。如图 2-11 所示：

图 2-11

(10) 填报增值税及附加税费申报表：增加 39~41 栏，分别为：城市维护建设税本期应补(退)税额、教育费附加本期应补(退)税额、地方教育附加本期应补(退)税额，均不允许填写，由附表五数据回写。如图 2-12 所示：

图 2-12

(11) 填报附表五（附加税费情况表），本表 1~4 列数据自动生成，不可修改，如享受优惠政策，据实填报，确认数据无误后即可提交。如图 2-13 所示：

图 2-13

注意：附表五"本期应补（退）税（费）额"数据回写至主表。如图 2-14 所示：

图 2-14

(12)确认数据无误后点击"全申报"按钮完成申报。如图 2-15 所示：

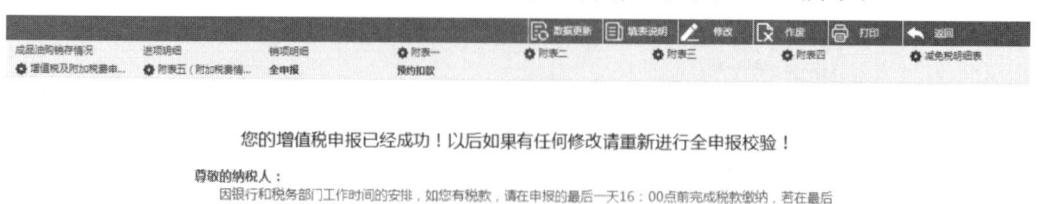

图 2-15

三、小规模纳税人的申报流程

(1)登录电子税务局网站,操作路径:"首页"→"我要办税"→"税费申报及缴纳"→"常规申报",进入申报清册界面,点击"增值税及附加税费申报(小规模纳税人适用)"。如图 2-16、2-17 所示：

图 2-16

图 2-17

(2)进入申报界面后,根据纳税人实际情况填写相应表单。如图 2-18 所示:

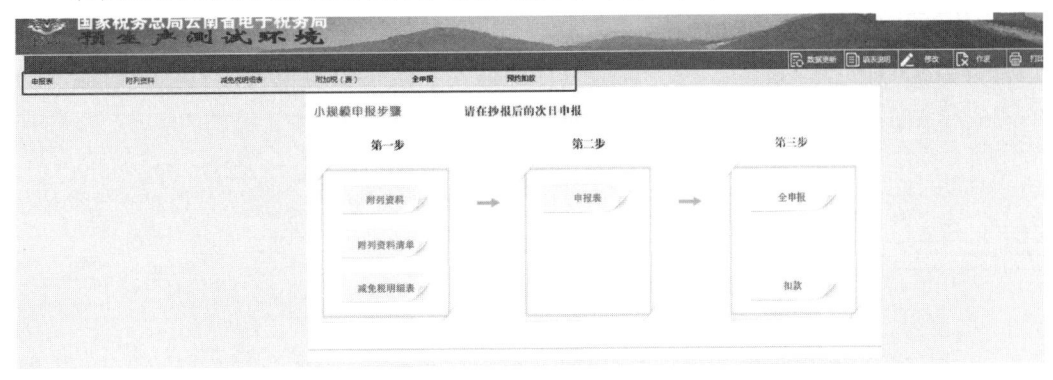

图 2-18

(3)填报附列资料,本表由发生应税行为且有扣除项目的纳税人填写,各栏次均不包含免征增值税项目的金额,若纳税人没有扣除项目可不填。如图 2-19 所示:

图 2-19

(4)填报减免税明细表。减免税明细表根据纳税人实际情况填写。若纳税人不涉及减免可不填。如图 2-20 所示:

图 2-20

◀ 税法理论与实践

(5) 填报《增值税及附加税费申报表(小规模纳税人适用)》。第 2、5 栏次名称修改为"增值税专用发票不含税销售额";第 3、6 栏次名称修改为"其他增值税发票不含税销售额";第 8、14 栏次名称修改为"其中:其他增值税发票不含税销售额";主表增加三行 25、26、27 附加税费信息。如图 2-21 所示:

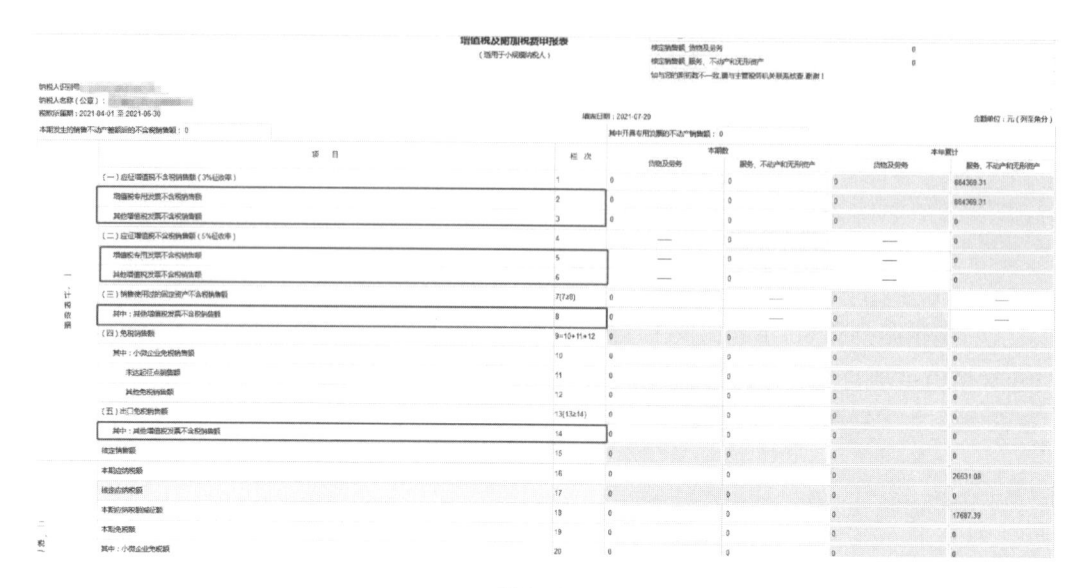

图 2-21

(6) 填报附加税费情况表,本表内容根据主表内容自动计算生成,不可修改。如图 2-22 所示:

图 2-22

(7) 提交完附加税费情况表后,附加税的本期应补(退)税(费)额回填至主表第 25、26、27 栏。如图 2-23 所示:

图 2-23

(8)填写信息确认无误后,点击"全申报"按钮完成申报。若提示全申报不成功,请根据提示修改申报表。如图 2-24 所示:

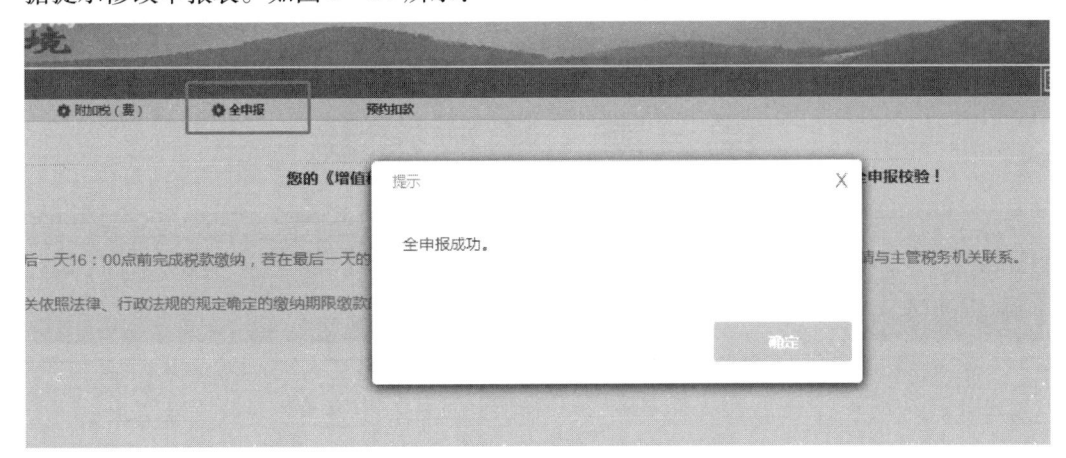

图 2-24

第三章　消费税法

> **课前阅读**

消费税的由来

作为一种古老的税种,消费税的雏形最早产生于古罗马帝国时期。而在我国古代,随着政治经济的发展,"消费税"也经历着萌芽与发展。

西周时期的"山泽之赋"中对金、玉、锡、丹青等奢侈品所征收的财产税已具备消费税的雏形。战国时期起,酒就作为奢侈品征税,秦国《秦律·田律》规定:"百姓居田舍者,毋敢酤酒,田啬,部佐禁御之,有不从令者有罪"。即:禁止百姓酿酒,对酒实行高价重税。用经济的手段和严厉的法律抑制酒的生产和消费,鼓励百姓多种粮食;另一方面,通过重税提高财政收入。

汉承秦制,改酒专卖为普遍征税,允许各地的地主、商人自行酿酒卖酒,但每升酒缴税款4文。唐朝的税酒,即对酿酒户和卖酒户进行登记,给予他们从事酒业的特权,未经特许的则无资格从事酒业。大历六年的做法是:酒税一般由地方征收,地方向朝廷进奉,如所谓的"充布绢进奉"是说地方上可用酒税钱抵充进奉的布绢之数。

宋、元、明、清各时期皆有征收茶税、盐税、酒税;北洋政府时期消费税主要包括盐税和烟酒税两种,又于1928年创立了统税,对卷烟、面粉、棉纱、火柴、水泥等各种商品征税。

纵观中国历代的消费税,虽然各个朝代在内容和形式上有所差异,但自古以来就是历朝历代重要的财政收入形式。其最大的特点就是与当时社会经济发展的状况和商品生产、流通的情况密切相关,并针对当时的生活必需品或高档产品征税。

1994年消费税的征税范围主要包括:烟、酒、化妆品、护肤护发品、贵重首饰及珠宝石、鞭炮及焰火、汽油、柴油、汽车轮胎、摩托车和小汽车11类应税产品。

为适应社会经济形势的客观发展需要,进一步完善消费税制,财政部、国家税务总局于2006年3月21日联合发布了《关于调整和完善消费税政策的通知》(财税〔2006〕33号),从当年4月1日起,对我国消费税的税目、税率及相关政策进行了调整。新设成品油税目;增加木制一次性筷子税目;增加实木地板税目;增加高尔夫球及球具税目;增加高档手表税目。

2008年11月5日,国务院第34次常务会议修订通过《消费税暂行条例》,自2009年1月1日起施行。为促进节能环保,经国务院批准,自2015年2月1日起对电池、涂料征收消费税。2022年11月1日起将电子烟纳入消费税征收范围。

除上述重大改革外,1994年至今,根据经济社会发展的需要以及国家产业政策的要求,对消费税的征税范围、税率结构和征收环节都在不断地进行完善和调整。

我国现行消费税进行特殊调节的消费品主要有六类:第一类,过度消费对人类健康、社会秩序和生态环境造成危害的;第二类,奢侈品;第三类,高能耗及高档消费品;第四类,非生活必需品;第五类,不可再生和替代的消费品;第六类,具有一定财政意义的消费品。这表明现行消费税的调节功能是广义的,不局限于调节收入分配、引导健康消费,还特别关注保护生态环境、促进资源节约等功能。

第一节 消费税概述

一、消费税的概念和特点

消费税是对我国境内生产、委托加工和进口15类特定消费品和特定的消费行为按流转额征收的一种商品税。

我国消费税的特点:
(1)征税范围具有选择性——15个税目;
(2)一般情况下,征税环节具有单一性,和增值税形成鲜明的对比;
(3)平均税率水平比较高且税负差异大,1%～56%之间的差距;
(4)计税方法具有灵活性,既有从价,又有从量,还有既从价又从量三种计税方法;
(5)消费税是价内税。

二、消费税的纳税义务人

(1)在中华人民共和国境内生产(并销售)、委托加工和进口《消费税暂行条例》规定的消费品的单位和个人为消费税的纳税人。

(2)国务院确定的销售《消费税暂行条例》规定的消费品的其他单位和个人为消费税的纳税人。具体为:①卷烟的批发企业;②超豪华小汽车的零售企业;③金银首饰、钻石及钻石饰品和铂金首饰的零售企业。

三、消费税的税目和税率

表 3-1　最新消费税税目税率表

税目	税率
一、烟	
1. 卷烟	
(1) 甲类卷烟[调拨价 70 元(不含增值税)/条以上(含 70 元)]	56% +0.003 元/支
(2) 乙类卷烟[调拨价 70 元(不含增值税)/条以下]	36% +0.003 元/支
(3) 商业批发	11% +0.005 元/支
2. 雪茄烟	36%
3. 烟丝	30%
4. 电子烟	36%,11%
二、酒	
1. 白酒	20% +0.5 元/500 克(或者 500 毫升)
2. 黄酒	240 元/吨
3. 啤酒	
(1) 甲类啤酒	250 元/吨
(2) 乙类啤酒	220 元/吨
4. 其他酒	10%
三、高档化妆品	15%
四、贵重首饰及珠宝玉石	
1. 金银首饰、铂金首饰和钻石及钻石饰品	5%
2. 其他贵重首饰和珠宝玉石	10%
五、鞭炮、焰火	15%
六、成品油	
1. 汽油	1.52 元/升
2. 柴油	1.20 元/升

续表

税目	税率
3. 航空煤油	1.20 元/升
4. 石脑油	1.52 元/升
5. 溶剂油	1.52 元/升
6. 润滑油	1.52 元/升
7. 燃料油	1.20 元/升
七、摩托车	
1. 气缸容量(排气量,下同)在 250 毫升(含 250 毫升)以下的	3%
2. 气缸容量在 250 毫升以上的	10%
八、小汽车	
1. 乘用车	
(1)气缸容量(排气量,下同)在 1.0 升(含 1.0 升)以下的	1%
(2)气缸容量在 1.0 升以上至 1.5 升(含 1.5 升)的	3%
(3)气缸容量在 1.5 升以上至 2.0 升(含 2.0 升)的	5%
(4)气缸容量在 2.0 升以上至 2.5 升(含 2.5 升)的	9%
(5)气缸容量在 2.5 升以上至 3.0 升(含 3.0 升)的	12%
(6)气缸容量在 3.0 升以上至 4.0 升(含 4.0 升)的	25%
(7)气缸容量在 4.0 升以上的	40%
2. 中轻型商用客车	5%
3. 超豪华小汽车	按子税目 1 和子税目 2 的规定征收,零售环节 10%
九、高尔夫球及球具	10%
十、高档手表	20%
十一、游艇	10%
十二、木制一次性筷子	5%
十三、实木地板	5%
十四、铅蓄电池	4%
十五、涂料	4%

(一)烟

1. 征收范围

(1)凡是以烟叶为原料生产加工的产品,不论使用何种辅料,均属于本税目的征收范围。包括:进口卷烟、白包卷烟、手工卷烟和未经国务院批准纳入计划的企业和个人生产的卷烟、雪茄烟和烟丝。

(2)在"烟"税目下分"卷烟""雪茄烟"等子税目。"卷烟"又根据调拨价格不同分为"甲类卷烟"和"乙类卷烟",甲类卷烟是指每标准条(200支)调拨价格在70元(不含增值税)以上(含70元)的卷烟;乙类卷烟是指每标准条调拨价格在70元(不含增值税)以下的卷烟。

(3)卷烟在批发环节加征一道复合计税的消费税。

(4)电子烟是指用于产生气溶胶供人抽吸等的电子传输系统,包括烟弹、烟具以及烟弹与烟具组合销售的电子烟产品。

2. 税率

(1)卷烟税率,见表3-2:

表3-2 卷烟税率表

卷烟类型和征税环节	比例税率	定额税率		
		每支	每标准条(200支)	每标准箱(250条)
甲类卷烟(生产、进口、委托加工)	56%	0.003元/支	0.6元/条	150元/箱
乙类卷烟(生产、进口、委托加工)	36%	0.003元/支	0.6元/条	150元/箱
所有卷烟批发环节	11%	0.005元/支	1元/条	250元/箱

(2)雪茄烟:36%。

(3)烟丝:30%。

卷烟是双环节征税,雪茄烟和烟丝都只在生产(或进口、委托加工)单环节征税。

(4)电子烟实行从价定率的办法纳税,生产(进口)环节税率为36%,批发环节的税率为11%。

(二)酒

1. 征税范围

酒精度在1度以上的各种酒类饮料,包括白酒、黄酒、啤酒和其他酒。

(1)白酒。白酒按照复合计税方法征收消费税,包括粮食类白酒和薯类白酒。

(2)黄酒。包括各种原料酿制的黄酒和酒度超过12度(含12度)的土甜酒。

(3)啤酒。啤酒每吨出厂价(含包装物及包装物押金)在3000元(含3000元,不含增值税)以上的是甲类啤酒,消费税税率 250 元/吨;每吨出厂价(含包装物及包装物押金)在 3000 元以下的是乙类啤酒,消费税税率 220 元/吨。其中,包装物押金不包括重复使用的塑料周转箱的押金。果啤也按啤酒征税。

(4)其他酒。

①对以蒸馏酒或食用酒精为酒基,具有国食健字或卫食健字文号且酒精度低于 38 度(含)的配制酒,按照"其他酒"10%适用税率征收消费税;

②以发酵酒为酒基,酒精度低于 20 度(含)的配制酒,按照"其他酒"10%适用税率征收消费税;

③其他配制酒,按"白酒"的适用税率征收消费税;

④葡萄酒适用"其他酒"子目。

注意:调味料酒、酒精不属于消费税的征税范围。

2.税率

税率明细,见表 3-3:

表 3-3 酒类税率表

税目		税率(额)
白酒		20% + 0.5 元/500 克
黄酒		240 元/吨
啤酒	甲类啤酒	250 元/吨
	乙类啤酒	220 元/吨
其他酒		10%

(三)高档化妆品

1.征税范围

包括:高档美容、修饰类化妆品、高档护肤类化妆品和成套化妆品。

高档美容、修饰类化妆品和高档护肤类化妆品指生产(进口)环节销售(完税)价格(不含增值税)在 10 元/毫升(克)或 15 元/片(张)及以上的美容、修饰类化妆品和护肤类化妆品。成套化妆品是指由各种用途的化妆品配套盒装而成的系列产品。一般采用精制的金属或塑料盒包装,盒内常备有镜子、梳子等化妆工具,具有多功能性和使用方便的特点。舞台、戏剧、影视化妆用的上妆油、卸妆油、油彩不属于本税目征税范围。

2.税率

税率为 15%。

(四)贵重首饰及珠宝玉石

1.征税范围

包括各种金银珠宝首饰和经采掘、打磨、加工的各种珠宝玉石。

2. 税率

（1）金、银首饰（包括金基、银基合金，以及金、银和金基、银基合金镶嵌首饰）、钻石及钻石饰品、铂金首饰在零售环节纳税，税率为5%。

（2）其他非金银贵重首饰及珠宝玉石在生产（出厂）、进口、委托加工环节纳税，税率为10%。镀金首饰属于贵重首饰，按照"其他贵重首饰和珠宝玉石"在生产环节缴纳消费税，税率为10%。

（五）鞭炮、焰火

1. 征税范围

包括各种鞭炮、焰火，不包括体育上用的发令纸、鞭炮药引线。

2. 税率

税率为15%。

（六）成品油

1. 征税范围

（1）汽油。取消车用含铅汽油消费税，汽油税目不再划分二级子目，统一按照无铅汽油税率征收消费税。以汽油、汽油组分调和生产的甲醇汽油、乙醇汽油也属于本税目征收范围。

（2）柴油。以柴油、柴油组分调和生产的生物柴油也属于本税目征收范围。对同时符合下列条件的纯生物柴油免征消费税：

①生产原料中废弃的动物油和植物油用量所占比重不低于70%；

②生产的纯生物柴油符合国家《柴油机燃料调和生物柴油（BD100）》标准。

（3）石脑油（也称为化工轻油）。非标汽油、重整生成油、拔头油、戊烷原料油、轻裂解料、重裂解料、加氢裂化尾油、芳烃抽余油均属轻质油，属于石脑油征收范围。

（4）溶剂油。橡胶填充油、溶剂油原料，属于溶剂油征收范围。

（5）航空煤油（暂缓征收消费税）。

（6）润滑油变压器油、导热类油等绝缘油类产品不属于润滑油，不征收消费税。

（7）燃料油（也称重油、渣油）。蜡油、船用重油、常压重油、减压重油、180CTS 燃料油、7号燃料油、糠醛油、工业燃料、4~6号燃料油等油品的主要用途是作为燃料燃烧，属于燃料油征收范围。纳税人利用废矿物油为原料生产的润滑油基础油、汽油、柴油等工业油料免征消费税。

2. 税率

1.2~1.52元/升。各子目计税时，吨与升之间计量单位换算标准的调整由财政部、国家税务总局确定。

(七)小汽车

1. 征税范围

(1)乘用车。含驾驶员座位在内最多不超过9个座位(含)。

(2)中轻型商用客车。含驾驶员座位在内的座位数在10~23座(含)。

电动汽车、车身长度大于7米(含)且座位在10~23座(含)以下的商用客车(大型客车)不征收消费税。

(3)超豪华小汽车。每辆零售价格130万元(不含增值税)及以上的乘用车和中轻型商用客车。

沙滩车、雪地车、卡丁车、高尔夫车等均不属于消费税征税范围。根据(国税函〔2008〕452号)规定,企业购进货车或厢式货车改装生产的商务车、卫星通讯车等专用汽车不属于消费税征税范围,不征收消费税。

2. 税率

(1)乘用车:1%~40%;

(2)中轻型商用客车:5%;

(3)超豪华小汽车在零售环节加征一道10%消费税。

(八)摩托车

1. 征税范围

摩托车包括轻便摩托车和摩托车两种。气缸容量250毫升(不含)以下的小排量摩托车不征收消费税。

2. 税率

(1)气缸容量为250毫升的摩托车:3%;

(2)气缸容量为250毫升以上的摩托车:10%。

(九)高尔夫球及球具

1. 征税范围

包括高尔夫球、高尔夫球杆、高尔夫球包(袋),高尔夫球杆又包括球杆的杆头、杆身和握把。高尔夫车不属于消费税征税范围。

2. 税率

税率为10%。

(十)高档手表

1. 征税范围

不含增值税销售价格每只在10000元(含)以上的各类手表。

2. 税率

税率为20%。

（十一）游艇

1. 征税范围

本税目只包括符合长度、材质、用途等项标准的内置发动机的各类机动艇。必须要内置发动机的机动艇才属于消费税征税范围，无动力艇和帆艇不属于消费税征税范围。

2. 税率

税率为10%。

（十二）木制一次性筷子

1. 征税范围

包括各种规格的木质一次性筷子。未经打磨、倒角的木制一次性筷子属于本税目征税范围。不包括竹制一次性筷子和可以反复利用的筷子。

2. 税率

税率为5%。

（十三）实木地板

1. 征税范围

包括各类规格的实木地板、实木指接地板、实木复合地板，及用于装饰墙壁、天棚的侧端面为榫、槽的实木装饰板。未经涂饰的素板也属于本税目征税范围。

2. 税率

税率为5%。

（十四）电池

1. 征税范围

包括原电池、蓄电池、燃料电池、太阳能电池和其他电池。

2. 税率

税率为4%。

（十五）涂料

1. 征税范围

施工状态下挥发性有机物（VOC）含量低于420克/升（含）的涂料免征消费税。

2. 税率

税率为4%。

纳税人兼营不同税率的应税消费品，应当分别核算不同税率应税消费品的销售额、销售数量。未分别核算的，或者将不同税率的应税消费品组成成套消费品销售的，从高适用税率。

第二节 消费税的计税依据

一、从价计征方式

1. 销售额的确定

销售额是纳税人销售应税消费品向购买方收取的全部价款和价外费用。销售额包括消费税等价内税,但不包括增值税;价外费用指价外收取的手续费、补贴、基金、集资费、返还利润、奖励费、违约金、滞纳金、延期付款利息、赔偿金、代收款项、代垫款项、包装费、包装物租金、储备费、优质费、运输装卸费以及其他各种性质的价外收费。

销售额中不包括:

①符合条件的代垫运费:承运部门将运费发票开具给购货方的,且纳税人将该项发票转交给购货方的运费;

②符合条件的代为收取的政府性基金或行政事业性收费。

包装物押金:

(1)应税消费品连同包装物销售的,无论包装物是否单独计价,也不论在会计上如何核算,均应并入应税消费品的销售额中征收消费税。

(2)单独收取的酒类的包装物押金(除啤酒、黄酒之外),无论包装物押金是否返还,也不论在会计上如何核算,均应并入酒类产品的销售额中征收消费税。啤酒、黄酒从量计征,所以包装物押金不作为计税依据。

(3)单独收取的一般包装物押金,押金期限为 12 个月以内,未逾期的,不计税;押金期限为 12 个月以内,已逾期的,并入应税消费品销售额;未逾期,但押金期限为 12 个月以上的,并入应税消费品的销售额。

(4)既作价随同消费品销售,又单独收取押金的在规定期限内没有退还的,并入应税消费品的销售额。

白酒生产企业向商业销售单位收取的"品牌使用费",属于应税白酒销售价款的组成部分。不论采取何种方式或者以何种名义收取价款,均应并入白酒的销售额中缴纳消费税。

2. 计算公式

消费税应纳税额 = 销售额(不含增值税)× 适用税率

应税消费品的销售额 = 含增值税的销售额(含价外费用)÷(1 + 增值税的税率或征收率)

二、从量计征

1. 销售数量的确认

(1)销售应税消费品的,为应税消费品的销售数量;

(2)自产自用应税消费品的,为应税消费品的移送使用数量;

自产自用包括纳税人将自产应税消费品用于在建工程、管理部门、非生产机构、提供劳务,以及用于馈赠、赞助、集资、广告、样品、职工福利、奖励等方面。

(3)委托加工应税消费品的,为纳税人收回的应税消费品数量;

(4)进口的应税消费品的,为海关核定的应税消费品进口征税数量。

2. 计量单位的换算标准

(1)黄酒、啤酒是以吨为税额单位;

(2)汽油、柴油是以升为税额单位。

3. 计算公式

消费税应纳税额 = 销售数量 × 适用税率(单位税额)

三、从价从量复合计征

1. 适用范围

(1)卷烟(生产、进口、委托加工和批发环节)。

(2)白酒(生产、进口、委托加工环节)。

2. 计算公式

应纳税额 = 从价消费税 + 从量消费税

应纳税额 = 应税销售额 × 比例税率 + 应税销售数量 × 定额税率

四、计税依据的特殊规定

1. 自设非独立核算门市部的计税规定

纳税人通过自设非独立核算门市部对外销售的自产应税消费品,应按门市部对外销售额或者销售数量征收消费税。

2. 按照同类消费品的销售价格核定

应税消费品用于换取生产和消费资料、投资入股和抵偿债务的(换抵投),应当以纳税人同类应税消费品的最高销售价格为计税依据计算消费税。

3. 卷烟计税价格的核定

(1)卷烟核定最低计税价格:

卷烟消费税最低计税价格(以下简称计税价格)的核定范围为卷烟生产企业在生产环节销售的所有牌号、规格的卷烟。

计税价格由国家税务总局按照卷烟批发环节销售价格扣除卷烟批发环节批发毛利核定并发布。计税价格的核定公式为:

某牌号、规格卷烟计税价格 = 批发环节销售价格 × (1—适用批发毛利率)

批发毛利率=(批发环节销售价格-生产环节销售价格)÷批发环节销售价格

卷烟批发环节销售价格,按照税务机关采集的所有卷烟批发企业在价格采集期内销售的该牌号、规格卷烟数量、销售额进行加权平均计算,计算公式为:

批发环节销售价格=各采集点的批发价格之和÷各采集点的销售数量之和

卷烟的核定计税价格只会影响卷烟从价部分计征的消费税。从量部分计征的消费税不受影响,仍然按照数量计算缴纳消费税。

(2)未经国家税务总局核定计税价格的新牌号、新规格卷烟,生产企业应按卷烟调拨价格申报纳税。

(3)已经国家税务总局核定计税价格的卷烟,生产企业实际销售价格高于计税价格的,按实际销售价格确定适用税率,计算应纳税款并申报纳税;实际销售价格低于计税价格的,按计税价格确定适用税率,计算应纳税款并申报纳税。

4.白酒最低计税价格的核定

(1)税务机关应核定消费税最低计税价格的情形:

①白酒生产企业销售给销售单位的白酒,生产企业消费税计税价格低于销售单位对外销售价格(不含增值税)70%以下的。

②纳税人将委托加工收回的白酒销售给销售单位,消费税计税价格低于销售单位对外销售价格(不含增值税)70%以下的。

白酒生产企业应将各种白酒的销售信息及时申报,白酒消费税最低计税价格由白酒生产企业自行申报,税务机关核定。

国家税务总局选择其中部分白酒核定消费税最低计税价格。除国税总局已经核定的部分白酒外,其他按规定需要核定最低计税价格的白酒,由各省、自治区、直辖市和计划单列市税务局核定。

(2)核定标准:

①白酒生产企业所售给销售单位白酒的消费税计税价格高于销售单位对外销售价格70%(含70%)以上的,税务机关暂不核定消费税最低计税价格。

②白酒生产企业所售给销售单位白酒的消费税计税价格低于销售单位对外销售价格70%以下的,最低计税价格由税务机关根据情况,在销售单位对外销售价格50%~70%的范围内自行核定。其中生产规模较大、利润水平较高的企业生产的白酒的最低计税价格,税务机关原则上应按照销售单位对外销售价格的60%~70%的范围内核定。

(3)重新核定:

已核定最低计税价格的白酒,销售单位对外销售价格持续上涨或下降时间达到3个月以上、累计上涨或下降幅度在20%(含)以上的白酒,税务机关重新核定最低计税价格。

(4)其他情形:

已核定最低计税价格的白酒,生产企业实际销售价格高于最低计税价格的,按实际销售价格申报纳税;实际销售价格低于最低计税价格的,按最低计税价格申报纳税。

5.金银首饰销售额的确定

(1)对既销售金银首饰,又销售非金银首饰的生产、经营单位,应将两类商品划分清楚,分别核算销售额。凡划分不清或不能分别核算的,在生产环节销售的,一律从高适用税率征收消费税;在零售环节销售的,一律按金银首饰征收消费税。

(2)金银首饰与其他产品组成成套消费品销售的,应按销售额全额征收消费税。

(3)金银首饰连同包装物销售的,无论包装物是否单独计价,也无论会计上如何核算,均应并入金银首饰的销售额,计征消费税。

(4)带料加工的金银首饰,应按受托方销售同类金银首饰的销售价格确定计税依据征收消费税。没有同类金银首饰销售价格,按照组成计税价格计算纳税。

(5)纳税人采用以旧换新(含翻新改制)方式销售的金银首饰,应按实际收取的不含增值税的全部价款(新旧差价)确定计税依据征收消费税。

第三节　消费税应纳税额的计算

一、生产销售环节应纳消费税的计算

直接对外销售应税消费品涉及三种计算方法:

1.从价定率计算

在从价定率计算方法下,应纳消费税额等于销售额乘以适用税率。基本计算公式为:

应纳税额=应税消费品的销售额×比例税率

2.从量定额计算

在从量定额计算方法下,应纳税额等于应税消费品的销售数量乘以单位税额。基本计算公式为:

应纳税额=应税消费品的销售数量×定额税率

3.从价定率和从量定额复合计算

现行消费税的征税范围中,只有卷烟、白酒采用复合计算方法。基本计算公式为:

应纳税额=应税消费品的销售额×定额税率+应税销售额×比例税率

二、自产自用行为应纳消费税的计算

纳税人自产自用的应税消费品用于连续生产应税消费品的,不纳税。

纳税人自产自用的应税消费品,凡用于连续生产非应税消费品、在建工程、管理部门、非生产机构、提供劳务,以及用于馈赠、赞助、集资、广告、样品、职工福利、奖励等方面

的,应当纳税。

1. 按照同类消费品的销售价格

同类消费品的销售价格指纳税人当月销售的同类消费品的销售价格,如果当月同类消费品各期销售价格高低不同,应按照销售数量加权平均计算。

但销售的应税消费品有下列情况之一的,不得列入加权平均计算:

(1)销售价格明显偏低又无正当理由的;

(2)无销售价格的。

如果当月无销售或者未完结,应按照同类消费品上月或者最近月份的销售价格计算纳税。

用于换取生产和消费资料、投资入股和抵偿债务的(换抵投),计税依据为同类应税消费品的最高销售价格。

2. 按照组成计税价格

如果没有同类消费品销售价格的,按照组成计税价格计算纳税。

消费税的组成计税价格公式为:

(1)实行从价定率方法计税的消费品:

组成计税价格 =(成本 + 利润)÷(1 − 比例税率)= 成本 ×(1 + 成本利润率)÷(1 − 比例税率)

应纳消费税 = 组成计税价格 × 消费税比率税率

②实行复合计税方法计税的消费品:

组成计税价格 =(成本 + 利润 + 自产自用数量 × 定额税率)÷(1 − 比例税率)= [成本 ×(1 + 成本利润率) + 自产自用数量 × 定额税率] ÷(1 − 比例税率)

公式中的应税消费品的全国平均成本利润率由国家税务总局确定。

应纳消费税 = 组成计税价格 × 消费税比率税率 + 自产自用数量 × 消费税定额税率

【例题3-1】某化妆品公司将一批自产的高档化妆品用作职工福利,该批高档化妆品的成本为80000元,无同类产品市场销售价格,但已知其成本利润率为5%,消费税税率为15%。计算该批高档化妆品应缴纳的消费税税额。

【答案】组成计税价格 = 成本 ×(1 + 成本利润率)÷(1 − 消费税税率)

= 80000 ×(1 + 5%)÷(1 − 15%)= 98823.53(元)

应纳消费税税额 = 98823.53 × 15% = 14823.53(元)

【例题3-2】甲酒厂为增值税一般纳税人,2022年12月将自产白酒1吨发放给职工作为春节福利,无同类白酒的销售价格,其成本4000元/吨,成本利润率5%,则此笔业务应缴纳的消费税为多少元?

【答案】白酒的消费税从量税 = 1 × 2000 × 0.5 = 1000(元)

白酒的组成计税价格 = [4000 ×(1 + 5%) + 1000] ÷(1 − 20%) = 6500(元)

— 79 —

应纳消费税 = 1000 + 6500 × 20% = 2300(元)

三、委托加工环节应纳消费税的计算

委托加工的应税消费品指由委托方提供原料和主要材料,受托方只收取加工费和代垫部分辅助材料加工的应税消费品。

以下情形应按照销售自制(自产)应税消费品缴纳消费税:

(1)由受托方提供原材料生产的应税消费品;

(2)受托方先将原材料卖给委托方,然后再接受加工的应税消费品;

(3)受托方以委托方名义购进原材料生产的应税消费品。

1. 委托加工消费品代收代缴消费税的基本规定

(1)符合条件的委托加工的消费品,由受托方在向委托方交货时代收代缴消费税。受托方为个人的(含个体工商户),由委托方收回后缴纳。

(2)委托加工环节代收代缴的消费税的后续处理。

委托加工的应税消费品,受托方在交货时已代收代缴消费税,则:

①委托方将收回的应税消费品,以不高于受托方的计税价格出售的,为直接出售,不再缴纳消费税;

②委托方以高于受托方的计税价格出售的,不属于直接出售,需按照规定申报缴纳消费税,在计税时准予扣除受托方已代收代缴的消费税。

2. 委托加工的应税消费品代收代缴消费税的计税依据

委托加工的应税消费品的计税依据按照如下顺序确定:

(1)受托方的同类消费品的销售价格;

(2)没有受托方同类消费品销售价格的,按照组成计税价格计算纳税。组成计税价格的公式如下:

①实行从价定率计税的消费品:

组成计税价格 = (材料成本 + 加工费) ÷ (1 − 比例税率)

②实行复合计税的消费品:

组成计税价格 = (材料成本 + 加工费 + 委托加工数量 × 定额税率) ÷ (1 − 比例税率)

加工费指受托方加工应税消费品向委托方所收取的全部费用(包括代垫辅助材料的实际成本)。

(3)如果受托方对委托加工的应税消费品没有代收代缴消费税,则委托方需要补缴消费税。委托方补缴消费税的计税依据是:

①已经直接销售的,按销售额(或销售量)计税;

②尚未销售或不能直接销售的(如用于连续生产),按照上述组成计税价格计税。

【例题3-3】某鞭炮企业2022年4月受托为某单位加工一批鞭炮,委托单位提供的

原材料金额为60万元,收取委托单位不含增值税的加工费为8万元,鞭炮企业无同类产品市场价格。计算鞭炮企业应代收代缴的消费税。(鞭炮的适用税率为15%。)

【答案】组成计税价格=(60+8)÷(1-15%)=80(万元)

应代收代缴消费税=80×15%=12(万元)

四、进口环节应纳消费税的计算

进口的应税消费品,于报关进口时缴纳消费税,由海关代征,由进口人或者其代理人向报关地海关申报纳税。

1. 从价定率计征应纳税额的计算

组成计税价格=(关税完税价格+关税)÷(1-消费税比例税率)

应纳税额=组成计税价格×消费税比例税率

2. 从量定额计征应纳税额的计算

应纳税额=应税消费品数量×消费税定额税额

3. 实行复合计税办法的应纳税额计算

组成计税价格=(关税完税价格+关税+进口数量×消费税定额税率)÷(1-消费税比例税率)

应纳税额=组成计税价格×消费税税率+应税消费品进口数量×消费税定额税额

【例题3-4】某商贸公司,2022年12月从国外进口一批应税消费品,已知该批应税消费品的关税完税价格为90万元,按规定应缴纳关税18万元,假定进口的应税消费品的消费税税率为10%。请计算该批消费品进口环节应缴纳的消费税税额。

【答案】组成计税价格=(90+18)÷(1-10%)=120(万元)

应缴纳消费税税额=120×10%=12(万元)

五、特殊环节消费税的计算

1. 卷烟批发环节

(1)纳税义务人:在我国境内从事卷烟批发业务的单位和个人。

纳税人销售给纳税人以外的单位和个人的卷烟于销售时纳税。纳税人之间销售的卷烟不缴纳消费税。

(2)税率:从价税率11%,从量税率0.005元/支。

每标准条1元,每标准箱250元(同卷烟的生产、进口、委托加工环节一样,也采用复合计税方法)。

(3)纳税人兼营卷烟批发和零售业务的,应当分别核算,未分别核算批发和零售环节销售额以及销售数量的,全额计征批发环节消费税。

(4)纳税义务发生时间:收讫销售款项或者取得索取销售款凭据的当天(同消费税纳

税义务发生时间的一般规定）。

（5）纳税地点：卷烟批发企业的机构所在地，总机构与分支机构不在同一地区的，由总机构申报纳税。

（6）卷烟批发企业在计算消费税时，不得扣除已含的生产环节的消费税税款。

2. 超豪华小汽车零售环节

（1）纳税义务人：将超豪华小汽车销售给消费者的单位和个人，即零售超豪华小汽车的单位和个人。

（2）征税范围和税率：每辆零售价格 130 万（不含增值税）及以上的乘用车和中轻型商用客车，税率为 10%。

计算公式：

应纳税额 = 零售环节销售额（不含增值税）×零售环节消费税税率（即 10%）

（3）生产企业直接零售时的特别规定：如果国内汽车生产企业直接将超豪华小汽车销售给消费者，消费税税率按照生产环节税率和零售环节税率加总计算。

计算公式：

应纳税额 = 零售销售额（不含增值税）×（生产环节消费税税率 + 零售环节消费税税率）

3. 对金银首饰、钻石及钻石饰品、铂金首饰仅在零售环节征税

仅限于金、银、金基、银基合金首饰以及金、银和金基、银基合金的镶嵌首饰；钻石及钻石饰品、铂金首饰。

【例题 3-5】2022 年 12 月，某商场首饰部采用以旧换新方式销售金银首饰，该批首饰市场零售价 13.56 万元，旧首饰作价的含税金额为 5.65 万元，请计算该笔业务的消费税计税依据为多少。

【答案】该笔业务消费税计税依据 =（13.56 - 5.65）÷（1 + 13%）= 7（万元）

六、已纳消费税扣除的计算

纳税人用外购或委托加工收回的已税消费品连续生产应税消费品，在准予扣除的范围内允许按生产领用数量计算扣除外购或委托加工收回应税消费品的已纳消费税。

（一）准予扣除的范围

（1）外购或委托加工收回的已税烟丝生产的卷烟；

（2）外购或委托加工收回的已税高档化妆品生产的高档化妆品；

（3）外购或委托加工收回的已税珠宝玉石生产的贵重首饰及珠宝玉石；

（4）外购或委托加工收回的已税鞭炮、焰火生产的鞭炮、焰火；

（5）外购或委托加工收回的已税杆头、杆身和握把为原料生产的高尔夫球杆；

（6）外购或委托加工收回的已税木制一次性筷子为原料生产的木制一次性筷子；

(7)外购或委托加工收回的已税实木地板为原料生产的实木地板;

(8)外购或委托加工收回的已税汽油、柴油、石脑油、燃料油、润滑油用于连续生产的应税成品油。允许扣除外购已纳消费税的不包含溶剂油、航空煤油。

扣除范围不包括:

(1)小汽车;(2)摩托车;(3)涂料;(4)高档手表;(5)游艇;(6)电池;(7)酒(外购、进口葡萄酒可扣除)。

(二)已纳税款扣除的计算

1. 外购已税消费品

当期准予扣除的外购应税消费品已纳税款 = 当期准予扣除的外购应税消费品买价 × 外购应税消费品适用税率

当期准予扣除的外购应税消费品买价(会计存货的原理) = 期初库存的外购应税消费品买价 + 当期购进的应税消费品买价 − 期末库存的外购应税消费品买价

2. 委托加工收回已税消费品

当期准予扣除的委托加工应税消费品已纳税款 = 期初库存的委托加工应税消费品已纳税款 + 当期收回的委托加工应税消费品已纳税款 − 期末库存的委托加工应税消费品已纳税款

【例题3-6】某卷烟生产企业,某月初库存外购应税烟丝金额50万元,当月又外购应税烟丝金额500万元(不含增值税),月末库存烟丝金额30万元,其余被当月生产卷烟领用。请计算卷烟厂当月准许扣除的外购烟丝已缴纳的消费税税额。烟丝适用的消费税税率为30%。

【答案】(1)当期准许扣除的外购烟丝买价 = 50 + 500 − 30 = 520(万元)

(2)当月准许扣除的外购烟丝已缴纳的消费税税额 = 520 × 30% = 156(万元)

第四节 消费税的出口退税政策

一、出口免税并退税

1. 适用范围

有出口经营权的外贸企业购进应税消费品直接出口,以及外贸企业受其他外贸企业委托代理出口应税消费品。

2. 计税依据

出口货物的消费税应退税额的计税依据,按购进出口货物的消费税专用缴款书和海关进口消费税专用缴款书确定。

3. 退税金额

直接退还应税消费品所包含的已纳消费税额。

消费税应退税额=从价定率计征消费税的退税计税依据×比例税率+从量定额计征消费税的退税计税依据×定额税率

二、出口免税但不退税

有出口经营权的生产性企业自营出口或生产企业委托外贸企业代理出口自产的应税消费品,依据其实际出口数量免征消费税,不予办理退还消费税。

三、出口不免税也不退税

除生产企业、外贸企业以外的其他企业,具体指一般商贸企业,这类企业委托外贸企业代理出口应税消费品一律不予免税和退税。

第五节 消费税的征收管理

一、消费税的征税环节

1. 生产销售应税消费品

工业企业以外的单位和个人的下列行为视为应税消费品的生产行为,按规定征收消费税:

(1)将外购的消费税非应税产品以消费税应税产品对外销售的;

(2)将外购的消费税低税率应税产品以高税率应税产品对外销售的。

2. 委托加工应税消费品

委托加工应税消费品在委托加工环节征税。委托加工应税消费品是指委托方提供原料和主要材料,受托方只收取加工费和代垫部分辅助材料加工的应税消费品。由受托方提供原材料或其他情形的一律不能视同加工应税消费品。委托加工应税消费品在委托加工环节征税。

3. 进口应税消费品

进口应税消费品在进口环节征税,单位和个人进口属于消费税征税范围的货物,在进口环节要缴纳消费税。为了减少征税成本,进口环节缴纳的消费税由海关代征。

4. 零售应税消费品(超豪华小汽车;金、银、钻、铂金)

为了引导合理消费,促进节能减排,经国务院批准,2016年12月1日起,对超豪华小汽车在生产(进口)环节按现行税率征收消费税基础上,在零售环节加征消费税。

经国务院批准,自1995年1月1日起,金银首饰消费税由生产销售环节征收改为零售环节征收。改在零售环节征收消费税的金银首饰仅限于金基、银基合金首饰以及金、银和金基、银基合金的镶嵌首饰。不属于上述范围的应征消费税的首饰,如镀金(银)、包金(银)首饰,以及镀金(银)、包金(银)的镶嵌首饰(简称"非金银首饰"),仍在生产销售环节征收消费税。如图3-1所示:

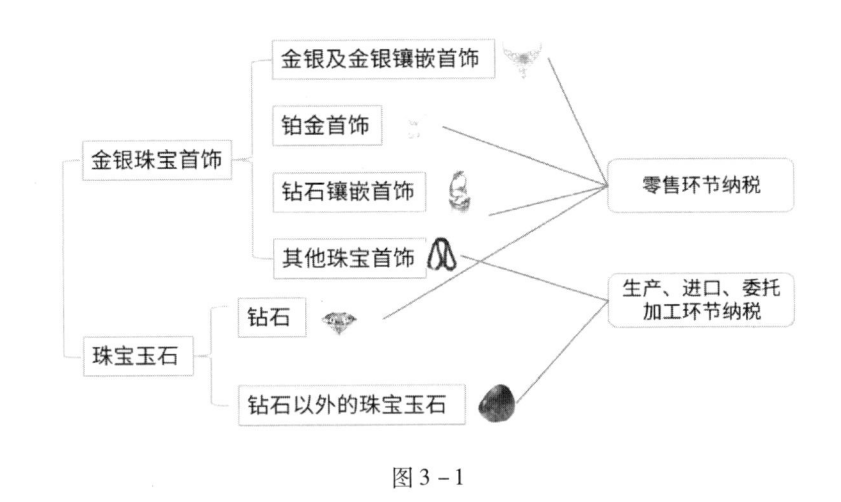

图3-1

二、纳税义务发生时间

(1)纳税人销售的应税消费品,其纳税义务发生时间为:

①纳税人采取赊销和分期收款结算方式的,为书面合同规定的收款日期的当天,书面合同没有约定收款日期或者无书面合同的,为发出应税消费品的当天;

②纳税人采取预收货款结算方式的,为发出应税消费品的当天;

③纳税人采取托收承付和委托银行收款方式销售的应税消费品,为发出应税消费品并办妥托收手续的当天;

④纳税人采取其他结算方式的,为收讫销售款或者取得索取销售款凭据的当天。

(2)纳税人自产自用的应税消费品,其纳税义务的发生时间为移送使用的当天。

(3)纳税人委托加工的应税消费品,其纳税义务的发生时间为纳税人提货的当天。

(4)纳税人进口的应税消费品,其纳税义务的发生时间为报关进口的当天。

三、纳税期限和纳税地点

1. 纳税期限

消费税的纳税期限分别为1日、3日、5日、10日、15日、1个月或者1个季度。

纳税人进口应税消费品,应当自海关填发海关进口消费税专用缴款书之日起15日内缴纳税款。

2.纳税地点

(1)纳税人销售的应税消费品,以及自产自用的应税消费品,应当向纳税人机构所在地或者居住地的主管税务机关申报纳税。

(2)委托加工的应税消费品,除受托方为个人外,由受托方向机构所在地或者居住地的主管税务机关解缴消费税税款。

(3)进口的应税消费品,由进口人或者其代理人向报关地海关申报纳税。

(4)纳税人到外县(市)销售或者委托外县(市)代销自产应税消费品的,于应税消费品销售后,向机构所在地或者居住地主管税务机关申报纳税。

(5)纳税人的总机构与分支机构不在同一县(市),但在同一省(自治区、直辖市)范围内,经省(自治区、直辖市)财政厅(局)、国家税务总局审批同意,可以由总机构汇总向总机构所在地的主管税务机关申报纳税。

四、消费税的纳税申报

根据《国家税务总局关于增值税 消费税与附加税费申报表整合有关事项的公告》(国家税务总局公告2021年第20号)规定,自2021年8月1日起,消费税与城市维护建设税、教育费附加、地方教育附加申报表整合,启用《消费税及附加税费申报表》。

根据《国家税务总局关于进一步实施小微企业"六税两费"减免政策有关征管问题的公告》(国家税务总局公告2022年第3号)规定,修订《〈消费税及附加税费申报表〉附表6(消费税附加税费计算表)》,增加增值税小规模纳税人、小型微利企业、个体工商户减免优惠申报有关数据项目,相应修改有关填表说明。鉴于"六税两费"减免优惠政策适用主体增加了小型微利企业和个体工商户,《公告》相应修订了《〈消费税及附加税费申报表〉附表6(消费税附加税费计算表)》。具体修订内容主要包括两个方面:一是落实政策要求,修改补充数据项目。根据优惠政策适用主体扩围要求,将《〈消费税及附加税费申报表〉附表6(消费税附加税费计算表)》中的数据项"本期是否适用增值税小规模纳税人'六税两费'减免政策"修改为"本期是否适用小微企业'六税两费'减免政策",并相应增加了"增值税小规模纳税人""一般纳税人－小型微利企业""一般纳税人－个体工商户"3个优惠政策适用主体勾选项。将《消费税及附加税费申报表》附表6(消费税附加税费计算表)》中增加了"适用减免政策起止时间"数据项。如图3-2所示:

附件4

《消费税及附加税费申报表》附表6
消费税附加税费计算表

金额单位：元（列至角分）

本期是否适用小微企业"六税两费"减免政策	□是 □否	减免政策适用主体	增值税小规模纳税人：□是 □否
			增值税一般纳税人：□个体工商户 □小型微利企业
		适用减免政策起止时间	年 月 至 年 月

税（费）种	计税（费）依据		税（费）率（%）	本期应纳税（费）额	本期减免税（费）额		小微企业"六税两费"减免政策		本期已缴税（费）额	本期应补（退）税（费）额
	消费税税额				减免性质代码	减免税（费）额	减征比例（%）	减征额		
	1		2	3=1×2	4	5	6	7=(3-5)×6	8	9=3-5-7-8
城市维护建设税										
教育费附加										
地方教育附加										
合计	—		—							

填写说明：
1. 本表由消费税纳税人填报。
2. 本期是否适用小微企业"六税两费"减免政策：纳税人在税款所属期内适用增值税小规模纳税人、个体工商户、小型微利企业减免政策的，勾选"是"；

图 3-2

二是优化表单设计，减轻填报负担。纳税人勾选相应的减免政策适用主体选项并确认适用减免政策起止时间后，系统将自动填列相应的减免性质代码、自动计算减免税款。由于各省（自治区、直辖市）人民政府确定减征比例的时点不同，《公告》明确，修订的表单自各省（自治区、直辖市）人民政府确定减征比例的规定公布当日正式启用。

五、消费税的电子申报流程

（1）登录电子税务局网站，操作路径："首页"→"我要办税"→"税费申报及缴纳"→"常规申报"进入申报清册界面。如图 3-3 所示：

图 3-3

◀ 税法理论与实践

(2)选择"消费税及附加税(费)申报"进入表单。

注意:填写该表单后,附加税费不用进入"附加税(费)申报表"单独申报。如图3-4所示:

图 3-4

(3)新版消费税对表单进行重组,将附加税申报表作为消费税申报表的附表,并在主表-消费税及附加税费申报表中显示附加税的金额。如图3-5所示:

图 3-5

注意:如果纳税人本期有发生减免扣除或减免税情形的需要先填写本期《扣除计算表》及《减(免)税额明细表》,数据填写完成,核对无误后点击"提交"。如图3-6、3-7所示:

图 3-6

图 3-7

(4) 如果没有扣除或减免税情况的,纳税人直接填报主表即可,主表中应税消费品名称栏次由系统根据纳税人税(费)种认定信息自动带出。如图 3-8 所示:

图 3-8

(5)填写附加税(费)表,表中数据会自动带出,核对数据无误后点击“提交”。如图 3 -9所示:

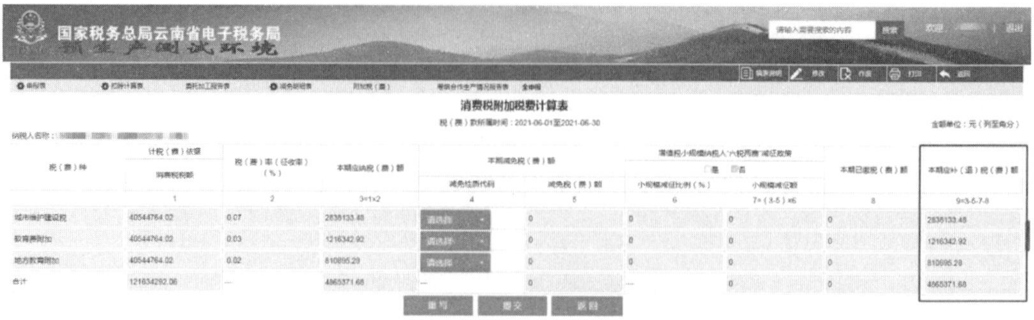

国家税务总局云南省电子税务局

消费税附加税费计算表

税(费)款所属时间:2021-06-01至2021-06-30

金额单位:元(列至角分)

税(费)种	计税(费)依据 消费税税额	税(费)率(征收率)(%)	本期应纳税(费)额	本期减免税(费)额 减免性质代码	本期减免税(费)额 减免税(费)额	增值税小规模纳税人"六税两费"减征政策 小规模减征比例(%)	增值税小规模纳税人"六税两费"减征政策 小规模减征额	本期已缴税(费)额	本期应补(退)税(费)额
	1	2	3=1×2	4	5	6	7=(3-5)×6	8	9=3-5-7-8
城市维护建设税	40544764.02	0.07	2838133.48	请选择	0	0	0	0	2838133.48
教育费附加	40544764.02	0.03	1216342.92	请选择	0	0	0	0	1216342.92
地方教育附加	40544764.02	0.02	810895.28	请选择	0	0	0	0	810895.28
合计	121634292.06	—	4865371.68	—	0	—	0	0	4865371.68

重写 提交 返回

图 3 -9

(6)进入主表核对数字是否正确,核对无误后点击“全申报”。如图 3 -10 所示:

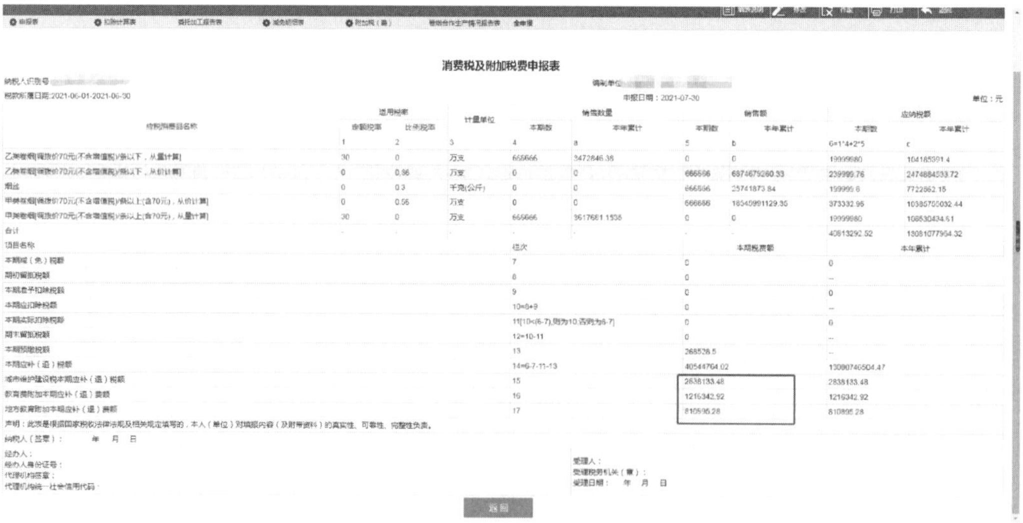

消费税及附加税费申报表

纳税人识别号

税款所属日期:2021-06-01-2021-06-30

申报日期:2021-07-30

单位:元

应税消费品名称	适用税率 定额税率	适用税率 比例税率	计量单位	销售数量 本期数	销售数量 本年累计	销售额 本期数	销售额 本年累计	应纳税额 本期数	应纳税额 本年累计
	1	2	3	4	a	5	b	6=1*4+2*5	c
乙类卷烟[调拨价70元(不含增值税)/条以下,从量计算]	30	0	万支	666666	3472846.38	0	0	19999980	104185391.4
乙类卷烟[调拨价70元(不含增值税)/条以下,从价计算]	0	0.36	万支	0	0	666666	6874679260.33	239999.76	2474884533.72
烟丝	0	0.3	千克(公斤)	0	0	666666	25741873.84	199999.8	7722562.15
甲类卷烟[调拨价70元(不含增值税)/条以上(含70元),从价计算]	0	0.56	万支	0	0	666666	18545991129.35	373332.96	10385755032.44
甲类卷烟[调拨价70元(不含增值税)/条以上(含70元),从量计算]	30	0	万支	666666	3617681.1538	0	0	19999980	108530434.61
合计	-	-	-	-	-	-	-	40813292.52	13081077954.32

项目名称	栏次	本期税费额	本年累计
本期减(免)税额	7	0	0
期初留抵税额	8	0	--
本期准予扣除税额	9	0	0
本期应扣除税额	10=8+9	0	--
本期实际扣除税额	11[10<(6-7),则为10,否则为6-7]	0	0
期末留抵税额	12=10-11	0	--
本期预缴税额	13	268528.5	--
本期应补(退)税额	14=6-7-11-13	40544764.02	13080746504.47
城市维护建设税本期应补(退)税额	15	2838133.48	2838133.48
教育费附加本期应补(退)费额	16	1216342.92	1216342.92
地方教育附加本期应补(退)费额	17	810895.28	810895.28

声明:此表是根据国家税收法律法规及相关规定填写的,本人(单位)对填报内容(及附带资料)的真实性、可靠性、完整性负责。

纳税人(签章): 年 月 日

经办人:
经办人身份证号:
代理机构签章:
代理机构统一社会信用代码:

受理人:
受理税务机关(章):
受理日期: 年 月 日

返回

图 3 -10

(7)企业根据实际情况填写表单后,全申报成功后,完成消费税申报。如图 3 -11 所示:

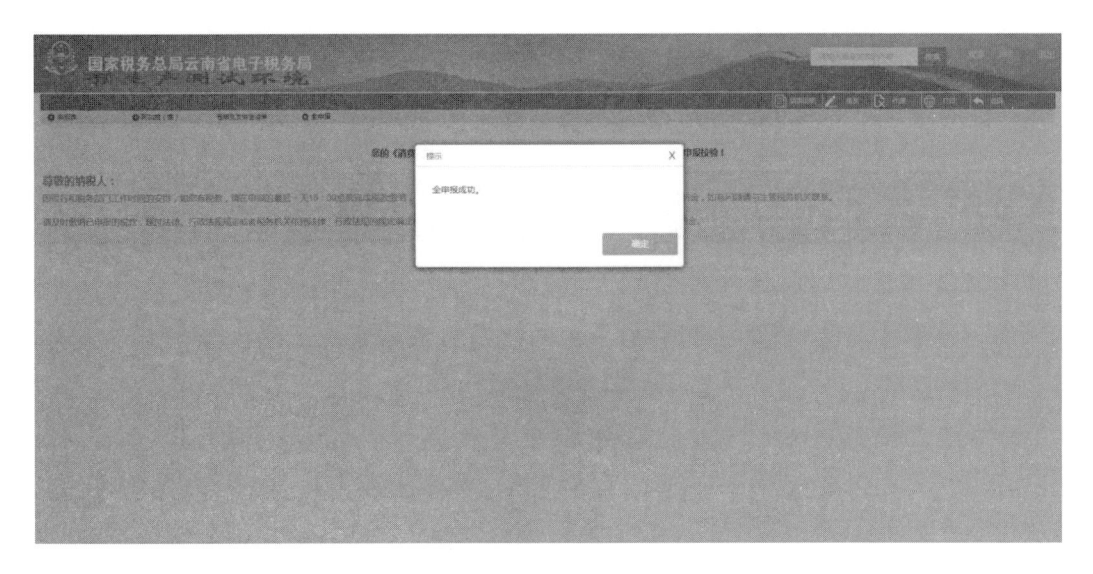

图 3–11

第四章　城市维护建设税法与教育费附加

> **课前阅读**

耗羡——我国古代的附加税

耗羡一词,是"火耗"与"羡余"的合称。明代中叶以后,田赋由税粮改为征银。为了运送方便,官府要把百姓交纳的碎银在高温下熔铸成整块的银两,这样,销熔时就会有所损耗。所谓火耗,就是地方官府借口弥补所征银两在熔铸时的损耗而增收的税,属于附加税,不上缴国库,归地方官所有。一般情况下,征收的银两中每两加收四至五钱作为火耗。若经州县逐级加派,税额更大。羡余原意是盈余、剩余,亦指正税外增征的附加额。一言以蔽之,耗羡、火耗和羡余都是指征收钱银时,以弥补损耗为由在正额(即正税数额)之外加征的部分,只是诠释的侧重面不同而已,因它们由州县自行征收和支配,曾被康熙帝称作是地方官的"私事"。征收耗羡银的初衷,一是弥补征税成本支出和官俸之不足,二是解决地方衙门办公费用。然而,封建官吏的欲壑难填,将耗羡银中饱私囊及利用耗羡银请客送礼之风愈演愈烈,以致耗羡征收率均为正税的四至五成,山东、河南等地高达八成。官府的狂征暴敛使老百姓不堪忍受,也造成了吏治不清,贪官污吏朋比为奸,加剧了本已激化的社会矛盾,直接威胁到封建统治。

1723年,康熙去世,45岁的雍正登基,这是一位了解世情,具有丰富统治经验又有所建树的封建帝王。雍正早已看到耗羡之重这个突出的社会问题,所以,在他登上皇位的次年七月初六,便发出了将耗羡归公的圣令,要求州县把耗羡银"尽数提交藩库"。这样一来,州县看到征收耗羡与自己无甚好处,就不会滥征多征,有利于减轻百姓负担和吏治澄清。

雍正帝规定归公后的耗羡有三大用途:一是弥补藩库亏空,二是发放给地方各衙门作办公费,三是实行"养廉银"制度,即从耗羡银中提取一部分,发给地方各级官员一定的银两用以养廉。这样,既不增加中央财政负担,也不增加税收额,一石数鸟,解决了几个棘手问题。各官养廉银的数目,主要决定于官职高低,各省之间由于政务繁简及赋税多少不同,略有差异。随着藩库银亏空弥补完毕,养廉银不断增加,到雍正十二年,有的省份总督养廉银高达两万两,县令也有两千两之多。

第四章　城市维护建设税法与教育费附加

提耗羡和设立"养廉银"制度的实行,整饬了吏治,相对减轻了劳动人民的负担,但其积极作用是有限的,在清朝,贪赃枉法屡禁不绝,说明"廉"是不能靠"银"来养的。

第一节　城市维护建设税的税制要素

城市维护建设税以纳税人依法实际缴纳的增值税、消费税税额为计税依据。1985年2月8日,国务院发布《中华人民共和国城市维护建设税暂行条例》,规定缴纳产品税、增值税、营业税的单位和个人为城市维护建设税的纳税人,按纳税人所在地在市区、县城和镇以及其他地区,分别适用7%、5%和1%的税率,于1985年1月1日起施行。2020年8月11日,第十三届全国人民代表大会常务委员会第二十一次会议通过《中华人民共和国城市维护建设税法》,自2021年9月1日起施行,同时废止《中华人民共和国城市维护建设税暂行条例》。

一、城市维护建设税纳税人

(1)城建税以缴纳增值税、消费税的单位和个人为纳税人。

(2)增值税、消费税的代扣代缴、代收代缴义务人同时也是城建税代扣代缴、代收代缴义务人。

二、税率、计税依据和应纳税额计算

1. 税率

(1)市区税率为7%;县城、镇的税率为5%;非市区县城、镇的税率为1%。

(2)由受托方代扣代缴增值税、消费税的单位和个人,其代扣代缴、代收代缴的城建税按受托方所在地适用税率。

(3)流动经营等无固定纳税地点的单位和个人,在经营地缴纳"二税"的,其城建税的缴纳按经营地适用税率。

2. 计税依据

(1)城建税的计税依据,是指纳税人依法实际缴纳的增值税、消费税税额。

(2)城建税的计税依据应当按规定扣除期末留抵退税退还的增值税税额。

(3)违反增值税、消费税有关规定被加罚的滞纳金和罚款不能作为计征城建税的计税依据。

(4)被查补增值税、消费税并被处以罚款时,同时对其偷漏的城建税进行补税、征滞纳金并处罚款。

(5)如果要免征或减征增值税、消费税,也要同时免征或减征城建税。

— 93 —

(6)出口产品退还增值税、消费税,不退还已缴纳的城建税。

3.应纳税额计算

应纳税额=纳税人实际缴纳增值税、消费税税额×适用税率

【例题4-1】某市区一企业(系增值税一般纳税人)2021年2月缴纳进口关税65万元,进口环节增值税15万元,进口环节消费税26.47万元;本月向税务机关实际缴纳增值税36万元,消费税98万元。在税务检查过程中,查补该企业上年隐瞒部分收入导致少缴纳的消费税4万元,并被加收滞纳金600元、罚款300元。本月收到上月报关出口自产货物应退增值税35万元。计算该企业2月份应纳城市维护建设税。

【解析】海关对进口产品代征增值税、消费税,不征收城市维护建设税;当月查补的消费税属于企业实际缴纳的消费税税额,应作为城市维护建设税的计税依据;加收的滞纳金和罚款不作为城市维护建设税计税依据。

【答案】2月份应纳城市维护建设税=(36+98+4)×7%=9.66(万元)

三、税收优惠和征收管理

1.税收优惠

进口不征,出口不退;对由于减免增值税、消费税而发生的退税,可同时退还已征收的城建税和教育费附加;国务院对国家重大公共基础设施建设、特殊产业和群体以及重大突发事件应对等情形可以规定减征或免征城建税,报全国人民代表大会常务委员会备案。

2.纳税环节

城市维护建设税的纳税环节,实际就是纳税人缴纳增值税、消费税的环节。

3.纳税地点

一般而言,纳税人缴纳增值税、消费税的地点,就是该纳税人缴纳城市维护建设税的地点。

4.纳税义务发生时间

城建税的纳税义务发生时间与增值税、消费税的纳税义务发生时间一致。

第二节 教育费附加的税制要素

教育费附加及地方教育附加费同城建税一样是对缴纳增值税、消费税的单位和个人,就其实际缴纳的税额为计算依据征收的一种附加费。教育费附加是由税务机关负责征收,同级教育部门统筹安排,同级财政部门监督管理,专门用于发展地方教育事业的预算外资金。为了贯彻落实《中共中央关于教育体制改革的决定》,加快发展地方教育事业,扩大地方教育经费的资金来源,国务院于1986年4月28日发布《征收教育费附加的

暂行规定》,指出凡缴纳产品税、增值税、营业税的单位和个人,除按照《国务院关于筹措农村学校办学经费的通知》(国发[1984]174号文)的规定,缴纳农村教育事业费附加的单位外,都应当按照该规定缴纳教育费附加。

一、教育费附加和地方教育附加的税制要素

1. 征收范围

凡实际缴纳增值税、消费税的单位和个人,除征收按照《国务院关于筹措农村学校办学经费的通知》(国发[1984]174号文)的规定,缴纳农村教育事业费附加的单位外,都应当依照规定缴纳教育费附加和地方教育附加。教育费附加、地方教育附加与增值税、消费税的征收范围相同。现行增值税的征收范围涵盖境内销售货物、劳务、无形资产和不动产等经营活动,征收范围广泛。随着我国消费税改革的不断推进,消费税的征收范围也在不断扩大。

2. 缴纳义务人

增值税、消费税的纳税人为教育费附加和地方教育附加的缴费人。凡代扣代缴增值税、消费税的单位和个人,亦为代扣代缴教育费附加和地方教育附加的义务人。

二、教育费附加和地方教育附加征收比率

(1)教育费附加征收比率为3%;
(2)地方教育附加征收比率为2%。

三、教育费附加和地方教育附加的计算

应纳教育费附加或地方教育附加 =(实际缴纳增值税税额 + 实际缴纳消费税税额)× 征收比率(3%或2%)

【例题4-2】某企业2022年5月实际缴纳增值税600000元,缴纳消费税600000元。计算该企业应缴纳的教育费附加和地方教育附加。

【答案】应纳教育费附加 =(实际缴纳的增值税 + 实际缴纳的消费税)× 征收比率 =(600000 + 600000)× 3% = 1200000 × 3% = 36000(元)

应纳地方教育附加 =(实际缴纳的增值税 + 实际缴纳的消费税)× 征收比率 =(600000 + 600000)× 2% = 1200000 × 2% = 24000(元)

四、教育费附加和地方教育附加的减免规定

(1)进口不征,出口不退;
(2)对由于减免增值税、消费税而发生的退税,可同时退还已征收的教育费附加;
(3)对国家重大水利工程建设基金免征教育费附加;

（4）自 2016 年 2 月 1 日起，按月纳税的月销售额或者营业额不超过 10 万元（按季度纳税的季度销售额或营业额不超过 30 万元）的缴纳义务人，免征教育费附加、地方教育附加。

第三节　城建税与教育费附加的纳税申报

根据《国家税务总局关于增值税、消费税与附加税费申报表整合有关事项的公告》（国家税务总局公告 2021 年第 20 号）规定，自 2021 年 8 月 1 日起，增值税、消费税分别与城市维护建设税、教育费附加、地方教育附加申报表整合，启用《增值税及附加税费申报表（一般纳税人适用）》《增值税及附加税费申报表（小规模纳税人适用）》《增值税及附加税费预缴表》及其附列资料和《消费税及附加税费申报表》。

新启用的申报表中，附加税费申报表作为附列资料或附表，纳税人在进行增值税、消费税申报的同时完成附加税费申报。具体为纳税人填写增值税、消费税相关申报信息后，自动带入附加税费附列资料；纳税人填写完附加税费其他申报信息后，回到增值税、消费税申报主表，形成纳税人本期应缴纳的增值税、消费税和附加税费数据。上述表内信息预填均由系统自动实现。

整合主税附加税费申报表，利用信息化手段实现税额自动计算、数据关联比对、申报异常提示等功能，可有效避免漏报、错报，有利于确保申报质量，有利于优惠政策及时落实到位。通过整合各税费种申报表，实现多税费种"一张报表、一次申报、一次缴款、一张凭证"，提高了办税效率。

第五章　关税法

> **课前阅读**

关税的由来

提起"关税"的起源,有人常引用亚当·斯密"国富论"当中的一节:关税远比国内消费税早。关税总被人们以"习惯"称之,其意谓由远古沿用下来的习惯性的缴纳。但此段文章,并未说明任何特别事项。仅单独叙述了"关税"的起源——最初为习惯性的缴纳。

Gilbert C. B 认为,customs(关税)一语,并非由"习惯"而来,而是由古代英文"customs"的保管费而来。他认为,无论是爱德华一世还是理查一世,因英国国王初次设置海关官署,命令缴纳租税之时,而将其初次之缴纳,称之为"习惯性"缴纳的这一定义,实在毫无道理而言。

那么,把话题转回关税的起源。依"关税"的一般定义:对通过其关境的进出口货物课征的一种税收。则关税出现在世界历史上,其必备条件为:第一,公权力的存在;第二,超越该国家或城市的领域,进行交易。所谓关税的历史,与商业的历史同样古老,其缘由就在于此。然而,这只是一个比喻而已,不能将人类交易的开始,与关税的起源相连接。据记载,人类交易的历史非常古老,从欧洲旧石器后期的文化开始,就已有交易行为进行。再者,比较新的说法,石器时代在欧洲大陆,已有打火石等物品交易的存在。但是,从人群或部落间的原始交易,探求"关税"一次的起源,终究不能站住脚。

时至今日,所见关税最古老的记述,是关于埃及在古王朝有关税的存在。埃及古王朝官职名称中,就有"沙漠商人队伍局长"的官名。根据这一事实的推测,古埃及时期已有类似于现今"关税"的存在。

此外,国外有人把"关税"的历史发展分为三个阶段:

第一阶段:使用费时代。因为使用了道路、桥梁、港口等设施得到了方便,货物和商人受到了保护,向领主交纳费用作为报偿。

第二阶段:国内关税时代。封建领主在各自的庄园或都市领域内征税,除了有使用费的意义外,也具有了强制性、无偿性的税收特征。关税的征收也从实物形式逐渐转变为货币形式。这时在一国境内征收的关税与对进出其国境货品征收的关税并存。

第三阶段:国境关税或关境关税时代。近代国家出现后,不再征收内地关税。关税具有了它自己的特性。它除了有财政收入的作用外,更重要的是成为执行国家经济政策的一种重要手段,用以调节、保护和发展本国的经济和生产。这一时期的关税仅以进出国境或关境的货品为课税对象。

第一节　关税的税制要素

一、纳税人和征收对象

关税的纳税义务人是指进口货物的收货人,出口货物的发货人,进出境物品的所有人(包括推定为所有人的人)。关税的征税对象是准许进出境的货物和物品。货物是指贸易性商品;物品指入境旅客随身携带的行李物品、个人邮递物品、各种运输工具上的服务人员携带进口的自用物品、馈赠物品以及其他方式进境的个人物品。

二、关税分类

(1)按征收对象划分,有进口税、出口税和过境税。
(2)按征收目的划分,有财政关税和保护关税。
(3)按计征方式划分,有从量关税、从价关税、混合关税、选择性关税和滑动关税。
(4)按税率制定划分,有自主关税和协定关税。
(5)按差别待遇和特定的实施情况划分,有进口附加税(主要有反补贴税和反倾销税)、差价税、特惠税和普遍优惠制关税计税方法比例税率、定额税率、复合税率和滑准税率等形式。
(6)滑准税亦称滑动税,是对进出口税则中的同一种商品按其市场价格标准分别制订不同价格档次的税率而征收的一种关税。商品价格升高时税率降低。

三、进出口关税税率

(一)税则归类

进出口税则是一国政府根据国家关税政策和经济政策,通过一定立法程序制定公布实施的进出口货物和物品应税的关税税率表。我国海关总署制定有《中华人民共和国进境物品归类表》(以下简称《归类表》)和《中华人民共和国进境物品完税价格表》(以下简称《完税价格表》)。进境物品依次遵循以下原则归类:
(1)《归类表》已列名的物品,归入列名类别。
(2)《归类表》未列名的物品,按其主要功能(或用途)归入相应类别。
(3)不能按照上述原则归入相应类别的物品,归入"其他物品"类别。
(4)纳税义务人对进境物品的归类、完税价格的确定持有异议的,可以依法提请行政复议。

(二)进口货物税率形式

对原产于与我国未订有关税互惠协议的国家或地区的进口货物,按照普通税率征税,对原产于与我国订有关税互惠协议的国家或地区的进口货物,按照优惠税率征税。

我国进口税则设有最惠国税率、协定税率、特惠税率、普通税率、配额税率等税率形式,对进口货物在一定期限内可以实行暂定税率。

进口适用税率的选择是根据货物的不同原产地而确定的,适用最惠国税率、协定税率、特惠税率的国家或地区的名单,由国务院关税税则委员会决定,报国务院批准后执行。

(三)进口货物税率适用规则

(1)暂定税率优先适用于优惠税率或最惠国税率,所以适用最惠国税率的进口货物有暂定税率的,适用暂定税率。

(2)当最惠国税率低于或等于协定税率时,协定有规定的按相关协定的规定执行;协定无规定的,两者从低适用。

(3)适用协定税率、特惠税率的进口货物有暂定税率的,应当从低适用税率。

(4)按照国家规定实行关税配额管理的进口货物,关税配额内的,适用关税配额税率;关税配额外的,按其适用税率的规定执行。

(四)进境物品税率

自2019年4月9日起,除另有规定外,我国对准予应税进口的旅客行李物品、个人邮寄物品以及其他个人自用物品,均由海关按照《中华人民共和国进境物品进口税税率表》的规定,征收进口关税、代征进口环节增值税和消费税等进口税。

现行税率主要分为13%、20%、50%,其中药品类中属于国家列明的抗癌药品及罕见病药品进口税率为3%。

(五)出口关税税率

我国出口税则为一栏税率,即出口税率。国家仅对少数资源性产品及易于竞相杀价、盲目进口、需要规范出口秩序的半制成品征收出口关税。1992年对47种商品计征出口关税,税率为20%~40%,现行税则对36种商品计征出口关税。自2020年1月1日起,我国继续对铬铁等107项出口商品征收出口关税,适用出口税率或出口暂定税率。

第二节 关税的应纳税额计算

一、出口货物关税完税价格

出口货物关税完税价格是以成交价格为基础的完税价格。出口货物的完税价格,由海关以该货物的成交价格为基础审查确定,并应当包括货物运至我国境内输出地点装载前的运输及其相关费用、保险费。下列税收、费用不计入出口货物的完税价格:

(1)出口关税;

(2)在货物价款中单独列明的货物运至我国境内输出地点装载后的运输及其相关费用、保险费。

出口货物的成交价格不能确定时,海关经了解有关情况,并且与纳税义务人进行价格磋商后,对出口货物进行估价,依次以下列价格审查确定该货物的完税价格:

(1)同时或大约同时向同一国家或地区出口的相同货物的成交价格;

(2)同时或大约同时向同一国家或地区出口的类似货物的成交价格;

(3)根据境内生产相同或类似货物的成本、利润和一般费用(包括直接费用和间接费用)、境内发生的运输及其相关费用、保险费计算所得的价格;

(4)按照合理方法估定的价格。

二、进口货物关税完税价格

进口货物的完税价格包括货物的货价、货物运抵我国境内输入地点起卸前的运输及其相关费用、保险费。

进口货物完税价格的确定方法大致划分为两类:

(1)成交价格估价方法——以进口货物成交价格为基础进行调整。如图 5-1 所示:

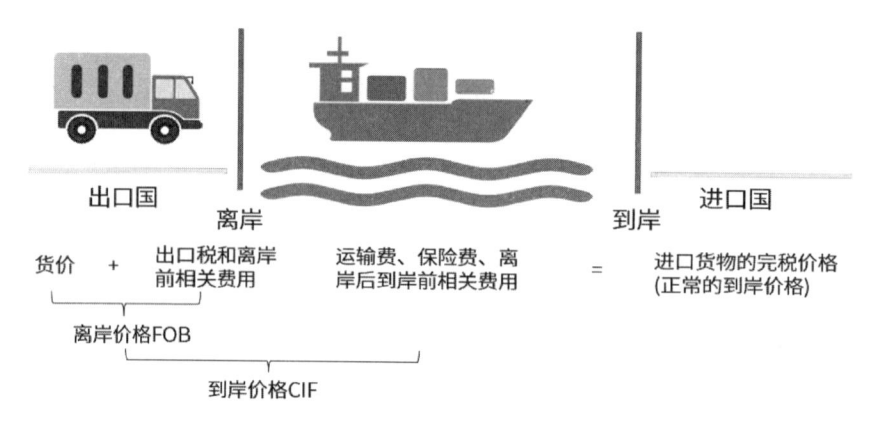

图 5-1

(2)海关估价方法——进口货物成交价格不符合规定条件或成交价格不能确定进口货物的完税价格。

三、成交价格估价方法

(一)应计入完税价格的调整项目

(1)由买方负担的除购货佣金以外的佣金和经纪费。购货佣金是指买方为购进货物向自己的采购代理人支付的劳务费用。

(2)由买方负担的与该货物视为一体的容器费用。

(3)由买方负担的包装材料费用和包装劳务费用。

(4)与进口货物的生产和向我国境内销售有关的,由买方以免费或者以低于成本的方式提供,并可以按适当比例分摊的料件、工具、模具、消耗材料及类似货物的价款(协助费用),以及在境外开发、设计等相关服务。某些特殊情况下,如卖方出现材料短缺、或为了符合买方的特殊需要,作为销售的一个前提,买方需额外向买方提供一批货物或服务,以协助卖方生产。

(5)与该货物有关并作为卖方向我国销售该货物的一项条件,应由买方向卖方或者有关方直接或间接支付的特许权使用费。

(6)卖方直接或间接从买方对该货物进口后转售、处置或使用所得中获得的收益。

【例题5-1】境外甲公司将货物以100万的价格卖给国内乙公司,同时约定按乙公司进口后销售额的5%分享利润,假设进口后乙公司销售货物取得货款200万,甲公司还能拿到10万(200×5%)的收益,则应以110万作为完税价格。

(二)不计入关税完税价格的调整项目

(1)厂房、机械或者设备等货物进口后发生的建设、安装、装配、维修或者技术服务的费用,保修费用除外。

(2)进口货物运抵中华人民共和国境内输入地点起卸后发生的运输及其相关费用,以及国内税收保险费。

(3)进口关税、进口环节海关代征税及其他国内税。

(4)为在境内复制进口货物而支付的费用。

(5)境内外技术培训及境外考察费用。

(6)符合条件的为购买进口货物而融资所产生的利息费用。

(三)关税完税价格中运输及相关费用、保险费的计算

表5-1 关税完税价格中运输及相关费用、保险费的计算方式

情形		运输及其相关费用	保险费
一般进口	实际支付了运保费	应当按照由买方实际支付或者应当支付的费用计算	应当按照实际支付的费用计算
	运费无法确定的;保险费无法确定或者未实际发生	海关应当按照该货物进口同期的正常运输成本审查确定	(货价+运费)×3‰
运输工具作为进口货物,利用自身动力进境的		不再另行计入运输及其相关费用	参照一般进口规定
邮运进口的货物		应当以邮费作为运输及其相关费用、保险费	

四、进口货物海关估价方法

进口货物的成交价格不符合规定条件或成交价格不能确定的,海关经了解有关情

况,并且与纳税义务人进行价格磋商后,依次以下列方法审查确定该货物的完税价格:海关不可以直接估定进口价格,而是需要与纳税人进行价格磋商。以下是进口货物海关估价的五种方法:

1. 相同货物成交价格估价方法

海关以与进口货物同时或者大约同时向中国境内销售的相同货物的成交价格为基础审查确定。

"大约同时"是指海关接受申报之日的大约同时,最长不应超过前后45日。

2. 类似货物成交价格估价方法

海关以与进口货物同时或者大约同时向中国境内销售的类似货物的成交价格为基础审查确定。

3. 倒扣价格估价方法

海关以进口货物、相同或类似进口货物在境内的销售价格为基础,扣除境内发生的有关费用后,审查确定进口货物完税价格的估价方法。

如果该进口货物、相同或类似货物没有在申报之日前后45日内在境内销售,可以将境内销售时间延长至前后90日内。

4. 计算价格估价方法

海关以生产该货物所使用的料件成本和加工费、向境内销售同等级或同种类货物通常的利润和一般费用(包括直接费用和间接费用)、运抵境内输入地点起卸前的运输及其相关费用和保险费的总和为基础,审查确定进口货物完税价格的估价方法。

5. 合理估价方法

海关在采用合理方法确定进口货物的完税价格时,不得使用以下价格:

(1)境内生产的货物在境内的销售价格;

(2)可供选择的价格中较高的价格;

(3)货物在出口地市场的销售价格;

(4)以计算价格估价方法规定之外的价值或者费用计算的相同或者类似货物的价格;

(5)出口到第三国或者地区的货物的销售价格;

(6)最低限价或者武断、虚构的价格。

上述方法1和方法2顺序不得颠倒;纳税人向海关提供有关资料后,可以提出申请,颠倒方法3和方法4的适用次序。

五、特殊进口货物的完税价格

(一)加工贸易进口料件及其制成品

(1)进口时需征税的进料加工进口料件,以该料件申报进口时的价格估定。

(2)内销的进料加工进口料件或其制成品,以料件原进口时的价格估定。

(3)内销的来料加工进口料件或其制成品,以接受申报内销时的相同或类似货物进口成交价估定。

(4)加工企业内销加工过程中产生的边角料或副产品,以海关确定的内销价格估定。

(二)出口加工区内加工企业内销的制成品

海关以接受内销申报的同时或大约同时进口的相同或类似的货物的进口成交价格为基础审查确定完税价格。出口加工区的加工企业内销加工过程中产生的边角料或副产品,以海关审定的内销价格作为完税价格。

(三)保税区内加工企业内销的进口料件

海关以接受内销申报的同时或大约同时进口的相同或类似的货物的进口成交价格为基础审查确定完税价格。

保税区内的加工企业内销的进料加工制成品中,如果含有从境内采购的料件,海关以制成品所含从境外购入的料件原进口成交价格为基础审查确定完税价格。料件原进口成交价格不能确定的,海关以接受内销申报的同时或大约同时进口的与料件相同或者类似货物的进口成交价格为基础审查确定完税价格。

(四)运往境外修理的货物

运往境外修理的机械器具、运输工具或其他货物,出境时已向海关报明,并在海关规定期限内复运进境的,应当以海关审定的境外修理费和料件费为完税价格。

(五)运往境外加工的货物

运往境外加工的货物,出境时已向海关报明,并在海关规定期限内复运进境的,应当以海关审定的境外加工费和料件费以及该货物复运进境的运输及其相关费用、保险费估定完税价格。

(六)暂时进境货物

对于经海关批准的暂时进境的货物,应当按照一般进口货物估价办法的规定估定完税价格。

(七)租赁方式进口货物

租赁方式进口的货物中,以租金方式对外支付的租赁货物,在租赁期间以海关审定的租金作为完税价格;留购的租赁货物,以海关审定的留购价格作为完税价格;承租人申请一次性缴纳税款的,经海关同意,按照一般进口货物估价办法的规定估定完税价格。

(八)以补税的减免税货物

减税或免税进口的货物需予补税时,应当以海关审定的该货物原进口时的价格,扣除折旧部分价值作为完税价格,其计算公式如下:

完税价格 = 海关审定的该货物原进口时的价格 × [1 − 申请补税时实际已使用的时

间(月)÷(监管年限×12)]

六、关税应纳税额计算

(1)从价应纳税额的计算公式如下：

关税税额＝关税完税价格×税率

(2)从量税应纳税额计算公式如下：

关税税额＝应税进(出)口货物数量×单位货物税额

(3)复合税应纳税额的计算公式如下：

关税税额＝关税完税价格×税率＋应税进(出)口货物数量×单位货物税额

【例题5－2】 上海某进出口公司从美国进口应征消费税货物一批,货物以离岸价格成交,成交价折合人民币为1410万元(包括单独计价并经海关审查属实的向境外采购代理人支付的买方佣金10万元,但不包括因使用该货物而向境外支付的软件费50万元、向卖方支付的佣金15万元),另支付货物运抵我国上海港前的运费、保险费等35万元。假设该货物适用的关税税率为20%。请分别计算该公司应纳关税。

【答案】 关税完税价格＝离岸价＋软件费＋卖方佣金－买方佣金＋运保费
＝1410＋50＋15－10＋35＝1500(万元)

关税＝关税完税价格×关税税率＝1500×20%＝300(万元)

第三节　关税的征收管理

一、关税税收优惠

(一)法定减免税

(1)关税税额在人民币50元以下的一票货物；

(2)无商业价值的广告品和货样；

(3)外国政府、国际组织无偿赠送的物资；

(4)进出境运输工具装载的途中必需的燃料、物料和饮食用品；

(5)在海关放行前损失的货物；

(6)在海关放行前遭受损坏的货物,可以根据海关认定的受损程度减征；

(7)缔结或者参加的国际条约规定减征、免征的货物、物品；

(8)法律规定减征、免征关税的其他货物、物品。

(二)特定减免税

(1)进口的科教用品——直接用于本单位的科学研究和教学,不得擅自转让、移作他用或者进行其他处置；

(2)残疾人专用品——免征进口关税和进口环节增值税、消费税;

(3)慈善捐赠物资——对境外捐赠人无偿向受赠人捐赠的直接用于慈善事业的物资,免征进口关税和进口环节增值税。

(4)重大技术装备——对符合规定条件的企业及核电项目业主为生产国家支持发展的重大技术装备或产品而确有必要进口的部分关键零部件及原材料,免征关税和进口环节增值税。

(三)暂免关税

暂时进境或者暂时出境的下列货物,进出境时提供担保的,可以暂不缴纳关税(6个月内应复运出境或者复运进境):

(1)在展览会、交易会、会议及类似活动中展示或者使用的货物;

(2)文化、体育交流活动中使用的表演、比赛用品;

(3)进行新闻报道或者摄制电影、电视节目使用的仪器、设备及用品;

(4)开展科研、教学、医疗活动使用的仪器、设备及用品;

(5)在上述第1项至第4项所列活动中使用的交通工具及特种车辆;

(6)货样;

(7)供安装、调试、检测设备时使用的仪器、工具;

(8)盛装货物的容器。

二、关税征收管理

(一)关税的申报和缴纳

(1)关税的申报时间:进口货物应自运输工具申报进境之日起14日内;出口货物除海关特准外,应自货物运抵海关监管区后、装货的24小时以前。

(2)纳税人应自海关填发税款缴款书之日起15日内缴纳关税。

(3)纳税义务人因不可抗力或者在国家税收政策调整的情形下,不能按期缴纳税款的,经依法提供税款担保后,可以延期缴纳税款,但最长不得超过6个月。

(二)关税的强制执行

关税的强制措施主要有以下两种:

1. 征收关税滞纳金

滞纳金自关税缴纳期限届满滞纳之日起,至纳税义务人缴纳关税之日止,按滞纳税款万分之五的比例按日征收。

关税滞纳金金额 = 滞纳关税税额 × 滞纳金征收比率 × 滞纳天数

2. 强制征收

纳税义务人自缴纳税款期限届满之日起3个月仍未缴纳税款,经直属海关关长或者其授权的隶属海关关长批准,海关可以采取强制扣缴、变价抵缴等强制措施。

三、关税的退还、补征和追征

海关多征的税款,海关发现的,应立即退还;纳税人发现的,自缴纳税款之日起1年内书面申请退税,并加算银行同期活期存款利息。海关应当自受理退税申请之日起30日内查实并通知纳税义务人办理退还手续,纳税义务人应当自收到通知之日起3个月内办理有关退税手续。

(一)关税的退还

有下列情形之一的,纳税义务人自缴纳税款之日起1年内,可以申请退还关税,并应当以书面形式向海关说明理由,提供原缴款凭证及相关资料:

(1)已征进口关税的货物,因品质或者规格原因,原状退货复运出境的;

(2)已征出口关税的货物,因品质或者规格原因,原状退货复运进境,并已重新缴纳因出口而退还的国内环节有关税收的;

(3)已征出口关税的货物,因故未装运出口,申报退关的。

(二)关税补征和追征

1. 补征

进出口货物放行后,海关发现少征或者漏征税款的,应当自缴纳税款或者货物放行之日起1年内,向纳税义务人补征。

2. 追征

进出口货物放行后,因纳税义务人违反规定造成少征或者漏征税款的,海关可以自应缴纳税款或者货物放行之日起3年内追征税款,并从缴纳税款或者货物放行之日起按日加收少征或者漏征税款万分之五的滞纳金。

四、行邮税

行邮税是进境物品的关税及进口环节海关代征税合并为进口税,即行邮税。行邮税的征收对象是进境物品,具体指准许应税进口的旅客行李物品、个人邮递物品及其他个人自用物品。进境物品的纳税义务人是指携带物品进境的入境人员、进境邮递物品的收件人,以及以其他方式进口物品的收件人。

行邮税的计征方式如下:

(一)计征公式及规定

完税价格×进口税税率=进口税税额

行邮税从价计征,海关对应税个人自用物品按照《中华人民共和国进境物品归类表》和《中华人民共和国进境物品完税价格表》进行归类并确定税率。

(二)归类原则

(1)《归类表》已列名的物品,归入其列名类别;

(2)《归类表》未列名的物品,按其主要功能归入相应类别;

(3)不能按照上述原则归入相应类别的物品,归入"其他物品"类别。

(三)完税价格审定原则

已列明完税价格的物品,《完税价格表》已列明完税价格的物品,按照《完税价格表》确定。如实际购买价格是《完税价格表》列明完税价格的2倍及以上,或是《完税价格表》列明完税价格的1/2及以下的物品,海关可以根据物品所有人提供的购物凭证,依法确定应税物品完税价格。

未列明完税价格的物品,《完税价格表》未列明完税价格的物品,按照相同物品相同来源地最近时间的主要市场零售价格确定其完税价格。

【例题5-3】甲网购了一件价值人民币300元的外衣,从日本寄回国内,需要缴多少税?

【答案及解析】外衣归入行邮税号04010100,完税价格为300元,税率为20%。甲应缴纳的行邮税为:300×20%=60(元)

乙网购了一瓶价值620元的50毫升香水,从法国寄回国内,需要缴多少税?

【答案及解析】化妆品根据其单价分为高档化妆品和普通化妆品。完税价格≥10元/毫升(克)或完税价格≥15元/片的归为高档化妆品,税率为50%。在确定化妆品税率时,应首先确定该商品的完税价格,然后计算其单位完税价格,再据此确定对应税率。根据完税价格审定原则第三条,由于该款香水的实际购买价格已超过列明完税价格(香水在《完税价格表》中的价格为300元)的2倍,故实际购买价格(620元)为其完税价格,单位完税价格为12.4元,属于高档香水,归入行邮税号09010111,适用税率50%。乙应缴纳的行邮税为:620×50%=310(元)

丙网购了一个价值10000元的挎包,从美国寄回国内,需要缴多少税?

【答案及解析】挎包归入行邮税号06010200,完税价格为"另行确定",税率为20%。经海关审核,丙应缴纳的行邮税为:10000×20%=2000(元)

海关总署公告2010年第43号(关于调整进出境个人邮递物品管理措施具体事宜)要求:一是个人邮寄进境物品,海关依法征收进口税,但应征进口税税额在50元(含50元)以下的,海关予以免征。二是个人寄自或寄往港、澳、台地区的物品,每次限值为800元;寄自或寄往其他国家和地区的物品,每次限值为1000元。三是个人邮寄进出境物品超出规定限值的,应办理退运手续或者按照货物规定办理通关手续。但邮包内仅有一件物品且不可分割的,虽超出规定限值,经海关审核确属个人自用的,可以按照个人物品规定办理通关手续。四是邮运进出口的商业性邮件,应按照货物规定办理通关手续。此外,为了通关顺畅,一定要向海关如实、准确申报物品信息,并提供真实交易的购物凭证。

五、关税的电子申报流程

进口货物关税采用"两步申报"电子法,"两步申报"是海关总署落实国务院"放管服"改革要求、促进贸易便利化的重要举措,实现了通关模式的多方面创新,切实提升了通关效率。在"两步申报"通关模式下,企业不需要一次性填报所有申报项目,可分为概要申报及完整申报两步进行申报。具体为:第一步,概要申报。对于不涉及进口禁限管制、检验或检疫的货物,企业只需申报 9 个项目,确认 2 个物流项目;对于涉及进口禁限管制、检验或检疫的,分别增加申报 2 个和 5 个项目,应税的须选择符合要求的担保备案编号。如果货物不需查验,即可提离;涉税货物已经提交税款担保的,或需查验货物海关已完成查验的,也可以提离。第二步,完整申报。企业在规定时间内补充申报其他项目,办理缴纳税款等通关手续。"两步申报"流程如图 5-2 所示:

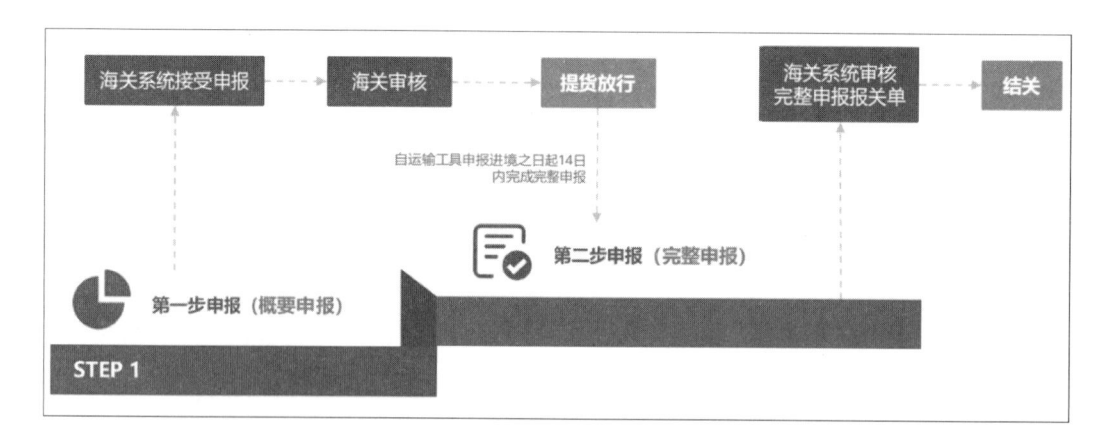

图 5-2

"两步申报"报关单采用"汇总征税"模式纳税的,企业的汇总支付时限为完整申报计税处理完成后、下一个月的第 5 个工作日结束前。"两步申报"模式下,对于涉税货物的缴税申报数据流程如图 5-3 所示:

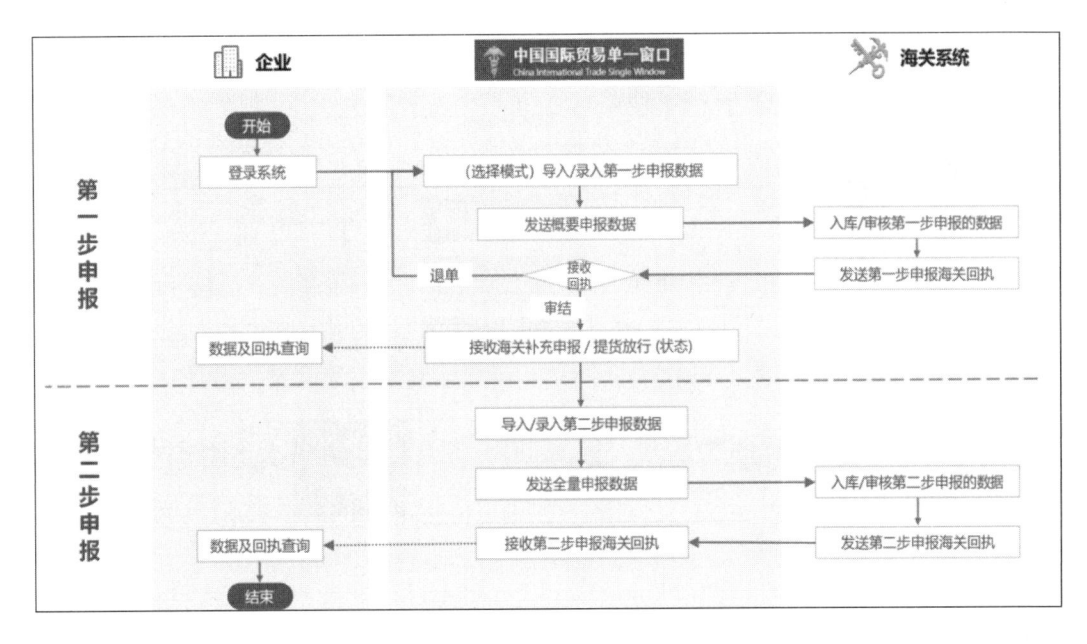

图 5-3

"两步申报"法的具体操作如下：

(一)申报前准备

(1)舱单传输。舱单传输义务人按照规定时限和填制规范要求,向海关传输舱单数据海关系统进行审核,对不符合舱单填制规范的退回予以修改。

(2)税款担保。对应税货物,需提前向注册地直属海关关税职能部门提交税收担保备案申请,担保额度可根据企业税款缴纳情况循环使用。

(3)监管证件办理。涉及监管证件管理要求或在申报前实施检疫准入、境外预检、境外装运前检验的,应在申报前根据相关规定办理进口所需的监管证件、进口批准文件及证明文件。

(4)预先检验检疫。进口货物需在申报前实施检疫、准入、境外预检、境外装运前检验的,应在申报前根据规定办理相关手续,取得相应的进口批准文件及证明文件。

(二)概要申报操作

首先,登录中国国际贸易单一窗口网站,进入"货物申报"模块;其次,选择"两步申报"模式,针对涉税货物,如实勾选"涉税"选项,按照系统界面要求,录入相关信息。概要申报后货物已经提离的报关单,在完整申报阶段无法使用已超期的担保,需删单重报。企业应注意在担保到期前完成完整申报。操作如图 5-4 所示：

图 5-4

(三) 完整申报操作

首先,登录中国国际贸易单一窗口网站,进入"两步申报"模块;其次,查找已完成概要申报并可以进行完整申报的报关单,按照系统界面要求,录入相关信息,进行完整申报。操作流程如图 5-5 所示:

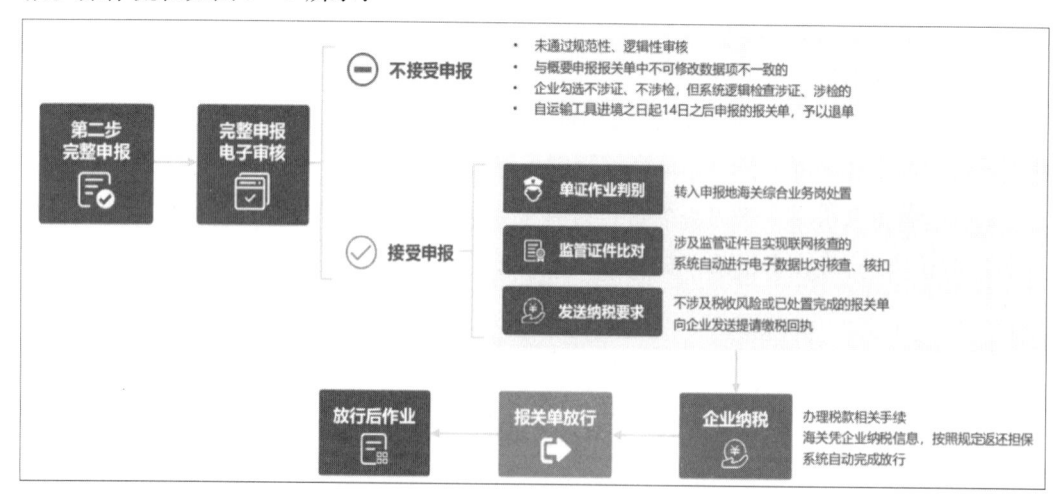

图 5-5

企业在完整申报阶段,按照规定完成完整申报后,应按时缴纳税款,办理通关手续。企业利用预录入系统的海关计税(费)服务工具计算应缴纳的相关税费,并对系统显示的税费计算结果进行确认,在收到海关通关系统发送的回执后,自行办理相关税费缴纳手续。海关凭企业纳税信息,按照规定释放担保额度,系统自动完成放行。

第六章　个人所得税法

> **课前阅读**

个人所得税的由来

个人所得税起源于19世纪初的英国,当时主要是为了筹集战费,而且是临时性的。到19世纪末才由于财政收入的需要而成为一项固定性的税收。个人所得税历经两个世纪的发展和完善,已成为现代政府公平社会财富分配、组织财政收入、调节经济运行的重要手段,并成为大多数发达国家的主体税种。

中国试行个人所得税始于清末,清政府曾草拟《所得税章程》,内含个人所得税内容,不过当时未能实行。民国初期,也曾制定个税实施细则和征收办法,但也未能推行。

1936年以后,个税得以实行。1935年日本侵华步伐大大加快,全国抗日要求强烈。国民党政府为了开辟财源,提出要开征所得税。1936年7月国民党立法院通过《所得税暂行条例》,8月行政院通过《所得税暂行条例实施细则》,规定自1936年10月起,先行开征薪金报酬所得和公债利息所得。其余各类所得包括营利事业所得等自1937年1月全部开征。1943年国民党政府正式公布所得税法。由于当时的中国政治腐败、经济落后,富人大量逃税,而穷人又无力纳税,所得税法只是徒有虚名,并未很好地实施。从1949年中华人民共和国成立到实行改革开放政策之前的30年间,新中国个人所得税的发展经历了一段曲折的发展过程。

1980年9月10日,第五届全国人民代表大会第三次会议通过了《中华人民共和国个人所得税法》,并于同日公布施行。这是新中国成立以后制定的第一部个人所得税法,也是中国改革开放之后制定的第一批税法之一。为了适应个体经济迅速发展的情况,1986年1月7日,国务院发布了《中华人民共和国城乡个体工商户所得税暂行条例》,自1986年起施行。为了进一步调节个人收入,防止社会成员之间差距悬殊,1986年9月25日,国务院发布了《中华人民共和国个人收入调节税暂行条例》,自1987年1月1日起施行。为了适应发展社会主义市场经济的需要,我国又于1994年实行了个人所得税制度的全面改革,将原来按照纳税人的类型分别设立的个人所得税、个人收入调节税和个体工商户所得税合并为统一的个人所得税,并从纳税人、征税项目、免税项目、税率、费用扣除等方面加以完善,从而形成了新中国成立以后第一部比较完善、统一的,适应经济发展需要的,符合中国国情的个人所得税制度。

1993年10月31日,中国第八届全国人民代表大会常务委员会第四次会议通过了《中华人民共和国个人所得税法》修正案,并将修正以后个人所得税法重新公布,自1994年1月1日起实行。1994年1月28日,国务院发布了《中华人民共和国个人所得税法实施条例》。此后,财政部、国家税务总局还陆续发布了一些关于贯彻执行修订后的个人所得税法的规章制度。个人所得税已进入中国的千家万户,与每个公民的利益直接相关。2019年个税采用综合分类税制,增加个人专项附加扣除项目,基本减除费用6万元,进一步增加了税收公平。

第一节 个人所得税概述

一、个人所得税的概念和特点

个人所得税是以个人(自然人)取得的各项应税所得为征税对象所征收的一种税。我国个人所得税法的立法过程如下:1980年9月10日第五届全国人大三次会议通过了《中华人民共和国个人所得税法》,2018年8月31日十三届全国人大五次会议对个税法第七次修订,初步建立了综合与分类相结合的税制模式。2019年1月1日起新个税法施行。

(一)个人所得税的特点

1. 实行综合分类所得税制

我国现行个人所得税采取综合分类所得税制,即将个人取得的各项所得划分为9类,其中4个税目实施综合税制,其他5个税目实施分类税制、分项确定费用减除标准、分项规定税率、分项计税。

2. 实行定额定率相结合,内外有别的费用扣除方法

世界各国的个人所得税均有费用扣除的规定,只是扣除的方法及额度不尽相同。我国本着费用扣除从宽从简的原则,采取定额扣除和定率扣除相结合的费用扣除方法。

3. 累进税率与比例税率并用

根据各类个人所得的不同性质和特点,我国现行个人所得税采用累进税率与比例税率两种税率形式。

4. 计算简便

我国个人所得税的费用扣除采取了确定总额进行扣除的方法,免去了对个人实际生活费用支出逐项计算的麻烦。

5.采取源泉扣缴和自行申报的征收方法

个人所得税的征收方法有支付单位源泉扣缴和纳税人自行申报两种方法。根据税法规定,凡是可以在应税所得的支付环节扣缴个人所得税的,均由扣缴义务人履行代扣代缴义务。

二、个人所得税的纳税义务人

个人所得税的纳税义务人包括中国公民、个体工商户、个人独资企业、合伙企业投资者、在中国有所得的外籍人员(包括无国籍人员)和香港、澳门、台湾同胞。按照住所和居住时间两个标准,将纳税人划分为居民个人和非居民个人。

1.居民个人

(1)在中国境内有住所的个人,指因户籍、家庭、经济利益关系,而在中国境内习惯性居住的个人。习惯性居住是判定纳税义务人属于居民个人还是非居民个人的一个重要依据。

(2)一个纳税年度内在中国境内居住满183天,指一个公历年度内,在中国境内居住累计满183天。在计算居住天数时,按其一个纳税年度内在境内的实际居住时间确定,即在一个纳税年度内无论出境多少次,只要在我国境内累计住满183天,就可以判定为我国居民个人

2.非居民个人

非居民个人中无住所个人纳税义务的判断:

无住所个人一个纳税年度内在中国境内累计居住天数,按照个人在中国境内累计停留的天数计算。在中国境内停留的当天满24小时的,计入中国境内居住天数,在中国境内停留的当天不足24小时的,不计入中国境内居住天数。

三、个人所得税的征税范围

(一)个人综合所得——按年计征、分月(次)预扣预缴

1.工资、薪金所得

工资、薪金所得,指个人因任职或者受雇而取得的工资、薪金、奖金、年终加薪、劳动分红、津贴、补贴以及与任职或者受雇有关的其他所得。不属于工资、薪金性质的补贴,不予征税,包括下列项目:

(1)独生子女补贴;

(2)执行公务员工资制度未纳入基本工资总额的补贴、津贴差额和家属成员的副食品补贴;

(3)托儿补助费;

(4)差旅费津贴、误餐补助(单位以误餐补助名义发给职工的补助、津贴不能包括在

内）；

（5）外国来华留学生领取的生活津贴费、奖学金，不属于工资、薪金范畴，不征税。

2. 劳务报酬所得

劳务报酬所得，指个人独立从事非雇佣的各种劳务所取得的所得。

对商品营销活动中，企业和单位对其营销业绩突出的非雇员以培训班、研讨会、工作考察等名义组织旅游活动，通过免收差旅费、旅游费对个人实行的营销业绩奖励（包括实物、有价证券等），应根据所发生费用的全额作为该营销人员当期的劳务收入，按"劳务报酬所得"项目征收个人所得税，并由提供上述费用的企业和单位代扣代缴。

个人由于担任董事职务所取得的董事费收入，属于劳务报酬所得性质，按照"劳务报酬所得"项目征收个人所得税，但仅适用于个人担任公司董事、监事，且不在公司任职、受雇的情形。

保险营销员、证券经纪人取得的佣金收入，属于劳务报酬所得。在计算个人所得税应税收入额时，除从一般规定的费用减除方式之外（以不含增值税的收入先减去20%的费用后的余额作为收入额），收入额再减去25%的展业成本以及附加税费后，并入当年的综合所得。

3. 稿酬所得

稿酬所得指个人因其作品以图书、报刊形式出版、发表而取得的所得。对不以图书、报刊形式出版、发表的翻译、审稿、书画所得，按照劳务报酬所得计征个人所得税。

4. 特许权使用费所得

特许权使用费所得指个人提供专利权、商标权、著作权、非专利技术以及其他特许权的使用权取得的所得（不包括稿酬所得）。作者将自己的文字作品手稿原件或复印件拍卖取得的所得，按照"特许权使用费所得"项目缴纳个人所得税。

（二）经营所得——按年计征（与综合所得分别计算）

1. 经营所得的范围

（1）个体工商户从事生产、经营活动取得的所得；个人独资企业投资人、合伙企业的个人合伙人来源于境内注册的个人独资企业、合伙企业生产、经营的所得。（个体工商户以业主为个人所得税纳税义务人。）

（2）个人依法从事办学、医疗、咨询以及其他有偿服务活动取得的所得。

（3）个人对企业、事业单位承包经营、承租经营以及转包、转租取得的所得。

（4）个人从事其他生产、经营活动取得的所得。具体包括：①个人因从事彩票代销业务而取得的所得；②律师个人出资兴办的独资和合伙性质的律师事务所的年度经营所得。

（三）利息、股息、红利所得——按次计征

利息、股息、红利所得，指个人拥有债权、股权而取得的利息、股息、红利所得。

自2008年10月9日起,储蓄存款利息暂免征收个人所得税。个人购买国债利息、国家发行的金融债券利息、教育储蓄存款利息等也属于免税范围。

(1)职工个人取得的量化资产:

①对职工个人以股份形式取得的仅作为分红依据、不拥有所有权的企业量化资产,不征收个人所得税;

②对职工个人以股份形式取得的企业量化资产参与企业分配而获得的股息、红利,应按"利息、股息、红利"项目征收个人所得税。

(2)个人股东获得企业购买且所有权办理在股东名下的车辆,股东应按"利息、股息、红利所得"纳税。

(3)除个人独资企业、合伙企业以外的其他企业的个人投资者,以企业资金为本人、家庭成员及其相关人员支付与企业生产经营无关的消费性支出及购买汽车、住房等财产性支出,视为企业对个人投资者的红利分配,依照"利息、股息、红利所得"项目计征个人所得税。

(4)个人独资企业、合伙企业的个人投资者发生以上情形,按照"经营所得"纳税。

(四)财产租赁所得——按次计征(超过1个月的以1个月内取得的收入为一次)

财产租赁所得,指个人出租不动产、机器设备、车船以及其他财产取得的所得。

(五)财产转让所得——按次计征

财产转让所得,指个人转让有价证券、股权、合伙企业中的财产份额、不动产、机器设备、车船以及其他财产取得的所得。

1. 股票转让所得

目前我国对股票转让所得暂不征收个人所得税。

2. 量化资产股份转让

(1)职工个人以股份形式取得量化资产仅作为分红依据的,不征税;参与企业分配获得的股息、红利,按"利息、股息、红利所得"照常征税;

(2)职工个人以股份形式取得的拥有所有权的企业量化资产,暂缓征收个人所得税;待个人将股份转让时,以转让收入减除实际支付的费用支出和合理转让费用,按"财产转让所得"项目计征个人所得税。

(六)偶然所得——按次计征

偶然所得,指个人得奖、中奖、中彩以及其他偶然性质的所得。偶然所得的个人所得税,一律由发奖单位或机构代扣代缴。

(1)资产购买方企业向资产出售方企业自然人股东支付的不竞争款项,应按照"偶然所得"计征个人所得税,由资产购买方企业在支付时代扣代缴。

(2)个人为单位或他人提供担保获得收入,按照"偶然所得"项目计算缴纳个人所得税。

(3)房屋产权所有人将房屋产权无偿赠与他人的,受赠人因无偿受赠房屋取得的受赠收入,按照"偶然所得"项目计算缴纳个人所得税。

符合以下情形的,对当事双方不征收个人所得税:

①房屋产权所有人将房屋产权无偿赠与配偶、父母、子女、祖父母、外祖父母、孙子女、外孙子女、兄弟姐妹;

②房屋产权所有人将房屋产权无偿赠与对其承担直接抚养或者赡养义务的抚养人或者赡养人;

③房屋产权所有人死亡,依法取得房屋产权的法定继承人、遗嘱继承人或者受遗赠人。

企业在业务宣传、广告等活动中,随机向本单位以外的个人赠送礼品,以及企业在年会、座谈会、庆典以及其他活动中向本单位以外的个人赠送礼品,个人取得的礼品收入,按照"偶然所得"项目计算缴纳个人所得税,但企业赠送的具有价格折扣或折让性质的消费券、代金券、抵用券、优惠券等礼品除外。企业对累积消费达到一定额度的顾客,给予额外抽奖机会,个人的获奖所得,按照"偶然所得"项目计算缴纳个人所得税。

"网络红包"既包括现金网络红包,也包括各类消费券、代金券、抵用券、优惠券等非现金网络红包。"网络红包",仅包括企业向个人发放的网络红包,不包括亲戚朋友之间互相赠送的网络红包。

四、个人所得税所得来源地确定及计征方式

(一)所得来源地

除另有规定,下列所得不论支付地点是否在中国境内均为来源于中国境内的所得。

(1)因任职、受雇、履约等而在中国境内提供劳务取得的所得;

(2)将财产出租给承租人在中国境内使用而取得的所得;

(3)转让中国境内的建筑物、土地使用权等财产或者在中国境内转让其他财产取得的所得;

(4)许可各种特许权在中国境内使用而取得的所得;

(5)从中国境内的公司、企业以及其他经济组织或者个人取得的利息、股息、红利所得。

(二)个人所得税的计征方式

表6-1 个人所得税计征方式表

所得项目	扣缴方式		预扣/代扣税率
工资薪金所得	综合所得预扣预缴	累计预扣法	3%~45%
劳务报酬所得		按月/按次预扣预缴	20%~40%
稿酬所得			20%
特许权使用费所得			20%

续表

所得项目	扣缴方式	预扣/代扣税率
利息、股息、红利所得	代扣代缴	按次	20%
财产租赁所得			
财产转让所得			
偶然所得			
经营所得	自行预缴		

关于"次"的分别规定：

(1)劳务报酬所得中,属于一次性收入的,以取得该项收入为一次;一次性劳务报酬分月支付取得的,或同一事项连续取得收入的,以1个月内取得的收入为一次。

(2)稿酬所得以每次出版、发表取得的收入为一次。

①同一作品再版取得的所得,应视作另一次稿酬所得;

②同一作品先在报刊上连载,然后再出版,或先出版,再连载的,应视为两次稿酬所得;

③同一作品在报刊上连载取得收入的,以连载完成后取得的所有收入合并为一次稿酬所得;

④同一作品在出版和发表时,以预付稿酬或分次支付稿酬等形式取得的稿酬收入,应合并为一次稿酬所得;

⑤同一作品出版、发表后,因添加印数而追加稿酬的,应与以前出版发表时取得的稿酬合并计算为一次稿酬。

(3)特许权使用费所得以每一项使用权的每次转让所取得的收入计为一次,分笔支付所得的,则应将各笔收入相加为一次的所得。

第二节 个人所得税应纳税额的计算

一、计算公式

应纳税额 = 应纳税所得额 × 适用税率 – 速算扣除数 = (综合所得收入额 – 费用60000元 – 专项扣除 – 专项附加扣除 – 其他扣除) × 适用税率 – 速算扣除数

二、收入额的确定

《个人所得税法》第六条:劳务报酬所得、稿酬所得、特许权使用费所得以收入减除百分之二十的费用后的余额为收入额。稿酬所得的收入额减按百分之七十计算。综合所

得收入额 = 工资薪金收入额 + 劳务报酬收入×80% + 特许权使用费收入×80% + 稿酬收入×80%×70%

三、综合所得的扣除项目

综合所得的扣除项目有基本减除费用60000元/年、专项扣除、专项附加扣除和依法确定的其他扣除,以居民个人一个纳税年度的应纳税所得额为限额;一个纳税年度扣除不完的,不结转以后年度扣除。

四、综合所得个人所得税税率表(表6-2)

表6-2 综合所得个人所得税税率表

级数	全年应纳税所得额	税率(%)	速算扣除数
1	不超过36000元	3	0
2	超过36000元至144000元的部分	10	2520
3	超过144000元至300000元的部分	20	16920
4	超过300000元至420000元的部分	25	31920
5	超过420000元至660000元的部分	30	52920
6	超过660000元至960000元的部分	35	85920
7	超过960000元的部分	45	181920

五、个人综合所得的专项扣除

《个人所得税法》第六条第一款第一项规定的专项扣除,包括居民个人按照国家规定的范围和标准缴纳的基本养老保险、基本医疗保险、失业保险等社会保险费和住房公积金等,我们把这条政策叫"三险一金"的专项扣除项目。在大家的通常意识中,"五险一金"较为牢固,它们包括养老保险、失业保险、工伤保险、医疗保险、生育保险和住房公积金。在这"五险一金"中的生育保险和工伤保险,个人未缴纳,就不存在扣除,因此,个人综合所得专项扣除只有"三险一金"。操作时的关键节点:一是缴费基数,二是缴费比例。

1. "五险"的缴费基数和比例

养老保险、医疗保险、失业保险由单位和个人分别缴纳,单位缴纳的部分进入社会统筹的社保基金,个人缴纳的部分进入居民个人的社保账户。这两者的缴费基数和比例都不同。缴费比例见表6-3:

表6-3 五险一金缴费比例表

五险一金名称	单位缴纳比例	个人缴纳比例
养老保险	20%	8%
医疗保险	10%	2%
失业保险	1%	0.20%
生育保险	0.80%	0
工伤保险	0.80%	0
住房公积金	12%	12%

养老保险、医疗保险、失业保险单位的缴费基数为职工工资总额；个人的缴费基数以本人上年度工资收入总额的月平均数作为本年度月缴费基数。其中：新进本单位的人员以职工本人起薪当月的足月工资收入作为缴费基数；职工的上年度工资收入总额是指，职工在上一年的1月1日至12月31日整个日历年度内所取得的全部货币收入，包括计时工资、计件工资、奖金、津贴和补贴、加班加点工资、特殊情况下支付的工资。

2.住房公积金的缴费基数和比例

住房公积金缴存是由职工个人公积金缴存和职工所在单位为职工公积金缴存的公积金两部分构成，属于职工个人所有。职工个人住房公积金账户的余额包含个人缴纳部分和单位缴纳的部分。住房公积金是由单位和个人按照同样的基数和同样的比例分别承担。

(1)住房公积金缴存比例，全国各地因区域不同而有差别，西安住房公积金的缴纳比例是单位和个人分别不低于5%，不高于12%。缴纳的比例根据企业实际的情况进行缴纳。

(2)住房公积金缴存基数单位和个人相同，缴存基数为：职工本人上年度工资收入总额的月平均数，新设立单位的职工和用人单位新增的职工按照本人起薪当月的工资核定。本人上年度月平均工资或起薪当月的工资低于上年度全市职工月平均工资60%的，按照上年度全市职工月平均工资的60%核定；超过上年度全市职工月平均工资300%的，按照上年度全市职工月平均工资的300%核定。

六、个人综合所得的专项附加扣除

《个人所得税法》第六条第一款第一项规定的专项附加扣除，包括子女教育、继续教育、大病医疗、住房贷款利息或者住房租金、赡养老人等支出。其操作要点如下：

(一)子女教育

纳税人的子女接受全日制学历教育的相关支出，按照每个子女每月1000元的标准定额扣除。

1. 扣除范围

学前教育包括年满3岁至小学入学前教育;学历教育包括义务教育(小学和初中教育)、高中阶段教育(普通高中、中等职业、技工教育)、高等教育(大学专科、大学本科、硕士研究生、博士研究生教育)。注意:是全日制学历教育,不含有学历教育期间的校外培训辅导费用。

2. 扣除时间

学前教育阶段,为子女年满3周岁当月至小学入学前一月。学历教育,为子女接受全日制学历教育入学的当月至全日制学历教育结束的当月。

3. 扣除标准

每个子女每月1000元(每年12000元)的定额标准。如果是两个孩子,每月就可以扣除2000元。

4. 扣除方式的选择

受教育子女的父母分别按扣除标准的50%扣除;经父母约定,也可以选择由其中一方按扣除标准的100%扣除。家庭中选择由父母双方中的哪一方扣除,还是双方分别扣除,是需要进行测算的。测算时用夫妻双方的年综合所得作参考,年综合所得在10万元左右的一方扣除后,个人所得税的税率最低,大概在3%;年综合所得在10万元以上20万元以内的一方扣除后,个人所得税的税率大概在10%。到底如何选择,需要根据上年度的运行数据比较,选择享受子女教育专项扣除后税率不升档的一方面。

5. 扣除方法

首先准备好孩子接受教育的证明资料,比如:幼儿园的入园证明、孩子的出生证明、入学通知,纳税人子女在中国境外接受教育的,纳税人应当留存境外学校录取通知书、留学签证等相关教育的证明资料。第二,向税务机关提供上述资料申请专项附加扣除,由父母哪一方承担扣除和扣除多少也在这个时候确定,具体扣除方式在一个纳税年度内不得变更。第三,申请渠道,可以通过网上税务局或办税大厅。申报成功后,每个月代扣代缴义务人就可以通过个人所得税系统进行抵扣。

(二)继续教育

纳税人在中国境内接受学历(学位)继续教育的支出,在学历(学位)教育期间按照每月400元定额扣除。同一学历(学位)继续教育的扣除期限不能超过48个月。纳税人接受技能人员职业资格继续教育、专业技术人员职业资格继续教育的支出,在取得相关证书的当年,按照3600元定额扣除。

1. 扣除范围

纳税人在中国境内接受学历(学位)继续教育的支出和接受技能人员职业资格继续教育、专业技术人员职业资格继续教育支出。

2.扣除期限

同一学历(学位)继续教育的扣除期限不能超过4年(48个月),如果不满4年,按照实际接受继续教育的月份计算。纳税人接受技能人员职业资格继续教育、专业技术人员职业资格继续教育的支出,扣除期限是一年。

3.扣除的标准

学历(学位)继续教育每月400元定额,职业资格继续教育、专业技术人员职业资格继续教育每年3600元。

4.扣除时间

学历(学位)继续教育在学历(学位)教育期间的每月,职业资格继续教育、专业技术人员职业资格继续教育,在取得相关证书的当年。

5.扣除方式的选择

接受技能人员职业资格继续教育、专业技术人员职业资格继续教育的支出,由纳税人本人扣除;接受本科及以下学历(学位)继续教育的,可以选择由其父母按照子女教育支出扣除,也可以选择由本人按照继续教育支出扣除,但不得同时扣除,这是个人所得税家庭扣除原则体现。需要注意的是子女全日制学历教育的扣除标准为12000元/年,本人继续教育支出扣除标准为4800元/年,两个扣除标准不同。当然不一定选择高标准,还是要依据实际所得的情况来通盘考虑。

6.申报扣除需要提供资料

纳税人接受技能人员职业资格继续教育、专业技术人员职业资格继续教育的,应当留存取得的相关证书。

(三)大病医疗

在一个纳税年度内,纳税人发生的与基本医疗相关的医药费用支出,扣除医保报销后个人负担(指医保目录范围内的自付部分)累计超过15000元的部分,由纳税人在办理年度汇算清缴时,在80000元限额内据实扣除。

1.扣除范围和标准

在医保目录范围内个人负担,且在1.5万元至8万元之间的部分。纳税人及其配偶、未成年子女发生的医药费用支出,按规定分别计算扣除额。

2.扣除时间

为医疗保障信息系统记录的医药费用实际支出的当年。

3.扣除方式的选择

纳税人发生的医药费用支出可以选择由本人或者其配偶扣除;未成年子女发生的医药费用支出可以选择由其父母一方扣除。

4.扣除方法

纳税人在办理年度汇算清缴时,向税务机关提供大病医疗时医药服务收费及医保报销相关票据原件(或者复印件)等资料,如果当时未留存,可以到医疗保障部门的医疗保障信息系统中查询本人年度医药费用相关信息。税务机关审核通过后即可在汇算清缴时扣除。

(四)住房贷款利息

纳税人本人或者配偶单独或者共同使用商业银行或者住房公积金个人住房贷款为本人或者其配偶购买中国境内住房,发生的首套住房贷款利息支出,在实际发生贷款利息的年度,按照每月1000元的标准定额扣除,扣除期限最长不超过240个月。纳税人只能享受一次首套住房贷款的利息扣除。

1. 扣除范围

在中国境内购买住房,发生的首套住房贷款利息支出。非首套住房贷款利息支出,纳税人不得扣除。

2. 扣除期限和时间

为贷款合同约定开始还款的当月至贷款全部归还或贷款合同终止的当月,扣除期限最长不得超过240个月;扣除期限最长不超过240个月,即不超过20年;不足20年的,按照贷款实际发生月份计算。

3. 扣除标准和政策界限

在实际发生贷款利息的年度,每月1000元的定额标准;纳税人只能享受一次首套住房贷款利息扣除。

4. 扣除方式的选择

夫妻双方婚前分别购买住房发生的首套贷款,其贷款利息支出,婚后可以选择其中一套购买住房,由购买方按照扣除标准的100%扣除,也可以由夫妻双方对各自购买住房分别按扣除标准的50%扣除,具体扣除方式在一个纳税年度内不得变更。家庭中选择哪一方进行扣除,参照子女教育专项附加扣除的方式进行选择。

5. 申报扣除需要提供资料

住房贷款合同、贷款还款支出凭证。

(五)住房租金

纳税人在主要工作城市没有自有住房而发生的住房租金支出,可以按照具体规定的定额标准,在租房期间每月进行扣除。主要工作城市是指纳税人任职受雇所在城市,无任职受雇单位的,为受理其综合所得汇算清缴的税务机关所在城市。

1. 扣除标准

(1)直辖市、省会(首府)城市、计划单列市以及国务院确定的其他城市,扣除标准为每月1500元;

(2)除第(1)项所列城市以外,市辖区户籍人口超过100万的城市,扣除标准为每月1100元;市辖区户籍人口不超过100万的城市,扣除标准为每月800元。

2.扣除范围

纳税人在主要工作城市没有自有住房而租房的租金支出;如果纳税人的配偶在纳税人的主要工作城市有自有住房的,视同纳税人在主要工作城市有自有住房,这是如果纳税人在所在城市再租房,不得扣除。

3.扣除的时间和期限

为租赁合同(协议)约定的房屋租赁期开始的当月至租赁期结束的当月。提前终止合同(协议)的,以实际租赁期限为准。

4.扣除方式的选择

住房租金支出由签订租赁住房合同的承租人扣除。夫妻双方主要工作城市相同的,只能由一方扣除住房租金支出。夫妻双方主要工作城市不相同的,且各自在其主要工作城市都没有住房的,可以分别扣除住房租金支出。

5.政策界限

住房租金支出和住房贷款利息支出,纳税人及其配偶在一个纳税年度内只能享受其中一项。

6.申报扣除需要提供资料

纳税人签订的住房租赁合同。

(六)赡养老人

纳税人赡养一位及以上被赡养人的赡养支出,统一按照规定的标准定额逐月进行扣除。

1.扣除标准

不管纳税人赡养了几位老人,均按一个定额标准扣除。

(1)纳税人为独生子女的,按照每月2000元的标准定额扣除;

(2)纳税人为非独生子女的,由其与兄弟姐妹分摊每月2000元的扣除额度,每人分摊的额度不能超过每月1000元。

2.扣除范围

赡养60岁(含)以上父母的子女以及其他法定赡养人。其他法定赡养人是指祖父母、外祖父母的子女已经去世,实际承担对祖父母、外祖父母赡养义务的孙子女、外孙子女。

3.扣除时间和期限

从2019年元月1日起,逐月扣除,直至被赡养人消失为止。

4.扣除方式的选择

纳税人为独生子女的,由本人享受扣除;纳税人为非独生子女且兄弟姐妹分摊扣除时,可以由赡养人均摊或者约定分摊,也可以由被赡养人指定分摊。约定或者指定分摊的须签订书面分摊协议,指定分摊优先于约定分摊。具体分摊方式和额度在一个纳税年度内不能变更。

5. 申报扣除需要提供资料

被赡养人的身份证等资料信息。

(七) 3 岁以下婴幼儿照护

(1) 纳税人照护3岁以下婴幼儿子女的相关支出,按照每个婴幼儿每月1000元的标准定额扣除。

(2) 父母可以选择由其中一方按扣除标准的100%扣除,也可以选择由双方分别按扣除标准的50%扣除,具体扣除方式在一个纳税年度内不能变更。

(3) 3岁以下婴幼儿照护个人所得税专项附加扣除涉及的保障措施和其他事项,参照有关规定执行。

(4) 3岁以下婴幼儿照护个人所得税专项附加扣除自2022年1月1日起实施。

七、其他扣除

《个人所得税法实施条例》第十三条规定:个人所得税法第六条第一款第一项所称依法确定的其他扣除,包括个人缴付符合国家规定的企业年金、职业年金,个人购买符合国家规定的商业健康保险、税收递延型商业养老保险的支出,以及国务院规定可以扣除的其他项目。

(1) 企业年金和职业年金都是对养老保险的补充。职业年金是指机关事业单位及其工作人员在参加机关事业单位基本养老保险的基础上,建立的补充养老保险制度。企业年金是指企业及其职工在依法参加基本养老保险的基础上,自主建立的补充养老保险制度。税前扣除政策如下:①个人依法缴付的职业年金和企业年金可以全额扣除。②单位或企业依法缴付的职业年金或企业年金暂不征收个人所得税。

(2) 个人购买符合规定的商业健康保险允许按照规定限额税前扣除,对个人购买符合规定的商业健康保险产品的支出,允许在当年(月)计算应纳税所得额时予以税前扣除,扣除限额为2400元/年(200元/月)。单位统一为员工购买符合规定的商业健康保险产品的支出,应分别计入员工个人工资薪金,视同个人购买,按上述限额予以扣除。

(3) 税收递延型商业养老保险,在上海市、福建省(含厦门市)和苏州工业园区试点地区的个人,通过个人商业养老资金账户购买符合规定的商业养老保险产品,凭中保信平台出具的税延养老扣除凭证,在申报扣除当月,按照当月工资薪金、连续性劳务报酬收入的6%和1000元孰低的限额标准据实扣除缴纳的保费。

(4) 国务院规定可以扣除的其他项目——符合条件的职务科技成果转化现金奖励,非营利性研究开发机构和高等学校从职务科技成果转化收入中给予科技人员的现金奖励,是奖金的一种形式,文件明确规定将其计入当月"工资、薪金所得",但只对奖金金额的50%计税,因此,在计算个人综合所得时,可以扣除奖金的50%。

(5) 自2022年1月1日起,对个人养老金实施递延纳税优惠政策。在缴费环节,个人向个人养老金资金账户的缴费,按照12000元/年的限额标准,在综合所得或经营所得中据实扣除,具体在当年预扣预缴或次年汇算清缴时在限额标准内据实扣除;在投资环节,计入个人养老金资金账户的投资收益暂不征收个人所得税;在领取环节,个人领取的个人养老金,不并入综合所得,单独按照3%的税率计算缴纳个人所得税,其缴纳的税款计入"工资、薪金所得"项目。

以上五项是《个人所得税法》规定在个人综合所得中可以扣除的其他扣除项目的政策解读,扣除时个人需要向税务机关提出申报,申报信息通过审批后,代扣代缴义务人在计算税金时即可在"依法确定的其他扣除"项目下进行扣除。

八、非居民个人取得所得的税额计算

(一)税率为按月的七级超额累进税率

表6-4 个人所得税税率表(三)

级数	应纳税所得额	税率(%)	速算扣除数
1	不超过3000元	3	0
2	超过3000元至12000元的部分	10	210
3	超过12000元至25000元的部分	20	1410
4	超过25000元至35000元的部分	25	2660
5	超过35000元至55000元的部分	30	4410
6	超过55000元至80000元的部分	35	7160
7	超过80000元的部分	45	15160

计算公式:

应纳税额=应纳税所得额×适用税率-速算扣除数

(二)应纳税额的计算

(1)非居民个人取得工资、薪金所得,以每月收入额减除费用5000元后的余额为应纳税所得额;需要注意这里的每月5000元的费用减除额度仅适用于非居民个人取得工资、薪金所得。而非居民个人取得劳务报酬所得、稿酬所得、特许权使用费所得不可以减除5000元,只允许减除20%的费用(稿酬再按收入的70%确定)。

(2)非居民个人取得劳务报酬所得、稿酬所得、特许权使用费所得,以收入额减除20%的费用后的余额作为每次的收入额,计入应纳税所得额。其中,稿酬所得的收入额减按70%计算确定。

第三节　综合所得的预扣预缴

一、工资、薪金的预扣预缴方法

扣缴义务人向居民个人支付工资、薪金所得时,应当按照累计预扣法计算预扣税款,并按月办理扣缴申报。

计算公式:

本期应预扣预缴税额=(累计预扣预缴应纳税所得额×预扣率-速算扣除数)-累计减免税额-累计已预扣预缴税额

累计预扣预缴应纳税所得额=累计收入-累计免税收入-累计减除费用-累计专项扣除-累计专项附加扣除-累计依法确定的其他扣除

其中:累计减除费用,按照5000元/月乘以纳税人当年截至本月在本单位的任职受雇月份数计算。

①一个纳税年度内首次取得工资薪金所得的居民个人,在预扣预缴其个人所得税时,可按照5000元/月乘以纳税人当年截至本月的月份数计算累计减除费用。

②自2021年1月1日起,对上一完整纳税年度内1~12月均在同一单位预扣预缴工资、薪金所得个人所得税且全年累计工资、薪金收入(包括奖金等,且不扣减任何费用)不超过6万元的居民个人,扣缴义务人在预扣预缴本年度工资、薪金所得个人所得税时,累计减除费用自1月份起直接按照全年6万元计算扣除。即在纳税人累计收入不超过6万元的月份,暂不预扣预缴个人所得税;在其累计收入超过6万元的当月及年内后续月份,再预扣预缴个人所得税。

如扣缴义务人预计本年度发放给其的收入将超过60000元,纳税人需要纳税记录或者本人有多处所得合并后全年收入预计超过60000元等原因,扣缴义务人与纳税人可在当年1月份税款扣缴申报前经双方确认后,按照①中的基本预扣预缴方法计算并预缴个人所得税。

表6-5　居民个人工薪金、所得预扣预缴税率表(年)

级数	累计预扣预缴应纳税所得额	税率(%)	速算扣除数
1	不超过36000元的	3	0
2	超过36000元至144000元的部分	10	2520
3	超过144000元至300000元的部分	20	16920
4	超过300000元至420000元的部分	25	31920
5	超过420000元至660000元的部分	30	52920

续表

级数	累计预扣预缴应纳税所得额	税率(%)	速算扣除数
6	超过660000元至960000元的部分	35	85920
7	超过960000元的部分	45	181920

【例题6-1】甲2022年的全年工资收入如下：1～6月为每月20000元，7～12月为每月25000元，暂定甲个人缴纳"四金"的部分为3000元，专项附加扣除部分暂不计算。那么甲的用人单位应如何预扣甲的个人所得税？

【答案】1月：应纳税所得额＝20000－5000－3000＝12000（元）

应预扣预缴税额＝12000×3％＝360（元）

2月：应纳税所得额＝40000－5000×2－3000×2＝24000（元）

应预扣预缴税额＝24000×3％－360＝360（元）

3月：应纳税所得额＝60000－5000×3－3000×3＝36000（元）

应预扣预缴税额＝36000×3％－（360＋360）＝360（元）

4月：应纳税所得额＝80000－5000×4－3000×4＝48000（元）

应预扣预缴税额＝48000×10％－2520－（360＋360＋360）＝1200（元）

5月：应纳税所得额＝100000－5000×5－3000×5＝60000（元）

应预扣预缴税额＝60000×10％－2520－（360＋360＋360＋1200）＝1200（元）

6月：应纳税所得额＝120000－5000×6－3000×6＝72000（元）

应预扣预缴税额＝72000×10％－2520－（360＋360＋360＋1200＋1200）＝1200（元）

7月：应纳税所得额＝145000－5000×7－3000×7＝89000（元）

应预扣预缴税额＝89000×10％－2520－（360＋360＋360＋1200＋1200＋1200）＝1700（元）

8月：应纳税所得额＝170000－5000×8－3000×8＝106000（元）

应预扣预缴税额＝106000×10％－2520－（360＋360＋360＋1200＋1200＋1200＋1700）＝1700（元）

9月：应纳税所得额＝195000－5000×9－3000×9＝123000元，应预扣预缴税额＝123000×10％－2520－（360＋360＋360＋1200＋1200＋1200＋1700＋1700）＝1700（元）

10月：应纳税所得额＝220000－5000×10－3000×10＝140000（元）

预扣预缴税额＝140000×10％－2520－（360＋360＋360＋1200＋1200＋1200＋1700＋1700＋1700）＝1700（元）

11月：应纳税所得额＝245000－5000×11－3000×11＝157000（元）

预扣预缴税额＝157000×20％－16920－（360＋360＋360＋1200＋1200＋1200＋

1700+1700+1700+1700)=3000(元)

12月:应纳税所得额=270000-5000×12-3000×12=174000(元)

应预扣预缴税额=174000×20%-16920-(360+360+360+1200+1200+1200+1700+1700+1700+1700+3000)=3400(元)

【例题6-2】假设职员张某2019年1月1日~3月31日入职A企业,每月工资、薪金所得10000元,"三险一金"等专项扣除为1500元,从1月起享受子女教育专项附加扣除1000元,没有减免收入及减免税额等情况。请计算A企业1~3月预扣预缴税额。

【答案】1月:(10000-5000-1500-1000)×3%=75(元)

2月:(10000×2-5000×2-1500×2-1000×2)×3%-75=75(元)

3月:(10000×3-5000×3-1500×3-1000×3)×3%-75-75=75(元)

1~3月合计预扣预缴税款=225(元)

2019年4月1日张某跳槽至B企业,每月工资、薪金所得30000元,"三险一金"等专项扣除为4500元,享受子女教育专项附加扣除1000元、4月申报赡养老人专项附加扣除1000元(假设当月达到扣除条件),没有减免收入及减免税额等情况。请计算B企业4~12月预扣预缴税额和张某全年综合所得缴纳的个税额。

【答案】4月:(30000-5000-4500-2000)×3%=555(元)(在本单位1个月)

5月:(30000×2-5000×2-4500×2-2000×2)×10%-2520-555=625(元)

6月:(30000×3-5000×3-4500×3-2000×3)×10%-2520-555-625=1850(元)

以此类推:4~12月合计预扣预缴税款=16380(元)

1~12月合计预扣预缴税款=225+16380=16605(元)

张某汇算清缴时:

张某2019年综合所得应纳税所得额

=10000×3+30000×9-60000-1500×3-4500×9-1000×12-1000×9

=300000-60000-4500-40500-12000-9000

=174000(元)

2019年全年应缴个税=174000×20%-16920=17880(元)

二、劳务报酬所得、稿酬所得、特许权使用费的扣缴方法

(1)劳务报酬所得、稿酬所得、特许权使用费,应按次或者按月预扣预缴税款。

①劳务报酬所得应预扣预缴税额=预扣预缴应纳税所得额×预扣率-速算扣除数;

②稿酬所得、特许权使用费所得应预扣预缴税额=预扣预缴应纳税所得额×20%。

劳务报酬所得、稿酬所得、特许权使用费所得以收入减除费用后的余额为收入额;其中,稿酬所得的收入额减按70%计算。

减除费用:预扣预缴税款时,劳务报酬所得、稿酬所得、特许权使用费所得每次收入

不超过4000元的,减除费用按800元计算;每次收入4000元以上的,减除费用按收入的20%计算。

应纳税所得额:劳务报酬所得、稿酬所得、特许权使用费所得,以每次收入额为预扣预缴应纳税所得额,计算应预扣预缴税额。劳务报酬所得适用个人所得税预扣率表二,稿酬所得、特许权使用费所得适用20%的比例预扣率。

居民个人办理年度综合所得汇算清缴时,应当依法计算劳务报酬所得、稿酬所得、特许权使用费所得的收入额,并入年度综合所得计算应纳税款,税款多退少补。

表6-6 个人所得税预扣率表(二)

(居民个人劳务报酬所得预扣预缴适用)

级数	预扣预缴应纳税所得额	预扣率(%)	速算扣除数
1	不超过20000元	20	0
2	超过20000元至50000元的部分	30	2000
3	超过50000元的部分	40	7000

(2)正在接受全日制学历教育的学生因实习取得劳务报酬所得的,在预扣预缴个人所得税时,按照上述(1)中的累计预扣法计算并预扣预缴税款。针对上一完整纳税年度内每月均在同一单位取酬,且已按照累计预扣法预扣预缴劳务报酬个人所得税且全年累计劳务报酬(不扣减任何费用)不超过6万元的居民个人,扣缴义务人在按照累计预扣法预扣预缴本年度劳务报酬个人所得税时,累计减除费用自1月份起直接按照全年6万元计算扣除。

【例题6-3】李雷(化名),居民个人,80后,大学毕业后成功考取某专业工程师,在A公司工作。李雷配偶韩梅梅(化名),二人婚后育有一子一女。李雷家中父母健在,并有一同胞哥哥李锋(化名)。至2019年,李雷父母均年满60周岁,儿子9周岁,女儿4周岁。李雷婚前有一房屋(无贷款),婚后有一房屋(公积金与商业组合贷款)。

李雷2019年收入如下:

1.工资薪金所得。2019年1月,A公司根据绩效考核,发放李雷2018年年终奖12万元;2019年1~12月,李雷每月取得工资收入1.5万元,五险一金个人缴纳部分为每月900元。2019年读研究生学历教育费5万元。

2.劳务报酬所得。李雷传承父亲木匠手艺,偶尔接几单装修木匠工程,2019年3月完成B公司装修木匠工程,取得收入3.8万元,2019年9月完成好友Lily家装修木匠工程,取得收入1.4万元,12月取得上述两工程质保金2800元。

3.稿酬所得。李雷是个文艺青年,出版中篇小说一部,取得稿酬5万元,后因小说加印和报刊连载,分别取得出版社稿酬1万元和报社稿酬3800元。

4.特许权使用费所得。李雷利用自己工作业余时间创造一"实用新型",并申请了专利,现专利转让给B公司使用,2019年12月取得特许权使用费收入88000元。

5. 股息、红利所得。 李雷与 Lucy 组建成立 C 公司,2019 年 3 月取得 C 公司分红所得 10 万元。

计算李雷 2019 年缴纳的个税总额。

【计算及解析】

(一)分项预扣预缴

1. 工资薪金所得

(1)年终奖:

$120000 \div 12 = 10000$(元),查表可见,税率为 10%,速算扣除数 210。

年终奖应纳税额 $= 120000 \times 10\% - 210 = 11790$(元)

【解析】 全年一次性奖金可以不并入当年综合所得,所以本次是代扣代缴,不是预扣预缴,在汇算清缴时作为收入扣除项。纳税人汇算清缴时亦可选择并入综合所得汇算清缴。

(2)月工资:

基本减除费用 5000 元,专项扣除五险一金 900 元,子女教育与配偶分摊各 1000 元,赡养老人与哥哥分摊各扣 1000 元,住房贷款利息与配偶分摊各扣 500 元,学历继续教育 400 元。

1 月:预扣预缴应纳税所得额 $= 15000 - 5000 - 900 - 1000 - 1000 - 500 - 400 = 6200$(元),查找预扣率表,税率 3%,速算扣除数 0。

预扣预缴应纳税额 $= 6200 \times 3\% - 0 = 186$(元)

2 月:预扣预缴应纳税所得额 $= 15000 \times 2 - (5000 + 900 + 1000 + 1000 + 500 + 400) \times 2 = 12400$(元),查找预扣率表,税率 3%,速算扣除数 0。

预扣预缴应纳税额 $= 12400 \times 3\% - 0 - 186$ 元 $= 186$ 元

3 月:预扣预缴应纳税所得额 $= 15000 \times 3 - (5000 + 900 + 1000 + 1000 + 500 + 400) \times 3 = 18600$(元),查找预扣率表,税率 3%,速算扣除数 0。

预扣预缴应纳税额 $= 18600 \times 3\% - 0 - (186 + 186) = 186$(元)

4 月:预扣预缴应纳税所得额 $= 15000 \times 4 - (5000 + 900 + 1000 + 1000 + 500 + 400) \times 4 = 24800$(元),查找预扣率表,税率 3%,速算扣除数 0。

预扣预缴应纳税额 $= 24800 \times 3\% - 0 - (186 + 186 + 186) = 186$(元)

5 月:预扣预缴应纳税所得额 $= 15000 \times 5 - (5000 + 900 + 1000 + 1000 + 500 + 400) \times 5 = 31000$(元),查找预扣率表,税率 3%,速算扣除数 0。

预扣预缴应纳税额 $= 31000 \times 3\% - 0 - (186 + 186 + 186 + 186) = 186$(元)

6 月:预扣预缴应纳税所得额 $= 15000 \times 6 - (5000 + 900 + 1000 + 1000 + 500 + 400) \times 6 = 37200$(元),查找预扣率表,税率 10%,速算扣除数 2520。

预扣预缴应纳税额 $= 37200 \times 10\% - 2520 - (186 + 186 + 186 + 186 + 186) = 270$(元)

7月:预扣预缴应纳税所得额=15000×7-(5000+900+1000+1000+500+400)×7=43400(元),查找预扣率表,税率10%,速算扣除数2520。

预扣预缴应纳税额=43400×10%-2520-(186+186+186+186+186+270)=620(元)

8月:预扣预缴应纳税所得额=15000×8-(5000+900+1000+1000+500+400)×8=49600(元),查找预扣率表,税率10%,速算扣除数2520。

预扣预缴应纳税额=49600×10%-2520-(186+186+186+186+186+270+620)=620(元)

9月:预扣预缴应纳税所得额=15000×9-(5000+900+1000+1000+500+400)×9=55800(元),查找预扣率表,税率10%,速算扣除数2520。

预扣预缴应纳税额=55800×10%-2520-(186+186+186+186+186+270+620+620)=620(元)

10月:预扣预缴应纳税所得额=15000×10-(5000+900+1000+1000+500+400)×10=62000(元),查找预扣率表,税率10%,速算扣除数2520。

预扣预缴应纳税额=62000×10%-2520-(186+186+186+186+186+270+620+620+620)=620(元)

11月:预扣预缴应纳税所得额=15000×11-(5000+900+1000+1000+500+400)×11=68200(元),查找预扣率表,税率10%,速算扣除数2520。

预扣预缴应纳税额=68200×10%-2520-(186+186+186+186+186+270+620+620+620+620)=620(元)

12月:预扣预缴应纳税所得额=15000×12-(5000+900+1000+1000+500+400)×12=74400(元),查找预扣率表,税率10%,速算扣除数2520。

预扣预缴应纳税额=74400×10%-2520-(186+186+186+186+186+270+620+620+620+620+620)=620(元)。

全年预扣税额=186+186+186+186+186+270+620+620+620+620+620+620=4920(元)。

【解析】12个月工资薪金每月预扣缴采用累算的方式,例题为理想状态,若月收入不固定的纳税人,可能某月应纳税额会出现负数,年中月预缴不实行多退少补,因为只是工资薪金所得预缴,未并入其他三项所得,只有在汇算清缴时多退少补。

2.劳务报酬所得

(1)3月:预扣预缴应纳税所得额=38000×(1-20%)=30400元,查找预扣率表,预扣率30%,速算扣除数2000。

预扣预缴应纳税额=30400×30%-2000=7120(元)

9月:预扣预缴应纳税所得额=14000×(1-20%)=11200(元),查找预扣率表,预扣率20%,速算扣除数0。

预扣预缴应纳税额 = 11200 × 20% - 0 = 2240(元)

12月:预扣预缴应纳税所得额 = 2800 - 800 = 2000元,查找预扣率表,预扣率20%,速算扣除数0。

预扣预缴应纳税额 = 2000 × 20% - 0 = 400(元)

2019年劳务报酬所得合计预扣预缴所得税 = 7120 + 2240 + 400 = 9760(元)

【解析】根据《个人所得税扣缴申报指引》第五税款计算的规定,劳务报酬所得、稿酬所得、特许权使用费所得此次改革由支付人作为扣缴义务人,扣缴义务人按照预扣率预扣预缴所得税,由纳税人次年与工资薪金所得合并后汇算清缴。此项预扣预缴计算方法实际为旧个税计算方法。

3. 稿酬所得

(1)出版小说、小说加印:

预扣预缴应纳税所得额 = (50000 + 10000) × (1 - 20%) × 70% = 33600(元)

预扣预缴应纳税额 = 33600 × 20% = 6720(元)

(2)小说连载:

预扣预缴应纳所得额 = (3800 - 800) × 70% = 3640(元)

预扣预缴应纳税额 = 3640 × 20% = 728(元)

2019年稿酬所得合计预扣预缴所得税 = 7448(元)

解析:稿酬所得与旧个税一样,收入额减按70%计算,这说明个税政策历来鼓励文学创作。

4. 特许权使用费所得

预扣预缴应纳税所得额 = 88000 × (1 - 20%) = 70400(元)

预扣预缴应纳税额 = 70400 × 20% = 14080(元)

(二)四项综合所得汇算清缴

(1)收入额 = 15000 × 12个月 + [(38000 + 14000 + 2800) + (50000 + 10000 + 3800) × 70% + 88000] × (1 - 20%) = 357960(元)

解析:劳务报酬所得、稿酬所得、特许权使用费所得在汇算清缴计算收入额时,与预扣预缴计算收入额是不同的,汇算清缴时计算收入额不再区分4000元以下扣除800费用,4000元以上扣除20%费用,统一扣除20%费用。

(2)扣除:

免征额 = 5000 × 12个月 = 60000(元)

专项扣除 = 900 × 12个月 = 10800(元)

专项附加扣除 = (1000 + 1000 + 500 + 400) × 12个月 = 34800(元)

扣除合计 = 60000 + 10800 + 34800 = 105600(元)

(3) 应纳税所得额 = 357960 − 105600 = 252360(元)

(4) 应纳税额 = 36000 × 3% + (144000 − 36000) × 10% + (252360 − 144000) × 20% = 1080 + 10800 + 21672 = 33552(元)

【解析】全年一次性奖金(年终奖)不并入综合所得。计算应纳税额时,是适用超额累计税率计算方法。

(5) 已预缴所得税 = 4920 + 9760 + 7448 + 14080 = 36208(元)

(6) 汇算清缴应退税 = 33552 − 36208 = 2656(元)

(三) 2019 年个人所得税

例题计算至汇算清缴还未算完,李雷还有一项股息、红利所得。股息、红利应纳税额 = 100000 × 20% = 20000(元)

故,李雷2019年缴纳的个税总额 = 11790(年终奖) + 33552(综合所得) + 20000(股息红利所得) = 65342(元)

三、全年一次性奖金的税务处理

国家税务总局2005年1月21日公布的《国家税务总局关于调整个人取得全年一次性奖金等计算征收个人所得税方法问题的通知》的规定,按照新方法计算个人所得税的一次性奖金包括年终加薪、实行年薪制和绩效工资办法的单位根据考核情况兑现的年薪和绩效工资。而且在一个纳税年度内,对每一个纳税人,该计税方法只能采用一次。另外,雇员取得除全年一次性奖金以外的其他各种名目奖金,包括:半年奖、季度奖、加班奖、先进奖、考勤奖等,一律与当月工资、薪金收入合并,按税法规定计算缴纳个人所得税。

先将雇员当月内取得的全年一次性奖金或年薪,除以12个月,按其商数确定适用税率和速算扣除数,确定税率和速算扣除数以后,按照以下计算公式计算个人所得税:

应纳税额 = (雇员当月取得全年一次性奖金 − 雇员当月工资薪金所得与费用扣除额的差额) × 适用税率 − 速算扣除数

居民个人取得全年一次性奖金,在2023年12月31日前,可选择不并入当年综合所得,自2024年1月1日起,居民个人取得全年一次性奖金,应并入当年综合所得计算缴纳个人所得税。以全年一次性奖金收入除以12个月得到的数额,以其商数按照以下的按月度进行换算后的综合所得适用税率表,确定适用税率和速算扣除数,单独计算纳税。在一个纳税年度内,该计税办法只允许采用一次。下列是居民个人取得全年一次性奖金所适用的税率表:

表 6-7 按月换算后的综合所得税率表

级数	全月应纳税所得额	税率(%)	速算扣除数
1	不超过 3000 元的	3	0
2	超过 3000 元至 12000 元的部分	10	210
3	超过 12000 元至 25000 元的部分	20	1410
4	超过 25000 元至 35000 元的部分	25	2660
5	超过 35000 元至 55000 元的部分	30	4410
6	超过 55000 元至 80000 元的部分	35	7160
7	超过 80000 元的部分	45	15160

【例题 6-4】假设某企业职工小李 2020 年每月工资收入为 7000 元,不考虑三险一金,每月允许扣除的专项附加扣除额为 1000 元,没有其他收入和扣除项目,2020 年 2 月,企业发放上年度全年一次性奖金 42000 元。

【答案及解析】(1)预扣预缴阶段:

假如企业选择单独计税,全年一次性奖金应纳税额计算步骤:

第一步,将全年一次性奖金除以 12,即 42000÷12=3500(元)

第二步,查找税率,参照《按月换算后的综合所得税率表》,3500 元适用的税率为 10%,速算扣除数为 210。

第三步,全年一次性奖金应纳税额=全年一次性奖金收入×适用税率-速算扣除数 =42000×10%-210=3990(元)

第四步,计算其他综合所得应纳税额:综合所得应纳税额=(累计收入-累计免税收入-累计减除费用-累计专项扣除-累计专项附加扣除-累计依法确定的其他扣除)×适用税率-速算扣除=(7000×12-0-5000×12-0-1000×12-0)×3%-0=360(元)

那么,全年综合所得预扣预缴个人所得税=3990+360=4350(元)

(2)次年年度汇算阶段:

若纳税人选择单独计税:由于全年一次性奖金已在预扣预缴时申报纳税,年度汇算时不涉及补(退)税。

若纳税人选择并入全年综合所得计税:并入后的年度综合所得应纳税所得额=累计收入-累计免税收入-累计减除费用-累计专项扣除-累计专项附加扣除-累计依法确定的其他扣除=(7000×12+42000)-0-5000×12-0-1000×12-0=54000(元),全年合计应缴纳个人所得税=并入后的年度综合所得应纳税所得额×适用税率-速算扣除数=54000×10%-2520=2880(元)

两种计税方式计算出来的结果会有差别,纳税人可以自行比较,选择适用全年一次性奖金优惠政策或选择并入当年综合所得计算缴纳个人所得税。

第四节　综合所得汇算清缴

一、年度汇算清缴的办理

纳税人已依法预缴个人所得税且符合下列情形之一的,无须办理年度汇算:
(1)年度汇算需补税但年度综合所得收入不超过12万元的;
(2)年度汇算需补税金额不超过400元的;
(3)已预缴税额与年度应纳税额一致或者不申请年度汇算退税的。
符合下列情形之一的,纳税人需要办理综合所得年度汇算清缴:
(1)当年已预缴税额大于年度应纳税额且申请退税的。包括:
①综合所得收入额不超过6万元但已预缴个人所得税;
②年度中间劳务报酬、稿酬、特许权使用费适用的预扣率高于综合所得年适用税率;
③预缴税款时,未申报扣除或未足额扣除减除费用、专项扣除、专项附加扣除、捐赠项目,以及未申报享受或未足额享受综合所得税收优惠等情形。
(2)综合所得收入超过12万元且需要补税金额超过400元的。包括取得两处及以上综合所得,合并后适用税率提高等情形。

二、年度汇算清缴税前扣除

下列未申报扣除或未足额扣除的扣除项目,可在年度汇算期间办理扣除或补充扣除:
(1)纳税人及其配偶、未成年子女发生的,符合条件的大病医疗支出;
(2)纳税人未申报享受或未足额享受的子女教育、继续教育、住房贷款利息或住房租金、赡养老人专项附加扣除,以及减除费用、专项扣除、依法确定的其他扣除;
(3)纳税人发生的符合条件的捐赠支出。

三、办理时间及方式

1. 办理时间
次年3月1日至6月30日。
2. 办理方式
纳税人可自主选择下列办理方式:

(1)自行办理；

(2)通过支付工资薪金或连续性劳务报酬的扣缴义务人代为办理；

(3)委托涉税专业服务机构或其他单位及个人(以下称受托人)办理(受托人需与纳税人签订授权书)。

4.办理的税务机关

(1)自行办理或受托人代为办理的,向纳税人任职受雇单位所在地的主管税务机关申报,有两处及以上任职受雇单位的,可自主选择其中一处；

(2)没有任职受雇单位的,向户籍所在地或者经常居住地的主管税务机关申报；

(3)扣缴义务人代为办理的,向扣缴义务人的主管税务机关申报。

四、综合所得电子报税流程

登录个税 App,查看"综合所得年度汇算"专题,点击"开始申报",或通过"我要办税"或下方"办税","综合所得年度汇算"发起申报,确认已预缴税额,填写本人银行账户信息,即可通过网络实现快捷办理。具体流程和步骤如下：

自然人电子税务局业务流程图

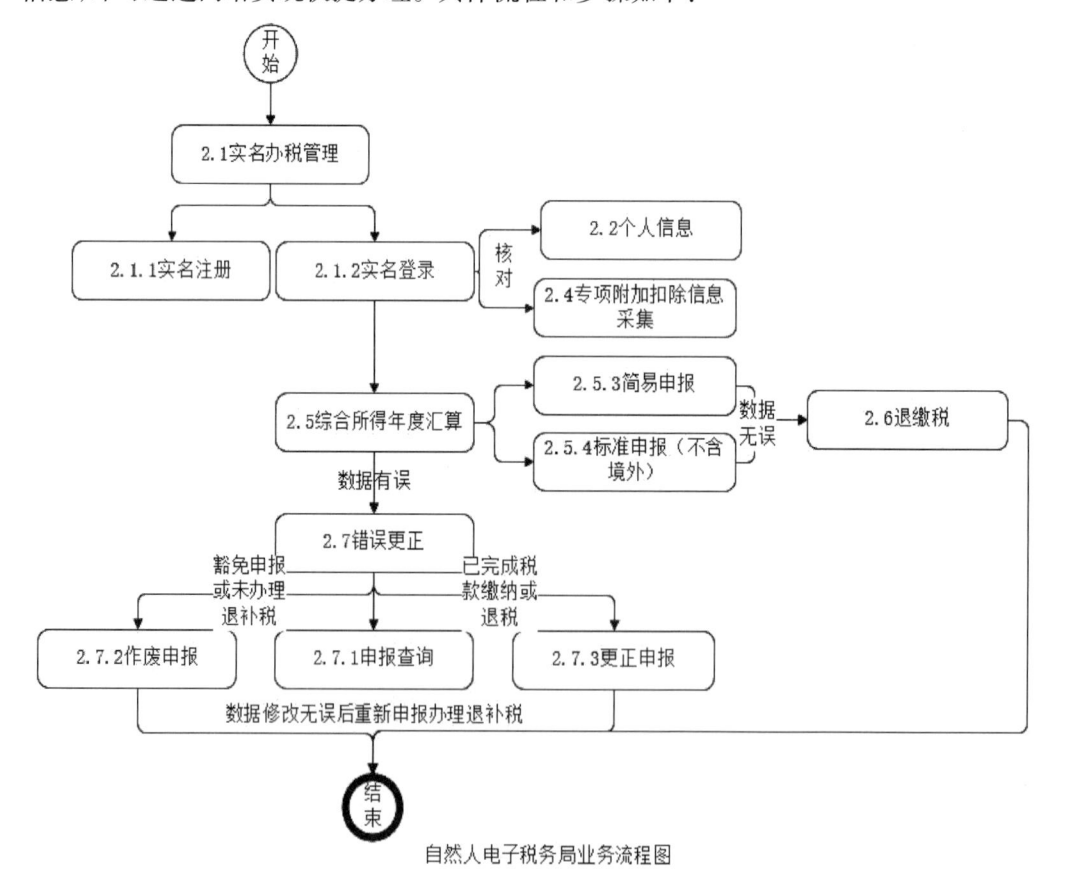

图6-1 自然人电子税务局业务流程图

（1）登录个人账号后，进入首页，选择"综合所得年度汇算"准备申报，选择"开始申报"开始申报。

（2）确认信息。对个人基础信息进行确认，确认后直接选择"下一步"。

（3）点击"工资薪金"后，再点击"奖金计税方式"选择其中一种。（注意：全年一次性奖金有两种计税方式，两者选择其一，可视需要自行选择。）

（4）查看本年度综合所得应补（退）税额，如果有补（退）税金额，确认结果后，点击"提交申报"即可。

第五节　经营所得应纳税额的计算

个人经营所得是指个体工商户从事生产、经营活动取得的所得。纳税人取得经营所得，按年计算个人所得税，由纳税人在月度或者季度终了后十五日内向税务机关报送纳税申报表，并预缴税款；在取得所得的次年三月三十一日前办理汇算清缴。个体工商户的生产、经营所得包括四个方面：

（1）个体工商户从事生产、经营活动取得的所得，个人独资企业投资人、合伙企业的个人合伙人来源于境内注册的个人独资企业、合伙企业生产、经营的所得；

（2）个人依法从事办学、医疗、咨询以及其他有偿服务活动取得的所得；

（3）个人对企业、事业单位承包经营、承租经营以及转包、转租取得的所得；

（4）个人从事其他生产、经营活动取得的所得。

一、经营所得的应税所得额的确定及费用扣除标准

（1）取得经营所得的个人，如果没有综合所得的，计算其每一纳税年度的应纳税所得额时，应当减除费用60000元、专项扣除、专项附加扣除以及依法确定的其他扣除。

（2）对个体工商户、个人独资企业和合伙企业自然人投资者的生产经营所得依法计征个人所得税时，费用扣除标准统一为60000元/年。

（3）企事业单位的承包经营、承租经营所得，以每一纳税年度的收入总额，按年减除60000元费用后的余额，为应纳税所得额。

（4）个人独资企业的投资者以全部生产经营所得为应纳税所得额；合伙企业的个人投资者以合伙企业的全部生产经营所得按照合伙协议约定的比例分配，确定应纳税所得额（没有协议约定的，按合伙人数量平均计算每个投资者的应纳税所得额）。

二、经营所得适用税率

表6-8 生产经营所得个人所得税税率表(经营所得适用)

级数	全年应纳税所得额	税率(%)	速算扣除数
1	不超过30000元的	5	0
2	超过30000元至90000元的部分	10	1500
3	超过90000元至300000元的部分	20	10500
4	超过300000元至500000元的部分	30	40500
5	超过500000元的部分	35	65500

三、个体工商户经营所得应纳税额的计算

应纳税额 = (全年收入总额 - 成本、费用、税金、损失及其他支出 - 允许弥补的以前年度亏损) × 适用税率 - 速算扣除数

个体工商户的生产、经营所得,以每一纳税年度的收入总额,减除成本、费用、税金、损失、其他支出以及允许弥补的以前年度亏损后的余额,为应纳税所得额。

(1)个体工商户从事生产经营以及与生产经营有关的活动取得的货币形式和非货币形式的各项收入,为收入总额。包括:销售货物收入、提供劳务收入、转让财产收入、利息收入、租金收入、接受捐赠收入、其他收入。

(2)成本指销售成本、销货成本、业务支出及其他耗费;费用指销售费用、管理费用和财务费用;税金指除个人所得税和允许抵扣的增值税以外的各项税金及附加;损失指盘亏、毁损、报废损失、转让财产损失、坏账损失、自然灾害等不可抗力造成的损失及其他损失(需要减除责任人赔偿和保险赔款);其他支出指与生产经营活动有关的、合理的支出。

(3)不得扣除项目:

①个人所得税税款;

②税收滞纳金;

③罚金、罚款和被没收财物的损失;

④不符合扣除规定的捐赠支出;

⑤赞助支出;

⑥用于个人和家庭的支出;

⑦个体工商户代其从业人员或者他人负担的税款;

⑧与生产经营无关的其他支出。

(4)扣除项目中关注:

①个体工商户实际支付给从业人员的合理工资薪金支出,准予扣除。个体工商户业

主的工资、薪金支出，不得税前扣除。

②个体工商户向当地工会组织拨缴的工会经费、实际发生的职工福利费支出、职工教育经费支出分别在工资薪金总额的2%、14%、8%的标准内据实扣除。

③个体工商户业主本人向当地工会组织缴纳的工会经费、实际发生的职工福利费支出、职工教育经费支出，以当地(地级市)上年度社会平均工资的3倍为计算基数。

④对于生产经营与个人、家庭生活混用难以分清的费用，其40%视为与生产经营有关费用，准予扣除。

⑤个体工商户为从业人员缴纳的补充养老保险费、补充医疗保险费，分别在不超过从业人员工资总额5%标准内的部分据实扣除；超过部分，不得扣除。

⑥个体工商户业主本人缴纳的补充养老保险费、补充医疗保险费，以当地(地级市)上年度社会平均工资的3倍为计算基数，分别在不超过该计算基数5%标准内的部分据实扣除；超过部分，不得扣除。

⑦个体工商户研究开发新产品、新技术、新工艺所发生的开发费用，以及研究开发新产品、新技术而购置单台价值在10万元以下的测试仪器和试验性装置的购置费准予直接扣除；单台价值在10万元以上(含10万元)的测试仪器和试验性装置，按固定资产管理，不得在当期直接扣除。

⑧个体工商户通过公益性社会团体或者县级以上人民政府及其部门，用于《公益事业捐赠法》规定的公益事业的捐赠，捐赠额不超过其应纳税所得额30%的部分可以据实扣除。

⑨业务招待费、广宣费、利息支出扣除标准与企业所得税一致。

【例题6-5】西安市某饺子馆老板小王，2020年取得营业收入196万元，营业成本112万元，税金及附加8万元(包含已经预缴的个人所得税3万元)；营业费用12.5万元(其中业务宣传费5万元，其他营业费用7.5万元)；管理费用22万元(其中老板小王的工资薪金4.8万元，其他员工的工资薪金12.8万元，职工福利费1.2万元，业务招待费3万元，其他管理费用0.2万元)；财务费用0.3万元；其他支出0.5万元，为行政性罚款支出。除以上经营所得外，小王未取得综合所得。2019年，小王费用减除标准6万元；专项扣除1.248万元(养老0.96万元，医疗0.288万元，)专项附加扣除3.6万元(其中子女教育1.2万元，赡养老人1.2万元，住房贷款利息1.2万元)。该个体工商户当年应缴的个税是多少？

【答案】经营所得利润总额 = 196 - 112 - 8 - 12.5 - 22 - 0.3 - 0.5 = 40.7(万元)

职工福利费调整：

扣除限额 = 12.8 × 14% = 1.792(万元)，实际发生额1.2万，无需作纳税调整。

业务宣传费调整：扣除限额 = 196 × 15% = 29.4(万元)，实际发生额5万，无需作纳税调整。

业务招待费调整：$3 \times 60\% = 1.8$（万元），$196 \times 5‰ = 0.98$，调增 $= 3 - 0.98 = 2.02$（万元）。

不允许扣除的项目：

①业主工资 4.8 万元；

②行政性罚款支出 0.5 万元；

③个人所得税 3 万元。

应纳税所得额 $= 40.7 + 2.02 + 4.8 + 0.5 + 3 - 6 - 1.248 - 3.6 = 40.172$（万元）

应纳税额 $= 40.172 \times 30\% - 4.05 = 8.0016$（万元）

应补缴税额 $= 8.0016 - 3 = 5.0016$（万元）

四、个人独资企业和合伙企业应纳税额的计算

1. 查账征税

（1）持有股权、股票、合伙企业财产份额等权益性投资的个人独资企业、合伙企业（以下简称独资合伙企业），自 2022 年 1 月 1 日起一律适用查账征收方式计征个人所得税。

（2）个人独资企业和合伙企业投资者的生产经营所得依法计征个人所得税时，个人独资企业和合伙企业投资者本人的费用扣除标准统一确定为 60000 元/年。

（3）企业向其从业人员实际支付的合理的工资、薪金支出，允许在税前扣除。

（4）投资者及其家庭发生的生活费用不允许在税前扣除。投资者及其家庭发生的生活费用与企业生产经营费用混合在一起，并且难以划分的，全部视为投资者个人及其家庭发生的生活费用，不允许在税前扣除。

（5）企业生产经营和投资者及其家庭生活共用的固定资产，难以划分的，由主管税务机关根据企业的生产经营类型、规模等具体情况，核定准予在税前扣除的折旧费用的数额或比例。

（6）企业拨缴的工会经费、发生的职工福利费、职工教育经费支出分别在工资薪金总额 2%、14%、8% 的标准内据实扣除。

（7）业务招待费及广宣费扣除标准与企业所得税一致。

2. 核定征收

核定征收方式，包括定额征收、核定应税所得率征收以及其他合理的征收方式。

（1）有下列情形之一的，主管税务机关应采取核定征收方式征收个人所得税：

①企业依照国家有关规定应当设置但未设置账簿的；

②企业虽设置账簿，但账目混乱或者成本资料、收入凭证、费用凭证残缺不全，难以查账的；

③纳税人发生纳税义务，未按照规定的期限办理纳税申报，经税务机关责令限期申报，逾期仍不申报的，专项附加扣除在办理汇算清缴时减除。

（2）应纳税额 = 应纳税所得额 × 适用税率。

(3)应纳所得额=收入总额×应税所得率,

或应纳所得额=成本费用支出额÷(1-应税所得率)×应税所得率。

(4)实行核定征税的投资者,不能享受个人所得税优惠政策。

3. 定期定额征收

定期定额征收即通过税务机关核定纳税人在一定经营时期内的营业额,来确定其应纳税额。主要适用于生产、经营规模小,达不到《个体工商户建账管理暂行办法》规定设置账簿标准的个体工商户,以及符合条件的个独企业和合伙企业。

五、经营所得汇算清缴

个人取得的两类所得需要汇算:一是经营所得,二是综合所得。经营所得只有实行查账征收的才需要办理汇算期清缴,用《个人所得税经营所得纳税申报表(B表)》进行申报。每年3月31日之前进行。

《个人所得税经营所得纳税申报表(A表)》适用于查账征收和核定征收的个体工商户业主、个人独资企业投资人、合伙企业个人合伙人、承包承租经营者个人以及其他从事生产、经营活动的个人在中国境内取得经营所得,按税法规定办理个人所得税预缴纳税申报。

《个人所得税经营所得纳税申报表(B表)》适用于查账征收的个体工商户业主、个人独资企业投资者、合伙企业个人合伙人、承包承租经营者个人以及其他从事生产、经营活动的个人在中国境内取得经营所得的汇算清缴申报。

《个人所得税经营所得纳税申报表(C表)》适用于个体工商户业主、个人独资企业投资者、合伙企业个人合伙人、承包承租经营者个人以及其他从事生产、经营活动的个人在中国境内两处以上取得经营所得,办理个人所得税的年度汇总纳税申报。

六、经营所得汇算清缴电子报税流程

(一)经营所得申报要求

纳税人取得经营所得,按年计算个人所得税,由纳税人在月度或季度终了后15日内,向经营管理所在地主管税务机关办理预缴纳税申报,并报送《个人所得税经营所得纳税申报表(A表)》。在取得所得的次年3月31日前,向经营管理所在地主管税务机关办理汇算,并报送《个人所得税经营所得纳税申报表(B表)》;从两处以上取得经营所得的,选择向其中一处经营管理所在地主管税务机关办理年度汇总申报,并报送《个人所得税经营所得纳税申报表(C表)》。

(二)申报途径及操作步骤

1. 申报途径

(1)自然人电子税务局网页端;

(2)自然人电子税务局扣缴端,只能报《个人所得税经营所得纳税申报表(B表)》;

(3)经营管理所在地主管税务机关办税服务厅。

2.操作步骤

(1)进入自然人电子税务局网页端完成注册和登录。

(2)进入首页后,点击"我要办税",以经营所得B表为例介绍,本表适用于被投资单位为查账征收的个体工商户业主、企事业单位承包承租经营者、个人独资企业投资者和合伙企业自然人合伙人以及在中国境内从事其他生产、经营活动取得所得的个人年度的汇算。查账征收的合伙企业有两个或两个以上自然人合伙人的,应分别填报本表。

(3)点击"经营所得(B表)",选择对应需要申报的年份,录入被投资单位信息。若被投资单位类型为合伙企业,则录入被投资单位统一社会信用代码后,系统会自动带出"合伙企业合伙人分配比例"。

(4)录入收入成本信息,其中带*号为必填项,其他项目根据企业实际情况填写。

(5)录入纳税调整增加/减少额,若企业没有相关纳税数据可直接点击"下一步"。

(6)录入其他税前减免事项,若企业没有相关纳税数据可直接点击"下一步"。

(7)确认申报信息后点击"提交申报",可在申报成功的页面立即缴款或查看申报记录。

第六节 财产租赁所得和财产转让的缴纳

一、财产租赁所得的税制要素

财产租赁所得是指个人出租建筑物、土地使用权、机器设备、车船以及其他财产取得的所得。个人取得的财产转租收入,属于"财产租赁所得"的征税范围,由财产转租人缴纳个人所得税。在确认纳税义务人时,应以产权凭证为依据;对无产权凭证的,由主管税务机关根据实际情况确定。产权所有人死亡,在未办理产权继承手续期间,该财产出租而有租金收入的,以领取租金的个人为纳税义务人。

1.税率

比例税率为20%。

2.计算公式

(1)扣减前3项后每次收入不超过4000元的:

应纳税所得额=(不含税收入-准予扣除的税费-向出租方支付的租金-修缮费用(800元为限))-800元

(2)扣减前3项后每次收入在4000元以上的:

应纳税所得额=(不含税收入-准予扣除的税费-向出租方支付的租金-修缮费用(800元为限))×(1-20%)

备注:涉及扣减的项目需要按顺序依次扣减,个别不涉及的扣减项目可以忽略。对个人按市场价格出租的居民住房取得的所得,暂减按10%的税率征收个人所得税。

二、财产租赁所得准予扣除的项目

(1)纳税人在出租财产过程中缴纳的税金、国家能源交通重点建设基金、国家预算调节基金、教育费附加,可持完税(缴款)凭证,从其财产租赁收入中扣除。

(2)能够提供有效、准确凭证,证明由纳税人负担的该出租财产实际开支的修缮费用,以每次800元为限,准予扣除;一次扣除不完的,准予在下一次继续扣除,直到扣完为止。

(3)税法规定的减除标准。每次(月)收入不超过4000元的,为800元;每次(月)收入超过4000元的,减除20%。

(4)个人转租租金收入。个人将承租房屋转租取得的租金收入,属于个人所得税应税所得,应按"财产租赁所得"项目计算缴纳个人所得税。具体规定为:

取得转租收入的个人向房屋出租方支付的租金,凭房屋租赁合同和合法支付凭据允许在计算个人所得税时,从该项转租收入中扣除。

(5)有关财产租赁所得个人所得税前扣除税费的扣除次序调整为:

①财产租赁过程中缴纳的税费;

②向出租方支付的租金;

③由纳税人负担的租赁财产实际开支的修缮费用;

④税法规定的费用扣除标准。

【例题6-6】张某将租入的一套住房转租,原租金每月2000元(能提供合法支付凭证),转租收取租金每月4500元(不含增值税),出租住房每月实际缴纳的增值税以外的税费180元(有完税凭证),则其每月应纳多少个人所得税?

【答案】需要缴纳个人所得税 = (4500 - 180 - 2000 - 800) × 10% = 1520 × 10%
= 152(元)

三、财产转让所得的税制要素

财产转让所得是指个人转让有价证券、股权、建筑物、土地使用权、机器设备、车船以及其他财产取得的所得。财产转让所得,以转让财产的收入额减除财产原值和合理费用后的余额,为应纳税所得额。

(一)税率

比例税率为20%。

(二)计算公式

一般情况下的计算公式为:应纳税额 = 应纳税所得额 × 适用税率 = (收入总额 - 财产原值 - 合理费用) × 20%

(三)个人住房转让所得应纳税额的计算

(1)个人住房转让应以实际成交价格为转让应税收入(不含增值税)。

(2)扣除项目：

①房产原值；

②转让住房过程中缴纳的税金：城市维护建设税、教育费附加、土地增值税、印花税等税金；

③合理费用：指纳税人按照规定实际支付的住房装修费用、住房贷款利息、手续费、公证费等费用。

a. 支付的住房装修费用：纳税人能提供实际支付装修费用的税务统一发票，可在以下规定比例内扣除：已购公有住房、经济适用房：最高扣除限额为房屋原值的15%；商品房及其他住房：最高扣除限额为房屋原值的10%。

b. 支付的住房贷款利息：纳税人出售以按揭贷款方式购置的住房的，其向贷款银行实际支付的住房贷款利息，凭贷款银行出具的有效证明据实扣除。

c. 纳税人按照有关规定实际支付的手续费、公证费等，凭有关部门出具的有效证明据实扣除。

【例题6-7】郭某(卖方)转让主城区一套住房,价值(含税)105万元,面积95平方米,2022年购入时,购入价(含税)84万元,缴纳契税1.2万元,无其他费用；王某(买方)名下无房。计算本次交易双方应缴纳的各项税款。

【答案】郭某(卖方)：

未满两年需缴纳增值税：$105 \div (1 + 5\%) \times 5\% = 5$(万元)

城市维护建设税：$5 \times 7\% \times 50\% = 0.175$(万元)

教育费附加：$5 \times 3\% \times 50\% = 0.075$(万元)

地方教育附加：$5 \times 2\% \times 50\% = 0.05$(万元)

个人所得税：$(105 - 5 - 0.175 - 0.075 - 0.05 - 84 - 1.2) \times 20\% = 2.9$(万元)

土地增值税：免征。

印花税：免征。

王某(买方)：

个人购买面积90平方以上家庭唯一住房

契税减按1.5%税率征收：$(105 - 5) \times 1.5\% = 1.5$(万元)

印花税：免征。

四、个人转让股权应纳税额的计算

个人转让股权,以股权转让收入减除股权原值和合理费用后的余额为应纳税所得额。合理费用指股权转让时按照规定支付的有关税费。

计算公式为:股权转让所得=股权转让收入-股权原值-合理费用

个人转让股票的所得免税,转让股权的所得纳税。

1. 纳税人和扣缴义务人

个人股权转让所得个人所得税,以股权转让方为纳税人,以受让方为扣缴义务人。扣缴义务人应于股权转让协议签订后5个工作日内,将股权转让的有关情况报告主管税务机关。

2. 股权转让收入的确认

股权转让收入,指转让方因股权转让而获得的现金、实物、有价证券和其他形式的经济利益。转让方取得与股权转让相关的各种款项,包括违约金、补偿金以及以其他名目收回的款项、资产、权益等均应当并入股权转让收入。纳税人按照合同约定,在满足合同约定条件后取得的后续收入,应当作为股权转让收入。

符合下列情形之一的,税务机关可以核定股权转让收入:

(1)申报的股权转让收入明显偏低且无正当理由的;

(2)未按照规定期限办理纳税申报,经税务机关责令限期申报,逾期仍不申报的;

(3)转让方无法提供或拒不提供股权转让收入的有关资料的;

(4)其他情形。

第七节 利息、股息、红利所得和偶然所得

一、利息、股息、红利所得的一般规定

1. 征税范围

个人拥有债权、股权等而取得的利息、股息、红利所得。

2. 应纳税所得额

利息、股息、红利所得以每次收入额为应纳税所得额,以支付利息、股息、红利时取得的收入为一次。

3. 应纳税额

应纳税额=应纳税所得额(每次收入额)×适用税率(20%比例税率)

二、偶然所得一般规定

1. 征税范围

偶然所得是指个人得奖、中奖、中彩以及其他偶然性质的所得。

2. 每次的确定

偶然所得,以每次取得该项收入为一次。

3. 应纳税额计算

偶然所得以每次收入额为应纳税所得额,适用比例税率20%计算缴纳个人所得税。应纳税所得额为取得的收入总额,无允许减除的费用。

应纳税额＝应纳税所得额×适用税率＝每次收入额×20%

第八节 境外所得已纳税额的扣除

一、境外所得的界定

下列所得为来源于中国境外的所得:

(1)因任职、受雇、履约等在中国境外提供劳务取得的所得。

(2)中国境外企业以及其他组织支付且负担的稿酬所得。

(3)许可各种特许权在中国境外使用而取得的所得。

(4)在中国境外从事生产、经营活动而取得的与生产、经营活动相关的所得。

(5)从中国境外企业、其他组织以及非居民个人取得的利息、股息、红利所得。

(6)将财产出租给承租人在中国境外使用而取得的所得。

(7)转让中国境外的不动产、转让对中国境外企业以及其他组织投资形成的股票、股权以及其他权益性资产(该权益价值50%以上由位于中国境内的不动产构成的除外),或者在中国境外转让其他财产取得的所得。

(8)中国境外企业、其他组织以及非居民个人支付且负担的偶然所得。

(9)有其他规定的,按照相关规定执行。

二、基本抵免原则

居民个人从中国境外取得的所得,可以从其应纳税额中抵免已在境外缴纳的个人所得税税额,但抵免额不得超过该纳税人境外所得依照税法规定计算的应纳税额。

三、具体计算方法

1. 分项目计算应纳税额的方法

(1)来源于中国境外的综合所得,应当与境内综合所得合并计算应纳税额。

(2)来源于中国境外的经营所得,应当与境内经营所得合并计算应纳税额。

(3)来源于中国境外的利息、股息、红利所得,财产租赁所得,财产转让所得和偶然所得(以下称"其他分类所得"),不与境内所得合并,应当分别单独计算应纳税额。

2. 分国别计算抵免限额的方法

居民个人在一个纳税年度内来源于中国境外的所得,应区分来源国即依照所得来源国家(地区)税收法律规定在中国境外已缴纳的所得税税额允许在抵免限额内从其该纳税年度应纳税额中抵免。一般采用三步法,如下:

第一步:扣除限额 A:既要分国又要分项计算,同一国家、地区内不同项目应纳税额之和为这个国家(地区)的扣除限额。

第二步:境外已纳税额 B:按所得来源国家和地区的法律应缴实缴税额。

第三步:比较确定。(多不退少要补)

境外实际已缴数 B < 扣除限额 A:在中国补缴税款 = A - B

境外实际已缴数 B > 扣除限额 A:在中国本年无需补交税款,超出部分也不得扣除但可在以后5年中,该国家(地区)扣除限额的余额中补扣。

【例题6-8】假定某中国居民个人 2022 年 5 月转让美国一套私有住房取得 420 万元(折合成人民币,下同),该住房转让时发生的费用共计 350 万元,已被扣缴个人所得税 12 万元;同月还从加拿大取得股息所得 50 万元,已被扣缴个人所得税 6 万元。经核查境外完税凭证无误,请依照现行税法规定计算该居民个人境外所得在我国境内应补缴的个人所得税。

【答案】(1)来自美国所得的抵免限额 =(420 - 350)× 20% = 14(万元)

(2)来自加拿大所得的抵免限额 = 50 × 20% = 10(元)

(3)由于该纳税人在美国和加拿大已被扣缴的所得税额均不超过各自计算的抵免限额,故来自美国和加拿大所得的允许抵免额分别为 12 万元和 6 万元,在中国补缴税款。

(4)应补缴个人所得税 = 14 - 12 + 10 - 6 = 6(万元)

【例题6-9】李某为我国居民纳税人,2022 年发生以下经济行为:

行为1:2 月取得境外某企业支付的专利权使用费 15 万元,该项收入境外纳税 1 万元并取得境外税务机关开具的完税凭证,已知该国与我国之间已经签订税收协定。

行为2:2. 以市场价 200 万元转让 2008 年购入的家庭唯一普通商品住房,原值 60 万元,转让过程中缴纳税费 0.6 万元。

行为3:12 月拍卖自己的文学作品手稿原件,取得收入 8 000 元。

其他相关资料:假设除上述收入外,李某 2019 年无其他收入;李某综合所得的年度扣除金额为 80000 元。

要求:(1)判断李某取得的专利权使用费境外所纳税款是否能在本纳税年度足额抵扣并说明理由。

(2)计算李某自行申报时,在我国应缴纳的个人所得税(不考虑预交个税)。

(3)判断李某转让住房是否应缴纳个人所得税并说明理由。

(4)说明李某取得的拍卖收入缴纳个人所得税时适用的所得项目和税率。

(5)计算李某取得的拍卖收入应预扣预缴的个人所得税。

【答案及解析】(1)不能足额抵扣。

理由：境内外应纳税额 = [150000×(1-20%) + 8000×(1-20%) - 80000]×10% - 2520 = 2120(元)

境外所得抵免限额 = 150000×(1-20%)÷[150000×(1-20%) + 8000×(1-20%)]×2120 = 2012.66(元)

根据计算结果，李某从境外某企业取得应税所得在境外缴纳的个人所得税额的抵免限额为2012.66元，其在境外实际缴纳个人所得税1万元，高于抵免限额，只能按照抵免限额2012.66元抵免。

居民个人来源于中国境外的综合所得，应当与境内综合所得合并计算应纳税额。

来源于一国(地区)综合所得的抵免限额 = 中国境内和境外综合所得依照规定计算的综合所得应纳税额×来源于该国(地区)的综合所得收入额/中国境内和境外综合所得收入额合计

(2) 自行申报时，在我国应纳个人所得税 = 2120 - 2012.66 = 107.34(元)

(3) 不缴纳个人所得税。

理由：个人转让自用达5年以上并且是唯一的家庭居住用房取得的所得，免征个人所得税。

(4) 适用的所得项目为特许权使用费所得；税率为20%。

(5) 取得的拍卖收入应预扣预缴的个人所得税 = 8000×(1-20%)×20% = 1280(元)

第九节　个人所得税征收管理

一、全员全额扣缴申报纳税

全员全额扣缴指扣缴义务人应当在代扣税款的次月15日内，向主管税务机关报送其支付所得的所有个人的有关信息、支付所得数额、扣除事项和数额、扣缴税款的具体数额和总额以及其他相关涉税信息资料。

(一)扣缴有关规定

1. 扣缴义务人

向个人支付所得的单位或者个人。

2. 代扣代缴期限

扣缴义务人每月或者每次预扣、代扣的税款，应当在次月15日内缴入国库，并向税务机关报送《个人所得税扣缴申报表》。

3. 代扣代缴范围

(1) 工资、薪金所得；

(2) 劳务报酬所得；

(3) 稿酬所得；

(4) 特许权使用费所得；

(5) 利息、股息、红利所得；

(6) 财产租赁所得；

(7) 财产转让所得；

(8) 偶然所得。

(二) 扣缴义务人的责任与义务

(1) 支付工资、薪金所得的扣缴义务人应当于年度终了后2个月内，向纳税人提供其个人所得和已扣缴税款等信息。纳税人年度中间需要提供上述信息的，扣缴义务人应当提供。

(2) 纳税人取得除工资、薪金所得以外的其他所得，扣缴义务人应当在扣缴税款后及时向纳税人提供其个人所得和已扣缴税款等信息。

(3) 对扣缴义务人按照规定扣缴的税款，按年付给2%的手续费，不包括税务机关、司法机关等查补或者责令补扣的税款。

二、自行纳税申报

需要自行进行纳税申报的情形总结如下：

1. 取得综合所得需要办理汇算清缴的情形

(1) 从两处以上取得综合所得，且综合所得年收入额减除专项扣除的余额超过6万元。

(2) 取得劳务报酬所得、稿酬所得、特许权使用费所得中一项或者多项所得，且综合所得年收入额减除专项扣除的余额超过6万元。

(3) 纳税年度内预缴税额低于应纳税额。

(4) 纳税人申请退税。纳税人申请退税，应当提供其在中国境内开设的银行账户，并在汇算清缴地就地办理税款退库。汇算清缴的具体办法由国务院税务主管部门制定。

2. 取得经营所得的纳税申报

纳税人取得经营所得，以每一纳税年度的收入总额减除成本、费用以及损失后的余额，为应纳税所得额，按年计算个人所得税。纳税人在取得所得的次年3月31日前填报《个人所得税经营所得纳税申报表（B表）》及其他相关资料，向经营管理所在地主管税务机关办理汇算清缴。企业在年度中间合并、分立、终止时，个人独资企业投资者、合伙企业个人合伙人、承包承租经营在停止生产经营之日起60日内，向主管税务机关办理当期个人所得税汇算清缴。

3. 扣缴义务人未扣缴税款的纳税申报

(1) 非居民个人取得工资、薪金所得，劳务报酬所得，稿酬所得，特许权使用费所得的,应当在取得所得的次年6月30日前,向扣缴义务人所在地主管税务机关办理纳税申报,并报送《个人所得税自行纳税申报表(A表)》。有两个以上扣缴义务人均未扣缴税款的,选择向其中一处扣缴义务人所在地主管税务机关办理纳税申报。非居民个人在次年6月30日前离境(临时离境除外)的,应当在离境前办理纳税申报。

(2)纳税人取得利息、股息、红利所得,财产租赁所得,财产转让所得和偶然所得的,应当在取得所得的次年6月30日前,按相关规定向主管税务机关办理纳税申报,并报送《个人所得税自行纳税申报表(A表)》。

4. 取得境外所得的纳税申报

(1)时间:取得所得的次年3月1日至6月30日内。

(2)地点:向中国境内任职、受雇单位所在地主管税务机关办理纳税申报;在中国境内没有任职、受雇单位的,向户籍所在地或境内经常居住地主管税务机关选择其中一地办理纳税申报。

5. 因移居境外注销中国户籍的纳税申报

(1)应当在申请注销中国户籍前,向户籍所在地主管税务机关办理纳税申报,进行税款清算。

(2)纳税人有未缴或者少缴税款的,应当在注销户籍前,结清欠缴或未缴的税款。

6. 非居民个人在中国境内从两处以上取得工资、薪金所得

(1)时间:取得所得的次年6月30日前。

(2)地点:向主管税务机关办理纳税申报。

三、分类所得个人所得税代扣代缴申报

分类所得个人所得税代扣代缴申报,是指扣缴义务人向居民个人支付分类所得时,不论其是否属于本单位人员、支付的分类所得是否达到纳税标准,扣缴义务人应按月或按次计算个人所得税,在代扣税款的次月十五日内,向主管税务机关报送《个人所得税扣缴申报表(适用于分类所得代扣代缴)》和主管税务机关要求报送的其他有关资料。

实行个人所得税分类所得扣缴申报的应税所得包括:利息、股息、红利所得;财产租赁所得;财产转让所得;偶然所得。取得的所得适用比例税率,税率为20%。电子报税流程如下:

(1)登录自然人税收管理系统扣缴客户端,点击"分类所得申报",进入"一般分类所得代扣代缴申报"页面,页面上方为申报主流程导航栏,按照"1 收入及减除填写"→"2 附表填写"→"3 申报表报送"三步流程完成分类所得代扣代缴申报。如图6-2所示:

图 6-2

(2)申报表申报成功后,若采用三方协议缴款方式,则点击"税款缴纳"→"三方协议缴款",界面下方显示应缴未缴税款相关内容,包括:所得月份、申报表、征收品目、税率、税款所属期起止、应补(退)税额以及缴款期限。如图 6-3 所示:

图 6-3

(3)申报表申报成功后,点击"税款缴纳"→"银行端查询缴税",界面下方显示欠税

◀ 税法理论与实践

相关内容,包括:申报种类、申报类别、纳税人数、收入总额、应扣缴税额、打印状态、首次打印时间、缴款凭证税额(含滞纳金)等。如图6-4所示:

图6-4

(4)缴款成功后,点击"税款缴纳"→"完税证明",选择税款所属期起止时间后点击"查询"按钮查询申报记录。选择需要开具完税证明的申报表后,点击"完税证明开具"按钮开具完税证明。如图6-5所示:

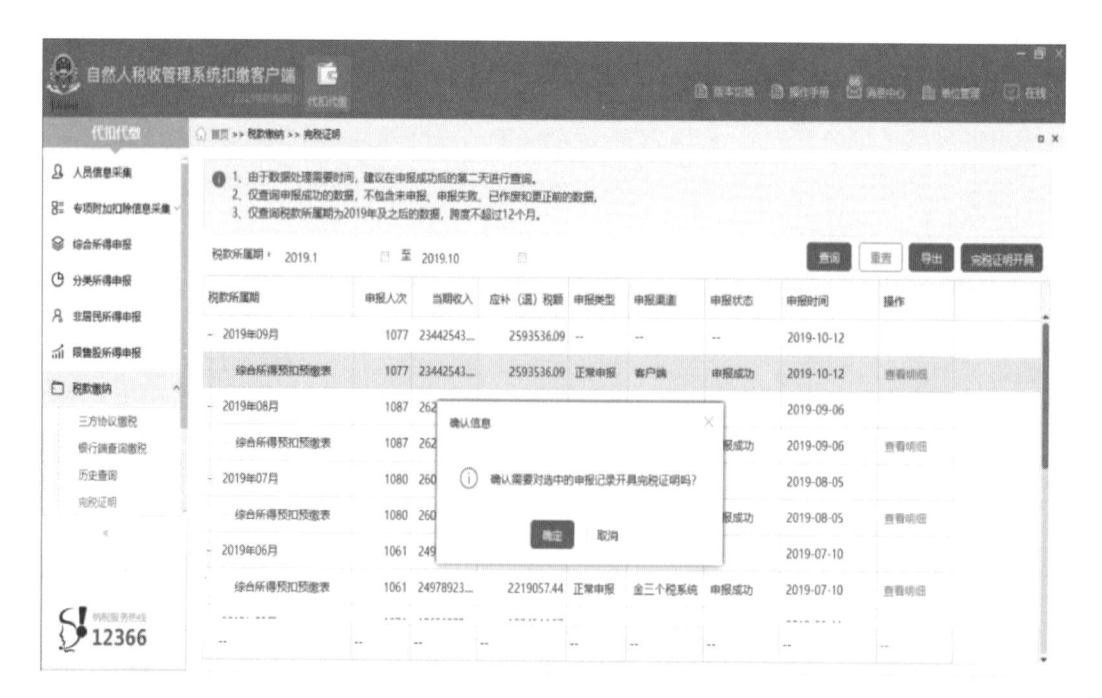

图6-5

第十节　个人所得税税收优惠

一、免征个人所得税情形

(一)政府奖金及补贴类

(1)省级人民政府、国务院部委和中国人民解放军军以上单位,以及外国组织颁发的科学、教育、技术、文化、卫生、体育、环境保护等方面的奖金。

(2)对乡、镇(含乡、镇)以上人民政府或经县(含县)以上人民政府主管部门批准成立的有机构、有章程的见义勇为基金或者类似性质组织,奖励见义勇为者的奖金或奖品,经主管税务机关核准,免征个人所得税。

(3)个人举报、协查各种违法、犯罪行为而获得的奖金。

(4)军人的转业费、复员费。

(5)福利费、抚恤金、救济金。

(6)按照国家统一规定发给干部、职工的安家费、退职费、基本养老金或者退休费、离休费、离休生活补助费。

(7)"三险一金"征免规定,见表6-9:

表6-9　"三险一金"征免规定

情形	征免规定
按规定比例缴	免
超标缴付	并入工资、薪金征个税
个人按规定缴付	从应纳所得额中扣除
按规定的比例缴付的,计入个人账户的利息	免
领取	免

(8)生育妇女按照县级以上人民政府根据国家有关规定制定的生育保险办法,取得的生育津贴、生育医疗费或其他属于生育保险性质的津贴、补贴,免征个人所得税。

(9)对工伤职工及其近亲属按照《工伤保险条例》规定取得的工伤保险待遇,免征个人所得税。

(10)企业依照国家有关法律规定宣告破产,企业职工从该破产企业取得的一次性安置费收入,免征个人所得税。

(11)个人因与用人单位解除劳动关系而取得的一次性补偿收入(包括用人单位发放的经济补偿金、生活补助费和其他补助费用),其收入在当地上年职工平均工资3倍数额以内的部分,免征个人所得税;超过3倍数额的部分,不并入当年综合所得,单独适用综合所得税率表计算纳税。

（二）金融利息手续费类和股票基金类

（1）国债和国家发行的金融债券利息。

（2）储蓄存款利息：

①对个人取得的教育储蓄存款利息所得以及国务院财政部门确定的其他专项储蓄存款或者储蓄性专项基金存款的利息所得，免征个人所得税。

②自2008年10月9日起，对居民储蓄存款利息，暂免征收个人所得税。

（3）个人办理代扣代缴税款手续，按规定取得的扣缴手续费。

（4）保险赔款。

（5）对个人投资者从投保基金公司取得的行政和解金，暂免征收个人所得税。

（6）对个人转让上市公司股票取得的所得暂免征收个人所得税。

（7）自2018年11月1日（含）起，对个人转让新三板挂牌公司非原始股取得的所得，暂免征收个人所得税。

（8）个人从公开发行和转让市场取得的上市公司股票：

①持股期限超过1年的，股息红利所得暂免征收个人所得税；

②持股期限在1个月以内（含1个月）的，其股息红利所得全额计入应纳税所得额；

③持股期限在1个月以上至1年（含1年）的，暂减按50%计入应纳税所得额；

上述转让上市公司股票所得统一适用20%的税率计征个人所得税。全国中小企业股份转让系统挂牌公司股息红利差别化个人所得税政策也按此政策执行。

（三）其他优惠项目

（1）个人转让自用达5年以上并且是唯一的家庭居住用房取得的所得。

（2）对被拆迁人按照国家有关城镇房屋拆迁管理办法规定的标准取得的拆迁补偿款（含因棚户区改造而取得的拆迁补偿款），免征个人所得税。

（3）对个人按规定取得的廉租房住房货币补贴。对符合地方政府规定条件的城镇住房保障家庭从地方政府领取的住房租赁补贴。

（4）对个体工商户或个人，以及个人独资企业和合伙企业从事种植业、养殖业、饲养和捕捞业，取得的"四业"所得暂不征收个人所得税。

（5）乡镇企业的职工和农民取得的青苗补偿费，属种植业的收益范围，同时，也属经济损失的补偿性收入，暂不征收个人所得税。

（6）依照我国有关法律规定应予免税的各国驻华使馆、领事馆的外交代表、领事官员和其他人员的所得。仅在国际组织、驻华使馆工作的外籍雇员，暂不征收个人所得税，其从事其他非公务活动的收入，应当缴纳个人所得税。对于国际组织、驻华使馆中工作的中方雇员，和外国驻华新闻机构的中、外籍雇员，均应按规定缴纳个人所得税。

（7）中国政府参加的国际公约以及签订的协议中规定免税的所得。

（8）外籍个人从外商投资企业取得的股息、红利所得。

（9）符合条件的国际组织和世界银行以及援助国家等派往我国工作的外籍专家取得的工资、薪金所得和津贴所得可免征个人所得税。

（10）对亚洲开发银行支付给我国公民或国民（包括为亚行执行任务的专家）的薪金和津贴，凡经亚洲开发银行确认这些人员为亚洲开发银行雇员或执行项目专家的，其取得的符合我国税法规定的有关薪金和津贴等报酬，免征个人所得税。

（11）对个人购买体育彩票中奖收入，凡一次中奖收入不超过1万元的，暂免征收个人所得税；超过1万元的，应按税法规定全额征收个人所得税。

（12）个人取得单张有奖发票奖金所得不超过800元（含800元）的，暂免征收个人所得税；个人取得单张有奖发票奖金所得超过800元的，应金额按照个人所得税法规定的"偶然所得"目征收个人所得税。

（13）自2020年1月1日起：对参加疫情防治工作的医务人员和防疫工作者按照政府规定标准取得的临时性工作补助和奖金，免征个人所得税。省级及省级以上人民政府规定的临时性工作补助和奖金，比照执行。

（14）自2020年1月1日起：单位发给个人用于预防新型冠状病毒感染的肺炎的药品、医疗用品和防护用品等实物（不包括现金），不计入工资、薪金收入，免征个人所得税。

二、减征个人所得税情形

（1）对个人投资者持有2019—2023年发行的铁路债券取得的利息收入，减按50%计入应纳税所得额计征个人所得税。税款由兑付机构在向个人投资者兑付利息时代扣代缴。

（2）自2019年1月1日至2023年12月31日，一个纳税年度内在船航行时间累计满183天的远洋船员，其取得的工资薪金减按50%计入应纳税所得额，计算缴纳个人所得税。

三、个人所得税反避税规定

（一）有下列情形之一的，税务机关有权按照合理方法进行纳税调整

（1）个人与其关联方之间的业务往来不符合独立交易原则而减少本人或者其关联方纳税额，且无正当理由。

（2）居民个人控制的，或者居民个人和居民企业共同控制的设立在实际税负明显偏低的国家（地区）的企业，无合理经营需要，对应当归属于居民个人的利润不作分配或者减少分配。

（3）个人实施其他不具有合理商业目的的安排而获取不当税收利益。

(二)补税及加征利息

(1)税务机关依照规定作出纳税调整,需要补征税款的,应当补征税款,并依法加收利息。

(2)依法加征的利息,应当按照税款所属纳税申报期最后一日央行公布的与补税期间同期的人民币贷款基准利率计算,自税款纳税申报期满次日起至补缴税款期限届满之日止按日加征。纳税人在补缴税款期限届满前补缴税款的,利息加收至补缴税款之日。

第七章　企业所得税法

> **课前阅读**

企业所得税的由来

企业所得征税,最早产生于英国。1799年,英国为了筹措对法战争的军费,临时创设了一种具有所得税性质的新税,称为三级税(又称三部征收捐),对公司和自然人均征收,是历史上最早的综合所得税。1842年,财政大臣罗伯特·皮尔向国会提出开征永久性所得税的建议获准。

近代以来我国长期处于落后状态,缺乏实行所得税制度的社会经济条件。1936年国民政府公布《所得税暂行条例》,于1937年正式全面实施,税收理论界一般认为1937年1月1日是中国企业所得税诞生日。

新中国成立后,1950年1月,中央人民政府政务院颁布了《全国税政实施要则》,其中工商业税中涉及企业所得税,主要征税对象为私营企业、集体企业和个体工商户。

1958年,工商税制改革时,企业所得税从工商业税中独立出来,称为工商所得税,其征税对象主要是集体企业和个体工商户。

改革开放后,为适应对外开放和经济体制改革的需要,1980年和1981年,全国人大先后通过了《中华人民共和国中外合资经营企业所得税法》和《中华人民共和国外国企业所得税法》。

1983年和1984年对国有企业进行了两步利改税,国务院先后颁布了《中华人民共和国国营企业所得税条例(草案)》《国营企业调节税征收办法》《中华人民共和国集体企业所得税暂行条例》《中华人民共和国私营企业所得税暂行条例》。

1991年4月,第七届全国人民代表大会通过了《中华人民共和国外商投资企业和外国企业所得税法》,完成了外资企业所得税法的统一。

1993年11月,国务院第十二次常务会议通过了《中华人民共和国企业所得税暂行条例》,完成了内资企业所得税法的统一。

2007年3月,全国人民代表大会通过了《中华人民共和国企业所得税法》,对企业所得税制度进行的改革和完善,是新一轮税制改革的重要内容。

第一节　企业所得税概述

一、企业所得税的纳税人

企业所得税是对我国境内的企业和其他取得收入的组织的生产经营所得和其他所得征收的一种税。

企业所得税纳税人分为居民企业纳税人和非居民企业纳税人。个人独资企业、合伙企业不属于企业所得税纳税人。

1. 居民企业

居民企业，是指依法在中国境内成立，或者依照外国（地区）法律成立但实际管理机构在中国境内的企业。居民企业采用登记注册地和实际管理机构所在地两个标准认定。实际管理机构，是指对企业的生产经营、人员、账务、财产等实施实质性全面管理和控制的机构。

2. 非居民企业

非居民企业，是指依照外国（地区）法律成立且实际管理机构不在中国境内，但在中国境内设立机构、场所，或者在中国境内未设立机构、场所，但有来源于中国境内所得的企业。机构、场所，是指在中国境内从事生产经营活动的机构、场所。

二、企业所得税的征税对象

企业所得税的征税对象是企业的应纳税所得。包括销售货物所得、提供劳务所得、转让财产所得、股息红利等权益性投资所得、利息所得、租金所得、特许权使用费所得、接受捐赠所得和其他所得。

1. 居民企业的征税对象

居民企业的征税对象是来源于中国境内、境外的所得。

2. 非居民企业的征税对象

（1）非居民企业在中国境内设立机构、场所的，征税对象是所设机构、场所取得的来源于中国境内的所得，以及发生在中国境外但与其所设机构、场所有实际联系的所得。是指非居民企业在中国境内设立的机构、场所拥有据以取得所得的股权、债权，以及拥有、管理、控制据以取得所得的财产。

（2）非居民企业在中国境内未设立机构、场所的，或者虽设立机构、场所但取得的所得与其所设机构、场所没有实际联系的，征税对象是来源于中国境内的所得。

三、企业所得税的税率

(1)企业所得税的基本税率为25%。

(2)符合条件的小型微利企业,非居民企业在中国境内未设立机构、场所的,或者虽设立机构、场所但取得的所得与其所设机构、场所没有实际联系的,其来源于中国境内的所得,适用税率为20%。

(3)国家需要重点扶持的高新技术企业,减按15%的税率征收企业所得税。

第二节　应纳税所得额

一、应纳税所得额的一般规定

企业每一纳税年度的收入总额,减除不征税收入、免税收入、各项扣除及允许弥补的以前年度亏损后的余额,为应纳税所得额。

应纳税所得额的计算公式为:

应纳税所得额＝收入总额－不征税收入－免税收入－各项扣除允许弥补的以前年度亏损

企业应纳税所得的计算,以权责发生制为原则,属于当期的收入和费用,无论款项是否收付,均作为当期的收入和费用;不属于当期的收入和费用,即使款项已经在当期收付,均不作为当期的收入和费用。

在计算应纳税所得额时,企业财务、会计处理办法与税收法律、行政法规的规定不一致的,应当依照税收法律、行政法规的规定计算。

二、应纳税所得额的收入总额

1.收入范围

企业以货币形式和非货币形式从各种来源取得的收入,为收入总额。包括:

(1)销售货物收入;

(2)提供劳务收入;

(3)转让财产收入;

(4)股息、红利等权益性投资收益;

(5)利息收入;

(6)租金收入;

(7)特许权使用费收入;

(8)接受捐赠收入;

(9)其他收入。

企业以非货币形式取得的收入,应当按照公允价值确定收入额。公允价值,是指按照市场价格确定的价值。

2.不征税收入

收入总额中的下列收入为不征税收入:

(1)财政拨款;

(2)依法收取并纳入财政管理的行政事业性收费、政府性基金;

(3)国务院规定的其他不征税收入。

企业的不征税收入用于支出所形成的费用,不得在计算应纳税所得额时扣除;企业的不征税收入用于支出所形成的资产,其计算的折旧、摊销不得在计算应纳税所得额时扣除。

三、应纳税所得额的扣除项目

1.准予扣除的项目

企业实际发生的与取得收入有关的、合理的支出,包括成本、费用、税金、损失和其他支出,准予在计算应纳税所得额时扣除。

有关的支出,是指与取得收入直接相关的支出。

合理的支出,是指符合生产经营活动常规,应当计入当期损益或者有关资产成本的必要和正常的支出。

成本,是指企业在生产经营活动中发生的销售成本、销货成本、业务支出及其他耗费。

费用,是指企业在生产经营活动中发生的销售费用、管理费用和财务费用,已经计入成本的有关费用除外。

损失,是指企业在生产经营活动中发生的固定资产和存货的盘亏、毁损、报废损失,转让财产损失,呆账损失,坏账损失,自然灾害等不可抗力因素造成的损失及其他损失。

税金,是指企业发生的除企业所得税和允许抵扣的增值税以外的各项税金及其附加。

2.不得扣除的项目

在计算应纳税所得额时,下列支出不得扣除:

(1)向投资者支付的股息、红利等权益性投资收益款项;

(2)企业所得税税款;

(3)税收滞纳金;

(4)罚金、罚款和被没收财物的损失;

(5)《中华人民共和国企业所得税法》第九条规定以外的捐赠支出;

（6）赞助支出；

（7）未经核定的准备金支出；

（8）与取得收入无关的其他支出。

赞助支出，是指企业发生的与生产经营活动无关的各种非广告性质支出。企业之间支付的管理费、企业内营业机构之间支付的租金和特许权使用费，以及非银行企业内营业机构之间支付的利息，不得扣除。

四、税前扣除凭证

企业应在当年度《中华人民共和国企业所得税法》规定的汇算清缴期结束前取得税前扣除凭证。

五、资产的税务处理

企业纳入税务处理范围的各项资产，包括固定资产、生物资产、无形资产、长期待摊费用、投资资产、存货等，以历史成本为计税基础。

六、亏损弥补

亏损，是指企业每一纳税年度的收入总额减除不征税收入、免税收入和各项扣除后小于零的数额。

企业纳税年度发生的亏损，准予向以后年度结转，用以后年度的所得弥补，但结转年限最长不得超过5年。

自2018年1月1日起，当年具备高新技术企业或科技型中小企业资格的企业，其具备资格年度之前5个年度发生的尚未弥补完的亏损，准予结转以后年度弥补，最长结转年限由5年延长至10年。

受疫情影响较大的困难行业企业2020年度发生的亏损，最长结转年限由5年延长至8年。

困难行业企业，包括交通运输、餐饮、住宿、旅游（指旅行社及相关服务、游览景区管理两类）四大类，具体判断标准按照现行《国民经济行业分类》执行。困难行业企业2020年度主营业务收入须占收入总额（剔除不征税收入和投资收益）的50%以上。

对电影行业企业2020年度发生的亏损，最长结转年限由5年延长至8年。

企业在汇总计算缴纳企业所得税时，其境外营业机构的亏损不得抵减境内营业机构的盈利。

第三节　应纳税所得额的计算

企业所得税的征收方式分为查账征收和核定征收两种。企业财务健全，能按规定设置、保管账簿、记账凭证,能准确计算收入、成本、费用,并据此按照税法规定正确计算应纳税所得额,实行查账征收的方式。企业因会计账簿不健全,资料残缺难以查账,或者其他原因不能准确计算并据实申报其应纳税所得额的,实行核定征收的方式。

一、查账征收企业所得税应纳税额的计算

实行查账征收的企业,在持续经营的状态下,应在企业会计利润的基础上,根据税法的规定计算出应纳税所得额,并据此申报缴纳企业所得税。企业所得税年度纳税申报表包括三部分,第一部分为利润总额的计算,按照国家统一会计制度口径计算。第二部分为应纳税所得额计算,在利润总额基础上,对会计制度与税法规定的差异等项目进行调整,由此得出企业所得税的计税依据应纳税所得额。第三部分为应纳税额计算,应纳税所得额乘以适用税率,减除减免和抵免的税额等项目后的余额,为应纳税额。

二、核定征收企业所得税应纳税额的计算

居民企业、非居民企业实行核定征收的,应纳税额的计算有一些差别。以居民企业为例,其核定征收的具体做法如下:

(一)核定应税所得率

1. 核定应税所得率的情形

企业具有下列情形之一的,核定其应纳税所得率:

(1)能正确核算(查实)收入总额,但不能正确核算(查实)成本费用总额的;

(2)能正确核算(查实)成本费用总额,但不能正确核算(查实)收入总额的;

(3)通过合理方法,能计算和推定纳税人收入总额或成本费用总额的。

2. 应税所得率

国家税务总局规定了不同行业的应税所得率幅度标准。实行应税所得率核定征收的企业,经营多业的,无论其经营项目是否单独核算,均由税务机关根据其主营项目确定适用的应税所得率。主营项目应为企业所有经营项目中,收入总额或者成本(费用)支出额或者耗用原材料、燃料、动力数所占比重最大的项目。

3. 应纳税所得额的计算

(1)企业能正确核算(查实)收入总额,但不能正确核算(查实)成本费用总额,或者通过合理方法,能计算和推定企业收入总额的,按下列公式计算应纳税所得额:

应纳税所得额 = 应税收入额 × 应税所得率

应税收入额 = 收入总额 − 不征税收入 − 免税收入

(2)企业能正确核算(查实)成本费用总额,但不能正确核算(查实)收入总额,或者通过合理方法,能计算和推定纳税人成本费用总额的,按下列公式计算应纳税所得额:

应纳税所得额 = 成本(费用)支出额 ÷ (1 − 应税所得率) × 应税所得率

4. 应纳税额的计算

企业计算出应纳税所得额后,按下列公式计算应纳税额:

应纳所得税额=应纳税所得额×适用税率

核定征收方式的小型微利企业可以享受小型微利企业税收优惠。

(二)核定应纳所得税额

对于不符合核定应税所得率方式情形的企业,采取核定应纳所得税额的方法征收企业所得税。

三、企业所得税法定扣除项目

企业所得税条例规定,企业应纳税所得额的确定,是企业的收入总额减去成本、费用、损失以及准予扣除项目的金额。成本是纳税人为生产、经营商品和提供劳务等所发生的各项直接耗费和各项间接费用。费用是指纳税人为生产经营商品和提供劳务等所发生的销售费用、管理费用和财务费用。损失是指纳税人生产经营过程中的各项营业外支出、经营亏损和投资损失等。除此以外,在计算企业应纳税所得额时,对纳税人的财务会计处理和税收规定不一致的,应按照税收规定予以调整。企业所得税法定扣除项目除成本、费用和损失外,税收有关规定中还明确了一些需按税收规定进行纳税调整的扣除项目。

主要包括以下内容:

(1)利息支出的扣除。纳税人在生产、经营期间,向金融机构借款的利息支出,按实际发生数扣除;向非金融机构借款的利息支出,不高于按照金融机构同类、同期贷款利率计算的数额以内的部分,准予扣除。

(2)计税工资的扣除。条例规定,企业合理的工资、薪金予以据实扣除,这意味着取消实行多年的内资企业计税工资制度,切实减轻了内资企业的负担。但允许据实扣除的工资、薪金必须是"合理的",对明显不合理的工资、薪金,则不予扣除。

(3)在职工福利费、工会经费和职工教育经费方面,实施条例继续维持了以前的扣除标准(提取比例分别为14%、2%、8%),但将"计税工资总额"调整为"工资薪金总额",扣除额也就相应提高了。在职工教育经费方面,为鼓励企业加强职工教育投入,实施条例规定,除国务院财税主管部门另有规定外,企业发生的职工教育经费支出,不超过工资薪金总额8%的部分,准予扣除;超过部分,准予在以后纳税年度结转扣除。

(4)捐赠的扣除。纳税人的公益、救济性捐赠,在年度会计利润的12%以内的,允许扣除。超过12%的部分,准予以后三年内在计算应纳税所得额时结转扣除。

(5)业务招待费、广告费和业务宣传费的扣除。业务招待费,是指纳税人为生产、经营业务的合理需要而发生的交际应酬费用。税法规定,纳税人发生的与生产、经营业务有关的业务招待费,由纳税人提供确实记录或单据,分别在下列限度内准予扣除,企业发生的与生产经营有关的业务招待费支出按照发生额的60%扣除,但最高不得超过当年销售收入的5‰。企业发生的符合条件的广告费和业务宣传费支出,除国务院财政、税务主管部门另有规定外,不超过当年销售(营业)收入15%的部分,准予扣除;超过部分,准予在以后纳税年度结转扣除。对化妆品制造或销售、医药制造和饮料制造(不含酒类制造)企业发生的广告费和业务宣传费支出,不超过当年销售(营业)收入30%的部分,准予扣除;超过部分,准予在以后纳税年度结转扣除。烟草企业的烟草广告费和业务宣传费支出,一律不得在计算应纳税所得额时扣除。

(6)职工养老基金和待业保险基金的扣除。职工养老基金和待业保险基金,在省级税务部门认可的上交比例和基数内,准予在计算应纳税所得额时扣除。

(7)残疾人保障基金的扣除。对纳税人按当地政府规定上交的残疾人保障基金,允许在计算应纳税所得额时扣除。

(8)财产、运输保险费的扣除。纳税人缴纳的财产、运输保险费,允许在计税时扣除。但保险公司给予纳税人的无赔款优待,则应计入企业的应纳税所得额。

(9)固定资产租赁费的扣除。纳税人以经营租赁方式租入固定资产的租赁费,可以直接在税前扣除;以融资租赁方式租入固定资产的租赁费,则不得直接在税前扣除,但租赁费中的利息支出、手续费可在支付时直接扣除。

(10)坏账准备金、呆账准备金和商品削价准备金的扣除。纳税人提取的坏账准备金、呆账准备金,在计算应纳税所得额时准予扣除。提取的标准暂按财务制度执行。纳税人提取的商品削价准备金准予在计税时扣除。

(11)转让固定资产支出的扣除。纳税人转让固定资产支出是指转让、变卖固定资产时所发生的清理费用等支出。纳税人转让固定资产支出准予在计税时扣除。

(12)固定资产、流动资产盘亏、毁损、报废净损失的扣除。纳税人发生的固定资产盘亏、毁损、报废的净损失,由纳税人提供清查、盘存资料,经主管税务机关审核后,准予扣除。这里所说的净损失,不包括企业固定资产的变价收入。纳税人发生的流动资产盘亏、毁损、报废净损失,由纳税人提供清查盘存资料,经主管税务机关审核后,可以在税前扣除。

(13)总机构管理费的扣除。纳税人支付给总机构的与该企业生产经营有关的管理费,应当提供总机构出具的管理费汇集范围、定额、分配依据和方法的证明文件,经主管税务机关审核后,准予扣除。

(14)国债利息收入的扣除。纳税人购买国债利息收入,不计入应纳税所得额。

(15)其他收入的扣除。包括各种财政补贴收入、减免或返还的流转税,除国务院、财政部和国家税务总局规定有指定用途者,可以不计入应纳税所得额外,其余则应并入企业应纳税所得额计算征税。

(16)亏损弥补的扣除。纳税人发生的年度亏损,可以用下一年度的所得弥补,下一纳税年度的所得不足弥补的,可以逐年延续弥补,但最长不得超过5年。

【例题7-1】某食品公司为居民企业,假定2022年经营业务如下:

产品销售收入1200万元,其他业务收入36万元。缴纳增值税84万元、印花税1.8万元、城建税6万元.销售成本700万元,销售费用240万元(其中广告费200万元),管理费用120万元,支付其他单位借款利息30万元(超过银行年利率计算的利息8万元).营业外支出90万元,(其中被质检部门罚款2万元,向某商场赞助3万元)。请计算该企业2022年应纳的企业所得税。

【答案】(1)会计利润=1200+36-1.8-6-700—240-120-30-90=48.2(万元)

(2)调整项目:

①广告费:限额=(1200+36)×15%=185.4(万元),超标准200-185.4=14.6(万元,调增应纳税所得额);

②利息:调增应纳税所得额8万元;

③被质检部门处以的罚款和向商场的赞助支出不得扣除,调增应纳税所得额5万元。

(3)应纳税所得额=48.2+14.6+8+5=75.8(万元)

(4)应纳税额=75.8×25%=18.95(万元)

【解析】本题考核点有:(1)广告费限额扣除;(2)超标准利息支出不得扣除;(3)违法的罚款不得扣除。

【例题7-2】某市居民企业2019年申报上年度企业所得税、经会计师事务所审查,企业2018年度利润总额896.6万元,主营业务收入12200万元。其他涉及2018年度的相关资料如下:

(1)实际发放工资总额500万元,其中包括符合条件的残疾人工资30万元。并按实发工资总额的2%拨缴了工会经费(取得工会相关票据),按14%、8%列支了职工福利费和职工教育经费;

(2)销售费用2000万元(其中:广告费和业务宣传费分别为1500万元和200万元);管理费用1000万元(其中:列支与生产经营活动无关的支出200万元、与生产经营活动相关的业务招待费200万元);财务费用300万元(包括支付分支机构融资利息50万元)。

(3)购买节能设备,取得的增值税专用发票上注明价款100万元、增值税16万元,并申报抵扣了进项税。

(4)用符合不征税收入条件的财政补贴购买了一项固定资产,该固定资产当年计提折旧120万元。

(5)营业外支出200万元,其中:银行罚息6万元、税收滞纳金4万元、通过公益性社会团体向老年机构捐款190万元。

要求：计算该企业2018年度应缴纳的企业所得税。

【答案】(1)利润总额=896.6万元

(2)应纳税所得额：

①纳税调整减少额：残疾人工资30万元。

②纳税调整增加额：

业务招待费：200×60%=120(万元)；12200×5‰=61(万元)。调增=200-61=139(万元)

公益性捐赠：捐赠限额=896.6×12%=107.59(万元)，调增=190-107.59=82.41(万元)

纳税调整增加额合计=200+139+50+120+82.41+4=595.41(万元)

③应纳税所得额=896.6-30+595.41=1462.01(万元)

(3)应缴纳企业所得税=1462.01×25%-10=355.50(万元)

四、资产的税务处理

固定资产，指企业为生产产品、提供劳务、出租或者经营管理而持有的、使用期间超过12个月的非货币性资产。

1. 固定资产的计税基础

(1)外购的固定资产，以购买的价款和支付的相关税费以及直接归属于使该资产达到预定用途发生的其他支出为计税基础。

(2)自行建造的固定资产以竣工结算前发生的支出为计税基础。

(3)融资租入的固定资产，以租赁合同约定的付款总额和承租人在签订租赁合同过程中发生的相关费用为计税基础。

(4)盘盈的固定资产以同类固定资产的重置完全价值为计税基础。

(5)通过捐赠、投资、非货币性资产交换、债务重组等方式取得的固定资产，以该资产的公允价值和支付的相关税费为计税基础。

(6)改建的固定资产，除已足额提取折旧的固定资产和租入的固定资产以外，以改建过程中发生的改建支出增加计税基础。

2. 固定资产折旧的范围

在计算应纳税所得额时，企业按照规定计算的固定资产折旧准予扣除。

下列固定资产不得计算折旧扣除：

(1)房屋、建筑物以外未投入使用的固定资产；

(2)以经营租赁方式租入的固定资产；

(3)以融资租赁方式租出的固定资产；

(4)已足额提取折旧仍继续使用的固定资产；

(5)与经营活动无关的固定资产；
(6)单独估价作为固定资产入账的土地；
(7)其他不得计算折旧扣除的固定资产。

3.固定资产折旧的计提方法

(1)企业应当自固定资产投入使用月份的次月起计算折旧；停止使用的固定资产，应当自停止使用月份的次月起停止计算折旧。

(2)企业应当根据固定资产的性质和使用情况，合理确定固定资产的预计净残值。固定资产的预计净残值一经确定，不得变更。

(3)固定资产按照直线法计算的折旧，准予扣除。

4.固定资产折旧的计提年限

固定资产计算折旧的最低年限，见下表：

表7－1　固定资产计算折旧的最低年限表

固定资产类型	最低折旧年限
房屋、建筑物	20年
飞机、火车、轮船、机器、机械和其他生产设备	10年
与生产经营活动有关的器具、工具、家具等	5年
飞机、火车、轮船以外的运输工具	4年
电子设备	3年

5.固定资产折旧的处理

(1)企业按照会计规定提取的固定资产减值准备，不得税前扣除。

(2)企业允许税前扣除的折旧需要按照税法的规定计算扣除。会计上计提的折旧高于按税法规定计提的折旧的，应调增当期应纳税所得额；会计上折旧已计提完，按税法规定的折旧尚未足额扣除的，准予继续按规定扣除。

(3)企业固定资产会计折旧年限如果长于税法规定的最低年限，其折旧应按会计折旧年限扣除，税法另有规定除外。

(4)企业按税法规定实行加速折旧的，其按加速折旧办法计算的折旧额可全额在税前扣除。

五、企业所得税的预缴和汇缴

1.企业所得税的预缴

企业所得税是采取"按年计算、分期预缴、年终汇算清缴"的办法征收的，预缴是为了保证税款均衡入库的一种手段。根据《企业所得税暂行条例》及实施细则的规定，缴纳企业所得税，按年计算，分月或者分季预缴。月份或者季度终了后15日内预缴，年度终了后4个月内汇算清缴,多退少补。在预缴方式上,纳税人预缴所得税时,应当按纳税期限的实际数预缴。按实际数预缴有困难的,可以按上一年度应纳税所得额的1/12或1/4,或者经当地税务机关认可的其他方法分期预缴所得税。预缴方法一经确定,不得随意改变。

2.企业所得税的汇算清缴

汇算清缴是指纳税人在纳税年度终了后规定时期内,依照税收法律、法规、规章及其他有关企业所得税的规定,自行计算全年应纳税所得额和应纳所得税额,向主管税务机关办理年度企业所得税纳税申报、提供税务机关要求提供的有关资料、结清全年企业所得税税款的行为。

核定征收企业所得税汇算清缴条件:

(1)本年度亏损超过10万元(含)的纳税人,应当附有年度损失金额的证明报告。

(2)纳税人本年度弥补亏损,并附有损失年度损失金额的证明报告,未在上一年度的损失报告中重复附加。

(3)本年度销售(业务)收入超过3000万元(含)的纳税人,应当附有本年度所得税结算的证明报告。

(4)连续三年亏损的企业。

(5)实行查账征收方式的企业所得税纳税人,凡发生下列事项,应附送中介机构出具的涉税鉴证报告:

①企业财产损失所得税前扣除;

②企业所得税税前弥补亏损;

③房地产开发企业年度纳税申报;

④高新技术企业年度申报;

⑤企业研究开发费用加计扣除;

⑥企业年终所得税汇算清缴后需要退抵税款(不含减免退税款)。

第四节 企业所得税优惠政策

一、优惠税率

国家需要重点扶持的高新技术企业,减按15%的税率征收企业所得税。对经认定的服务外包类和服务贸易类技术先进型服务企业,减按15%的税率征收企业所得税。

非居民企业在中国境内未设立机构、场所的,或者虽设立机构、场所但取得的所得与其所设机构、场所没有实际联系的,来源于中国境内的所得,减按10%的税率征收企业所得税。

二、小型微利企业所得税优惠政策

小型微利企业,是指从事国家非限制和禁止行业,且同时符合年度应纳税所得额不超过 300 万元、从业人数不超过 300 人、资产总额不超过 5000 万元三个条件的企业。

对小型微利企业年应纳税所得额不超过 100 万元的部分,减按 25% 计入应纳税所得额,按 20% 的税率缴纳企业所得税;对年应纳税所得额超过 100 万元但不超过 300 万元的部分,减按 50% 计入应纳税所得额,按 20% 的税率缴纳企业所得税。

自 2021 年 1 月 1 日起至 2022 年 12 月 31 日,对小型微利企业年应纳税所得额不超过 100 万元的部分,减按 12.5% 计入应纳税所得额,按 20% 的税率缴纳企业所得税。

三、加计扣除

1. 研发费用加计扣除

企业为开发新技术、新产品、新工艺发生的研究开发费用,未形成无形资产计入当期损益的,在按照规定据实扣除的基础上,按照研究开发费用的 50% 加计扣除;形成无形资产的,按照无形资产成本 150% 摊销。制造业企业开展研发活动中实际发生的研发费用,未形成无形资产计入当期损益的,在按规定据实扣除的基础上,自 2021 年 1 月 1 日起,再按照实际发生额的 100% 在税前加计扣除;形成无形资产的,自 2021 年 1 月 1 日起,按照无形资产成本的 200% 在税前摊销。

2. 安置残疾人员所支付的工资加计扣除

企业安置残疾人员的,在按照支付给残疾职工工资据实扣除的基础上,可以在计算应纳税所得额时按照支付给残疾职工工资的 100% 加计扣除。

四、加速折旧

自 2020 年 1 月 1 日起,对疫情防控重点保障物资生产企业为扩大产能新购置的相关设备,允许一次性计入当期成本费用在企业所得税税前扣除。

第五节 企业所得税的纳税申报

一、税源采集和申报

登录电子税务局网站,操作路径:单击"我要办税"→"税费申报及缴纳"→"财务报表报送"→"财务报告报送与信息采集",进入财务报表报送页面。填写完毕后,点击"下一步",点击"保存"确定申报对应财务报表。

纳税人若未向税务机关办理财务会计制度备案,在进入纳税申报界面后系统会自动扫描重要信息并提示"纳税人无有效的财务会计制度备案"。

二、居民企业电子申报流程

实行查账征收方式申报企业所得税的居民企业(包括境外注册中资控股居民企业)应依照相关规定,在规定的纳税期限内进行月(季)度预缴纳税申报。操作步骤如下:

(1)登录电子税务局网站,操作路径:"首页"→"我要办税"→"税费申报及缴纳"进入界面。如图 7-1 所示:

图 7-1

(2)点击"按期应申报"→"企业所得税(月季报)"进入报表填写界面,若纳税人近期有税费种认定、纳税人资格、备案等发生变动,页面展现清册与实际所需不符的,需要点击页面的蓝色字体"重置申报清册",重新生成应申报清册。如图 7-2、7-3 所示:

图 7-2

第七章　企业所得税法

图7-3

(3)填写申报表,点击右上角"保存",若数据填写错误,点击"重置"按钮重置申报表重新填写,若检查数据无误后点击"申报"。如图7-4所示:

图7-4

(4)进入申报结果回执界面,显示本次申报结果及扣款结果。点击"打印回执"可打印当前申报结果回执。点击"下载PDF",可"打开"或"保存"报表。如图7-5所示:

— 171 —

◀ 税法理论与实践

图 7 - 5

(5) 若操作人员发现表单填写有误,可在"申报作废"模块,作废报表。如图 7 - 6、7 - 7 所示:

图 7 - 6

— 172 —

图 7-7

(6) 需要单独进入缴款界面,可点击左侧栏的"税费缴纳"模块进行缴款。如图 7-8 所示:

图 7-8

第八章 资源税法

> **课前阅读**

资源税的由来

资源税是以各种应税自然资源为课税对象,为了调节资源级差收入并体现国有资源有偿使用的理念而征收的一种税。同时,资源税也是调整资源开采中的级差收益,消除因矿产资源自然禀赋、地质条件差异而形成的超额利润,体现市场条件下公平竞争的有效手段。

资源税的主要作用在于:(1)调节不同地区、不同企业之间由于其开采的资源条件差异而形成的级差收入,将自然资源条件优越的地区(或企业)的级差收入收归国家,从而排除因资源本身的优劣不同而造成地区(或企业)利润分配上的过大差异,进而促进各地区资源企业之间的公平竞争;(2)通过与我国其他税种配合,从而发挥税收的杠杆作用,进行调控宏观经济;(3)促进资源的合理开发与利用、保护资源、加强环境保护、避免资源浪费。

从1984年的《资源税若干问题的规定(1984)》到2019年颁布的《中华人民共和国资源税法》,我国的资源税立法经历了从无到有、法律位阶逐步提升的过程。其间,我国资源税征收范围逐步拓展,征收计算方法不断改进,资源税制度愈加完善,其演进过程大体可分为以下五个阶段:

第一阶段:空白期(1949—1983年)

20世纪70年代,我国实施的是计划经济,国家兼具矿产资源所有者、投资经营者和管理者三重身份,没有设立资源税征收制度。

第二阶段:萌芽期(1984—1992年)

1984年,财政部颁布《资源税若干问题的规定(1984)》。其中规定:(1)资源税暂时只对原油、天然气、煤炭征收;对金属矿产品和其他非金属矿产品暂缓征收;(2)开采企业缴纳资源税除另有规定者外,一律以实际销售收入为计税依据。这是我国正式实施的首部有关资源税征收的法规。

1985年,财政部颁布了《资源税若干问题的补充规定》,专门对矿务局的资源税征收问题进行了详细规定。

1986年,财政部又先后颁布《财政部关于对原油、天然气实行从量定额征收资源税和调整原油产品税税率的通知》(财税字〔1986〕第201号)和《关于对煤炭实行从量定额征收资源税的通知》,将资源税的计算征收办法由按应税产品销售利润率超率累进计算征收,改为按实际销量定额征收。

1992年,财政部发布《财政部关于征收铁矿石资源税的通知》(〔91〕财税字第022号),决定自1992年1月1日起对铁矿石铁矿石资源税实行从量定额办法征收。

第三阶段:茁壮成长期(1993—2010年)

1993年,国务院颁布《中华人民共和国资源税暂行条例》(国务院令第一百三十九号),开启对原矿全面征收资源税的时代。暂行条例规定,资源税的应纳税额,按照应税产品的课税数量和规定的单位税额计算。应纳税额计算公式:应纳税额 = 课税数量 × 单位税额。同年,财政部根据暂行条例颁布《中华人民共和国资源税暂行条例实施细则(1993)》,对暂行条例的确定的规则进行了解读和细化。

1994年,国家税务总局颁布《资源税若干问题的规定(1994)》(国税发〔1994〕15号),该规定对自产自用产品的课税数量和范围、新旧税制衔接的具体征税规定,以及黑色金属矿原矿、有色金属矿原矿、原油、盐的范畴做出了详细规定。同年颁布的与资源税相关的部门规章还包括:《关于资源税会计处理的规定》(〔94〕财会字第08号)、《财政部、国家税务总局关于军队、军工系统所属单位征收流转税、资源税问题的通知》(财税字〔1994〕11号)、《财政部、国家税务总局关于独立矿山铁矿石资源税减按规定税额60%征收的通知》(〔94〕财税字第041号)、《财政部、国家税务总局关于原油天然气资源税有关问题的通知》(财税〔1994〕78号)、《财政部、国家税务总局关于临时调减北方海盐资源税税额的通知》(〔94〕财税字第096号)等。

1995年到2010年,财政部、国家税务总局单独或共同先后颁布与资源税相关的部门规章、规范性文件80余部,内容涵盖:(1)调整部分矿种、部分地区的资源税税额标准;(2)特殊主体的资源税政策;(3)资源税代扣代缴相关规定;(4)其他加强资源税收监管的措施等。在此期间,主要矿业省(区)也先后颁布了各种资源税地方法规、政策性文件共计500余部。

第四阶段:改革期(2011—2019年)

2011年3月16日公布的《"十二五"规划纲要》中提出了"全面推进资源税和耕地占用税改革","按照价、税、费、租联动机制,适当提高资源税税负,完善计征方式,将重要资源产品由从量定额征收改为从价定率征收,促进资源合理开发利用"等改革任务。同年,国务院常务会议决定对《中华人民共和国资源税暂行条例》作出修改,将原油、天然气资源税的计征办法由从量定额改为从价定率,至此我国的资源税计征办法进入从量定额征收与从价定率征收并行的时代。

2012年,《关于调整锡矿石等资源税适用税率标准的通知》(财税〔2012〕2号)中对锡矿石、钼矿石分别按照五个等级调整资源税适用税额,同时调整了菱镁矿、滑石、硼矿及铁矿石资源税适用税额。

2014年,财政部、国家税务总局颁布的《关于调整原油天然气资源税有关政策的通知》(财税〔2014〕73号),取消了对原油及天然气矿产资源补偿收费制度、《关于实施煤炭资源税改革的通知》(财税〔2014〕72号)中规定对衰竭期煤矿开采及充填开采置换出来的煤炭实行减征资源税优惠政策。

2015年,财政部、国家税务总局颁布的《关于调整铁矿石资源税适用税额标准的通知》(财税〔2015〕46号)调减铁矿石资源税适用税额;《关于实施稀土钨钼资源税从价计征改革的通知》(财税〔2015〕52号)中将对稀土、钨、钼资源税由从量定额计征改为从价定率。

2016年5月9日,财政部、国家税务总局颁布《关于全面推进资源税改革的通知》(财税〔2016〕53号)和《财政部、国家税务总局关于资源税改革具体政策问题的通知》,在全国范围内全面推行资源税改革,资源税计征方式由从量计征改为从价计征。之后,根据两则通知陆续发布的部门规章还有《国家税务总局、国土资源部关于落实资源税改革优惠政策若干事项的公告》(国家税务总局、国土资源部公告2017年第2号)、《资源税征收管理规程》(国家税务总局公告2018年第13号)等。在改革阶段,各地方政府出台的资源税相关的地方性法规和规范性文件近200部。

第五阶段:成熟期(2020—　)

2017年11月20日,财政部、国家税务总局发布关于《中华人民共和国资源税法(征求意见稿)》,开始公开向社会征求意见。

2019年8月26日,全国人大常委会颁布《中华人民共和国资源税法》(主席令第三十三号)(简称《资源税法》),该法将于2020年9月1日正式生效。资源税法颁布之后,已经有19个省区出台地方性法规做好资源税法实施的准备。资源税法的出台,标志着我国的资源税法的立法走向成熟期。

第一节　资源税的概念和特点

一、资源税的概念

资源税是以各种应税自然资源为课税对象、为了调节资源级差收入并体现国有资源有偿使用而征收的一种税。资源税在理论上可区分为对绝对矿租课征的一般资源税和对级差矿租课征的级差资源税,体现在税收政策上就叫作"普遍征收,级差调节",即:所有开采者开采的所有应税资源都应缴纳资源税;同时,开采中、优等资源的纳税人还要相应多缴纳一部分资源税。开征资源税,旨在使自然资源条件优越的级差收入归国家所有,排除因资源优劣造成企业利润分配上的不合理状况。

二、资源税的特点

(一)征税范围较窄

自然资源是生产资料或生活资料的天然来源,它包括的范围很广,如矿产资源、土地资源、水资源、动植物资源等。我国的资源税征税范围较窄,仅选择了部分级差收入差异较大,资源较为普遍,易于征收管理的矿产品和盐列为征税范围。随着我国经济的快速发展,对自然资源的合理利用和有效保护将越来越重要,因此,资源税的征税范围应逐步扩大。中国资源税征税范围包括矿产品和盐两大类。

(二)实行差别税额从价征收

2016年7月1日我国实行资源税改革,资源税征收方式由从量征收改为从价征收。

(三)实行源泉课征

不论采掘或生产单位是否属于独立核算,资源税均规定在采掘或生产地源泉控制征收,这样既照顾了采掘地的利益,又避免了税款的流失。这与其他税种由独立核算的单位统一缴纳不同。

第二节 资源税基本要素

一、纳税人

资源税是以应税资源为课税对象,对在中华人民共和国领域和中华人民共和国管辖的其他海域开发应税资源的单位和个人,就其应税资源销售额或销售数量为计税依据而征收的一种税。在中华人民共和国领域和中华人民共和国管辖的其他海域开发应税资源的单位和个人。

二、征收范围和税率

1. 资源税征收范围

由《资源税法》所附《资源税税目税率表》确定,包括能源矿产、金属矿产、非金属矿产、水气矿产、盐类,共计5大类,各税目的征税对象包括原矿或选矿。具体包括:

(1)能源矿产,包括原油;天然气、页岩气、天然气水合物;煤;煤成(层)气;铀、钍;油页岩、油砂、天然沥青、石煤;地热。

(2)金属矿产,包括黑色金属和有色金属。

(3) 非金属矿产,包括矿物类、岩石类、宝玉石类。

(4) 水气矿产,包括二氧化碳气、硫化氢气、氦气、氢气、矿泉水。

(5) 盐类,包括钠盐、钾盐、镁盐、锂盐、天然卤水、海盐。

2017年11月28日,财政部公布《扩大水资源税改革实施办法》,北京、天津、山西、内蒙古、山东、河南、四川、陕西、宁夏等9个省(自治区、直辖市)扩大水资源税改革试点,自2017年12月1日起实施。

2. 纳税税率

现行资源税税率采用幅度比例税率或幅度定额税率。

现行资源税税目税额幅度规定见下表:

表 8-1 现行资源税税目税率表

税目		税率
(1) 能源矿产	原油、天然气、页岩气、天然水合物	6%
	煤炭	2%~10%
	煤成(层)气	1%~2%
	铀、钍	4%
	石煤、油页岩、油砂、天然沥青	1%~4%
	地热	每平方米1~30元或者1%~20%
(2) 金属矿产	黑色金属	1%~9%
	有色金属	2%~20%
(3) 非金属矿产	矿物类	1%~12%
	岩石类	1%~10%
	宝石类	4%~20%
(4) 水气矿产	二氧化碳气、硫化氢气、氦气、氢气	2%~5%
	矿泉水	每立方米1~30元或者1%~20%
(5) 盐	钠盐、钾盐、镁盐、锂盐	3%~15%
	天然卤水	每立方米1~10元或者3%~15%
	海盐	2%~5%
试点省份水资源	地表水最低平均税额	每立方米0.1~1.6元
	地下水最低平均税额	每立方米0.2~4元

三、计税依据

资源税以纳税人开采或生产应税矿产品的销售额或销售数量为计税依据。

1. 从价定率征收

从价计征资源税的计税依据为应税资源产品的销售额。应税产品为矿产品的,包括原矿和选矿产品。资源税应税产品的销售额,按照纳税人销售应税产品向购买方收取的全部价款确定,不包括增值税税款。计入销售额中的相关运杂费用,凡取得增值税发票或者其他合法有效凭据的,准予从销售额中扣除。相关运杂费用,是指应税产品从坑口或者洗选(加工)地到车站、码头或者购买方指定地点的运输费用、建设基金以及随运销产生的装卸、仓储、港杂费用。纳税人申报的应税产品销售额明显偏低且无正当理由的,或者有自用应税产品行为而无销售额的,主管税务机关可以按下列方法和顺序确定其应税产品销售额:

①按纳税人最近时期同类产品的平均销售价格确定。
②按其他纳税人最近时期同类产品的平均销售价格确定。
③按后续加工非应税产品销售价格,减去后续加工环节的成本利润后确定。
④按应税产品组成计税价格确定。
组成计税价格 = 成本 × (1 + 成本利润率) ÷ (1 - 资源税税率)
⑤按其他合理方法确定。

2. 从量定额征收

从量定额征收的资源税的计税依据是应税产品的销售数量。应税产品的销售数量,包括纳税人开采或者生产应税产品的实际销售数量和自用于应当缴纳资源税情形的应税产品数量。

水资源税计税依据为取用水单位或个人的实际取用水量。纳税人应当依照国家技术标准安装计量设施,并如实向水行政主管部门和主管税务机关提供与取用水有关的资料。无计量设施以及计量设施不合格或者运行不正常的,由水行政主管部门按日最大取水能力核定取水量,主管税务机关依此计征水资源税。

四、资源税的应纳税额计算

资源税应纳税额按照应税产品的计税销售额或者销售数量乘以适用税率计算。纳税人开采或者生产同一税目下适用不同税率应税产品的,应当分别核算不同税率应税产品的销售额或者销售数量;未分别核算或者不能准确提供不同税率应税产品的销售额或者销售数量的,从高适用税率。纳税人开采或者生产应税产品自用的,应当依法缴纳资源税;但是,自用于连续生产应税产品的,不缴纳资源税。纳税人外购应税产品与自采应税产品混合销售或者混合加工为应税产品销售的,在计算应税产品销售额或者销售数量时,准予扣减外购应税产品的购进金额或者购进数量;当期不足扣减的,可结转下期扣减。纳税人应当准确核算外购应税产品的购进金额或者购进数量,未准确核算的,一并计算缴纳资源税。

计税销售额是指纳税人销售应税产品向购买方收取的全部价款和价外费用,不包括增值税销项税额。对符合条件的运杂费用,纳税人在计算应税产品计税销售额时,可予以扣减。计税销售数量是指从量计征的应税产品销售数量。

水资源税实行从量计征,计算公式为:

应纳税额＝适用税额标准×实际取用水量

城镇公共供水企业实际取用水量＝实际取水量×(1－合理损耗率)

合理损耗率标准:设区市17%,县级城市及以下15%。

【例题8-1】某石化企业为增值税一般纳税人,2022年12月发生以下业务:

业务1:从国外某石油公司进口50000吨原油,支付不含税价款折合人民币9000万元,其中包含包装费及保险费折合人民币10万元。

业务2:开采10000吨原油,并将开采的原油对外销售6000吨,取得含税销售额2260万元,另外支付运输费用7.02万元。

业务3:将开采的1000吨原油用于非货币性资产交换,纳税人最近时期同类产品的平均含税销售价格为0.38万元/吨,成本为0.34万元/吨。

(其他相关资料原油的资源税税率为6%,省级税务局确定的资源税组成计税价格成本利润率为10%)

要求:根据上述资料,按照下列序号回答问题,如有计算需计算出合计数。

(1)说明业务1中该石化企业是否应对从国外某石油公司进口的原油计算缴纳资源税,如需要计算缴纳,计算应缴纳的资源税额。

(2)计算业务2应缴纳的资源税额

(3)计算业务3应缴纳的资源税额。

【答案】(1)不需要缴纳资源税。资源税法规定仅对在中国境内开发应税资源的单位和个人征收,因此进口的原油不征收资源税。

(2)应缴纳的资源税额＝2260÷(1＋13%)×6%＝120(万元)

(3)应缴纳的资源税额＝1000×0.38÷(1＋13%)×6%＝20.18(万元)

五、税收优惠

1. 免税项目

(1)开采原油以及在油田范围内运输原油过程中用于加热的原油、天然气免征资源税;

(2)煤炭开采企业因安全生产需要抽采的煤成(层)气免征资源税;

(3)纳税人开发尾矿库里的尾矿,免征资源税。

2. 减税项目

(1)从低丰度油气田开采的原油、天然气,减征百分之二十资源税;

（2）高含硫天然气、三次采油和从深水油气田开采的原油、天然气，减征百分之三十资源税；

（3）稠油、高凝油减征百分之四十资源税；

（4）从衰竭期矿山开采的矿产品，减征百分之三十资源税；

（5）纳税人开采或者生产应税产品过程中，因意外事故或者自然灾害等原因遭受重大损失的，按其直接经济损失金额的百分之五十减征当年应纳资源税，减征税额最高不超过其遭受重大损失当年应纳资源税的百分之五十；

（6）纳税人开采共生矿，并与主矿产品分别核算销售额或者销售数量的，减征百分之十资源税；

（7）纳税人开采伴生矿，并与主矿产品分别核算销售额或者销售数量的，减征百分之三十资源税；

（8）纳税人开采低品位矿，并与主矿产品分别核算销售额或者销售数量的，减征百分之五十资源税。

六、征收管理

纳税人销售应税产品，纳税义务发生时间为收讫销售款或者取得索取销售款凭据的当日；

自用应税产品的，纳税义务发生时间为移送应税产品的当日。

资源税按月或者按季申报缴纳；

不能按固定期限计算缴纳的，可以按次申报缴纳。

纳税人按月或者按季申报缴纳的，应当自月度或者季度终了之日起十五日内，向税务机关办理纳税申报并缴纳税款；

按次申报缴纳的，应当自纳税义务发生之日起十五日内，向税务机关办理纳税申报并缴纳税款。

纳税人应当向应税产品开采地或者生产地的税务机关申报缴纳资源税。

第三节　资源税采集与申报

目前，资源税的纳税申报实现"一表申报"，电子报税将税源信息采集从申报信息中分离出来并前置。纳税人在进行每个税种的申报时，需先维护税源管理信息。根据每个税种实际情况，纳税人可在申报期前填写税源信息表，也可在申报期填写。税源信息填报完成后，系统自动生成申报表，纳税人确认后申报。

税源采集及申报流程如下：

（1）登录电子税务局网站，操作路径："首页"→"我要办税"→"税费申报及缴纳"→

◀ 税法理论与实践

"综合纳税申报",点击菜单进入综合纳税申报界面,选择"资源税税源采集"。如图8-1所示：

图 8-1

(2)进入资源税税源信息采集界面,税款属期起止默认当前属期,(例如申报期为11月,即为2020-10-01至2020-10-31);点击"查询"按钮,可查询出在税款所属期内未采集或已采集的资源税税源信息,若采集状态为"未采集",点击"采集"按钮在资源税税源明细表中可查询出在税款所属期内未采集的资源税税源信息,完善申报表数据后,点击"提交"及"确认提交"按钮完成资源税税源采集。如图8-2所示：

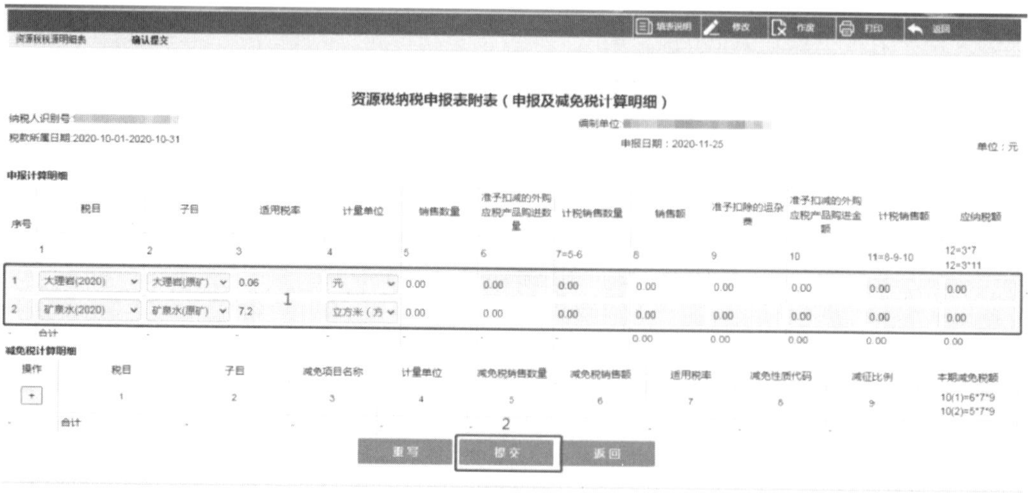

图 8-2

注意:当采集状态为"已采集未导入"的情况下,可对税源进行修改或者作废操作。

如图 8-3 所示:

图 8-3

当采集状态为"已采集已导入"的情况下,只能对税源信息进行"作废导入"操作。如图 8-4 所示:

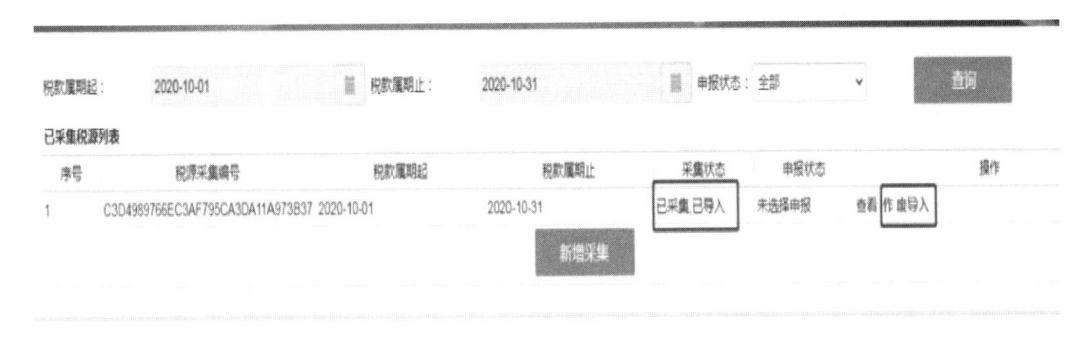

图 8-4

当采集状态为"已采集已导入"且申报状态为"已申报"的情况下,不能对税源信息进行作废操作,只能查看。如图 8-5 所示:

图 8-5

(3)当税源采集状态变成"已采集已导入"的情况下,可进入"综合纳税申报"→"申报表列表",选择"税款属期",在申报表信息中勾选"资源税",若同属期存在多个税源信息,可同时勾选要申报的税源信息,点击"提交"按钮。如图 8-6 所示:

◀ 税法理论与实践

图 8-6

（4）在申报表列表勾选"资源税提交"后，页面上会带出资源税申报表，进入资源税申报表。勾选已采集可申报的税源信息，点击"确认申报提交"后，资源税申报表会打上红色标志。如图 8-7 所示：

图 8-7

（5）最后进入综合纳税申报表界面，确认申报数据无误，点击"提交"后，再点击"全申报"进行提交即可。如图 8-8 所示：

图 8-8

- 184 -

第九章 城镇土地使用税法与耕地占用税法

> **课前阅读**

耕地占用税的由来

耕地占用税是国家对单位或个人占用耕地建房或者从事非农业建设的行为征收的一种税。其特点有四：一是征税对象的特定性；二是课征税额的一次性；三是税率确定的灵活性；四是税款使用的专项性。

我国是人均耕地少、农业后备资源严重不足的国家。目前，我国耕地只有18.27亿亩，人均仅有1.39亩，不到世界人均水平的40%。长期以来，我国城乡非农业建设乱占滥用耕地的情况相当严重，新增建设用地规模过度扩张。人多地少与土地粗放利用并存、用地结构不够合理等因素，进一步加剧了我国人与地的矛盾，极大地影响了农业特别是粮食生产的发展。为了合理利用土地资源，加强土地管理，保护耕地，1987年4月1日，国务院发布了《中华人民共和国耕地占用税暂行条例》，决定对占用耕地建房或者从事非农业建设的单位和个人征收耕地占用税。为了实施最严格的耕地保护制度，促进土地的节约集约利用，2007年12月1日，国务院发布了中华人民共和国国务院令第511号，对耕地占用税暂行条例进行了修订。新条例自2008年1月1日起施行。新条例主要作了四个方面的修改：一是提高了税额标准；二是统一了内、外资企业耕地占用税税收负担；三是从严规定了减免税，取消了对铁路线路、公路线路、飞机场跑道、停机坪、炸药库占地免税的规定；四是加强征管，明确了耕地占用税的征收管理适用《中华人民共和国税收征收管理法》。

第一节 城镇土地使用税的基本要素

城镇土地使用税是指国家在城市、县城、建制镇、工矿区范围内，对使用土地的单位和个人，以其实际占用的土地面积为计税依据，按照规定的税额计算征收的一种税。开征城镇土地使用税,有利于通过经济手段,加强对土地的管理,变土地的无偿使用为有偿使用,促进合理、节约使用土地,提高土地使用效益;有利于适当调节不同地区、不同地段之间的土地级整收入,促进企业加强经济核算,理顺国家与土地使用者之间的分配关系。

一、纳税义务人

(1)拥有土地使用权的单位和个人是纳税人。

(2)拥有土地使用权的单位和个人不在土地所在地的,其土地的实际使用人和代管人为纳税人。

(3)土地使用权未确定的或权属纠纷未解决的,其实际使用人为纳税人。

(4)土地使用权共有的,共有各方都是纳税人,由共有各方分别纳税。

例如:有三个单位共有一块土地使用权,一方占60%,另两方各占20%,如果算出的税额为100万,则分别按60、20、20的数额负担土地使用税。

二、征税范围

城市、县城、建制镇和工矿区的国家所有、集体所有的土地。

从2007年7月1日起,外商投资企业、外国企业和在华机构的用地也要征收城镇土地使用税。

城镇土地使用税的特点:

(1)对占用土地的行为征税。

(2)征税对象是土地。

(3)征税范围有所限定。

(4)实行差别幅度税额。

三、计税依据

城镇土地使用税以实际占用的土地面积为计税依据。

(1)凡有由省、自治区、直辖市人民政府确定的单位组织测定土地面积的,以测定的面积为准。

(2)尚未组织测量,但纳税人持有政府部门核发的土地使用证书的,以证书确认的土地面积为准。

(3)尚未核发出土地使用证书的,应由纳税人申报土地面积,据以纳税,待核发土地使用证以后再作调整。

注意:税务机关不能核定纳税人实际使用的土地面积。

四、税率

城镇土地使用税适用地区幅度差别定额税率。

城镇土地使用税采用定额税率,即采用有幅度的差别税额。按大、中、小城市和县城、建制镇、工矿区分别规定每平方米城镇土地使用税年应纳税额。城镇土地使用税每平方米年税额标准具体规定如下:

(1)大城市 1.5~30 元;

(2)中等城市 1.2~24 元;

(3)小城市 0.9~18 元;

(4)县城、建制镇、工矿区 0.6~12 元。

五、应纳税额的计算

应纳税额 = 实际占用的土地面积 × 适用税额

城镇土地使用税根据实际使用土地的面积,按税法规定的单位税额交纳。其计算公式如下:

应纳城镇土地使用税额 = 应税土地的实际占用面积 × 适用单位税额

城镇土地使用税均采取按年征收,分期交纳的方法。

【例题 9-1】假设某企业所在地二等地段每平方米城镇土地使用税年应纳税额为 12 元,三等地段每平方米城镇土地使用税年应纳税额为 4 元。已知该企业为增值税一般纳税人,且各年企业所得税汇算清缴均认定为非小微企业。请分析该企业占地情况,计算该企业 2021 年和 2022 年应分别缴纳的城镇土地使用税。

业务 1:假设 2021 年某企业占用市区二等地段土地 6000 平方米,三等地段土地 12000 平方米(其中 1000 平方米为该企业幼儿园用地,200 平方米无偿供派出所使用)。

业务 2:2021 年 3 月该企业在该市三等地段征用耕地 4000 平方米,该耕地当年已经缴纳耕地占用税。

业务 3:2021 年 8 月在三等地段征用非耕地 6000 平方米

【答案】2021 年应纳城镇土地使用税 = 115200 + 8000 = 123200(元)

2022 年应纳城镇土地使用税 = 115200 + 12000 + 24000 = 151200(元)

【解析】业务 1:企业办的学校、托儿所、幼儿园,其用地能与企业其他用地明确区分的,免征城镇土地使用税。免税单位无偿使用纳税单位的土地,免征城镇土地使用税。2021 年、2022 年应纳城镇土地使用税 = 6000 × 12 + (12000 - 1000 - 200) × 4 = 115200(元)

业务 2:征用的耕地,自批准征用之日起满 1 年开始缴纳城镇土地使用税。该企业 2021 年不需要缴纳城镇土地使用税。2022 年 4 月开始计算缴纳城镇土地使用税,纳税义务时间为 9 个月。2022 年应缴纳城镇土地使用税 = 4000 × 4 ÷ 12 × 9 = 12000(元)

业务3：征用的非耕地，自批准征用次月起缴纳城镇土地使用税。2021年应缴纳城镇土地使用税＝6000×4÷12×4＝8000（元）。2022年应缴纳城镇土地使用税＝6000×4＝24000（元）

六、税收优惠

主要有两大类优惠：一是国家预算收支单位的自用地免税；二是国有重点扶植项目免税。

（一）国家预算收支单位的自用地免税

（1）国家机关、人民团体、军队自用的土地。但如果是对外出租、经营用则还是要交土地使用税。

（2）由国家财政部门拨付事业经费的单位自用的土地。

（3）宗教寺庙、公园、名胜古迹自用的土地。经营用地则不免。

（4）市政街道、广场、绿化地带等公共用地。

（5）直接用于农、林、牧、渔业的生产用地。

（6）经批准开山填海整治的土地和改造的废弃土地，从使用的月份起免缴城镇土地使用税5年至10年。

（7）对非营利性医疗机构、疾病控制机构和妇幼保健机构等卫生机构自用的土地，免征城镇土地使用税。对营利性医疗机构自用的土地自2000年起免征城镇土地使用税3年。

（8）企业办的学校、医院、托儿所、幼儿园，其用地能与企业其他用地明确区分的，免征城镇土地使用税。

（9）免税单位无偿使用纳税单位的土地（如公安、海关等单位使用铁路、民航等单位的土地），免征城镇土地使用税。纳税单位无偿使用免税单位的土地，纳税单位应照章缴纳城镇土地使用税。纳税单位与免税单位共同使用、共有使用权的土地上的多层建筑，对纳税单位可按其占用的建筑面积占建筑总面积的比例计征城镇土地使用税。例如，一共是15层的大厦，一单位租用5层，一单位租用10层，则并不是只占有一层的单位交税。

（10）对行使国家行政管理职能的中国人民银行总行（含国家外汇管理局）所属分支机构自用的土地，免征城镇土地使用税。

（二）国有重点扶植项目免税

自2019年1月1日至2023年12月31日，对国家级、省级科技企业孵化器、大学科技园和国家备案众创空间等重点扶植项目，自用以及无偿或通过出租等方式提供给在孵对象使用的房产、土地，免征房产税和城镇土地使用税。

第二节　城镇土地使用税采集与申报

目前,城镇土地使用税的纳税申报实现"一表申报",电子报税将税源信息采集从申报信息中分离出来并前置。纳税人在进行每个税种的申报时,需先维护税源管理信息。根据每个税种实际情况,纳税人可在申报期前填写税源信息表,也可在申报期填写。税源信息填报完成后,系统自动生成申报表,纳税人确认后申报。

税源采集及申报流程如下:

(1)登录电子税务局网站,操作路径如下:"首页"→"我要办税"→"税费申报及缴纳"→"综合纳税申报",点击菜单进入综合纳税申报界面,选择城镇土地使用税税源采集。如图9-1所示:

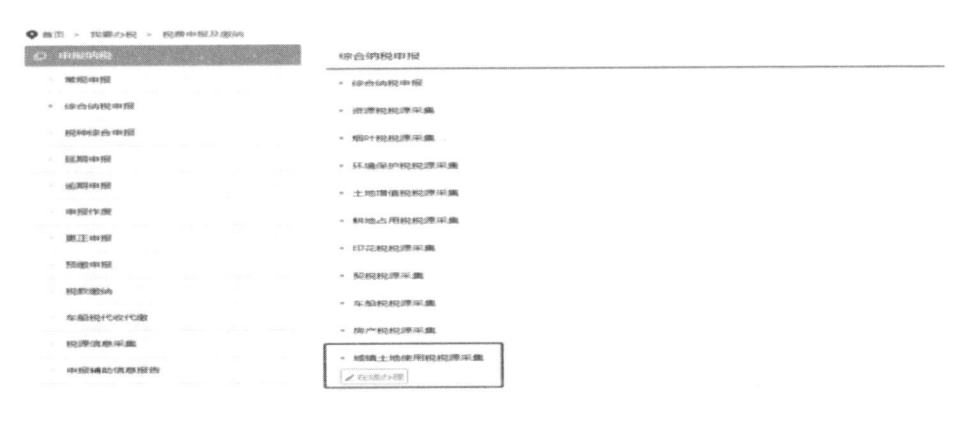

图9-1

(2)选择"城镇土地使用税税源采集",点击"在线办理",跳转至城镇土地使用税税源采集变更页面,系统自动带出已有土地信息。如图9-2所示:

图9-2

(3)需要新增城镇土地使用税源信息的,点击"新增"按钮,弹出城镇土地使用税税源信息采集界面,自行填写土地应税信息以及符合条件的减免信息,点击"提交"即可。如图9-3所示:

◀ 税法理论与实践

图 9 – 3

（4）采集成功后，进入"综合纳税申报"→"申报表列表"界面，所属年度默认2020年度，税款属期自行选择，在申报表信息中勾选要申报的税源信息，点击"提交"按钮。如图9 – 4 所示：

图 9 – 4

（5）提交成功之后，自动带出"城镇土地使用税"申报表，点击打开"城镇土地使用税"申报表，会自动获取已采集可申报的税源明细，以列表展示。如图 9 – 5 所示：

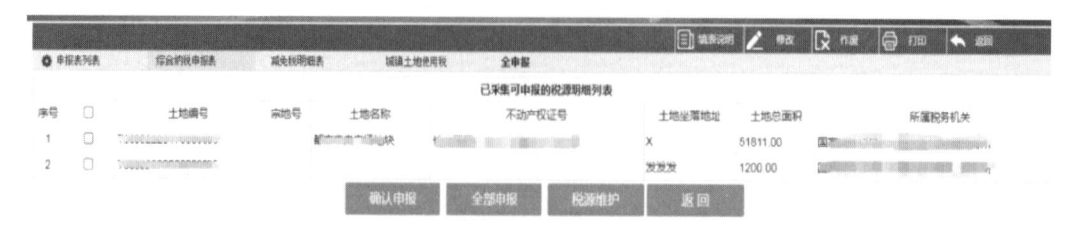

图 9 – 5

第九章 城镇土地使用税法与耕地占用税法

(6)可以直接选择"全部申报",也可以勾选单项税源,点击"确认申报"。如图9-6所示:

图9-6

(7)存在减免的,打开"减免税明细表",点击"查询",带出在城镇土地使用税税源信息采集中采集的减免税信息,确认信息无误,点击"提交"即可。如图9-7所示:

图9-7

注意:小规模纳税人,"本期是否适用增值税小规模纳税人减征政策"默认:是,可享受普惠减免优惠。"减免税明细申报表"自动计算减免信息,并带至综合纳税申报表。

(8)打开"综合纳税申报表",核实报表中的信息无误之后,点击"提交",提示保存成功之后,再点击"全申报"。如图9-8所示:

— 191 —

图 9－8

第三节 耕地占用税的基本要素

一、纳税人

在中华人民共和国境内占用耕地建设建筑物、构筑物或者从事非农业建设的单位和个人，为耕地占用税的纳税人，应当依照规定缴纳耕地占用税。

具体可分为三类：(1) 企业、行政单位、事业单位；(2) 乡镇集体企业、事业单位；(3) 农村居民和其他公民。

二、征税范围

耕地占用税的征税范围包括纳税人为建房或从事其他非农业建设而占用的国家所有和集体所有的耕地。

所谓"耕地"是指种植农业作物的土地，包括菜地、园地。其中，园地包括花圃、苗圃、茶园、果园、桑园和其他种植经济林木的土地。

占用鱼塘及其他农用土地建房或从事其他非农业建设，也视同占用耕地，必须依法征收耕地占用税。占用已开发从事种植、养殖的滩涂、草场、水面和林地等从事非农业建设，由省、自治区、直辖市本着有利于保护土地资源和生态平衡的原则，结合具体情况确定是否征收耕地占用税。

此外，在占用之前三年内属于上述范围的耕地或农用土地，也视为耕地。

三、税率、计税依据和应纳税额的计算

(一)税率

实行地区差别定额税率:每平方米 5~50 元。

表 9-1 耕地占用税税率表

人均耕地	税率
耕地不超过 1 亩的地区	每平方米为 10~50 元
耕地超过 1 亩但不超过 2 亩的地区	每平方米为 8~40 元
耕地超过 2 亩但不超过 3 亩的地区	每平方米为 6~30 元
耕地超过 3 亩的地区	每平方米为 5~25 元

人均耕地低于 0.5 亩的地区,省、自治区、直辖市可以根据当地经济发展情况,适当提高耕地占用税的适用税额,但提高的部分不得超过法规规定的适用税额的 50%。

占用基本农田的,应当按照当地适用税额加按 150% 征收。

(二)计税依据

耕地占用税以纳税人实际占用的属于耕地占用税征税范围的土地面积为计税依据,按应税土地当地适用税额计税,实行一次性征收。

(三)税额计算

耕地占用税在占用耕地环节一次性课征。

应纳税额 = 应税土地面积 × 适用税额

加按 150% 征收耕地占用税的计算公式为:

应纳税额 = 应税土地面积 × 适用税额 ×150%

应税土地面积包括经批准占用面积和未经批准占用面积,以平方米为单位。

适用税额是指省、自治区、直辖市人民代表大会常务委员会决定的应税土地所在地县级行政区的现行适用税额。

【**例题 9-2**】为修建某民用机场,经批准占用其他农用地 2000 亩。其中:飞机场跑道、停机坪占地 1500 亩、机场工作区占地 300 亩、生活区占地 200 亩。当地耕地占用税适用税额标准为 22 元/平方米。计算共应征收耕地占用税多少元?

【**答案**】应征收耕地占用税 = 1500 × 666.7 × 2 + 500 × 666.7 × 22 = 9333800(元)

四、耕地占用税税收优惠

(一)免征优惠

(1)军事设施占用耕地;

(2)学校、幼儿园、社会福利机构、医疗机构占用耕地;

(3)农村烈士遗属、因公牺牲军人遗属、残疾军人及符合农村最低生活保障条件的农

村居民,在规定标准以内新建住宅,免征耕地占用税。

(二)减征优惠

(1)铁路线路、公路线路、飞机场跑道、停机坪、港口、航道、水利工程占用耕地,减按每平方米2元的税额征收耕地占用税。

提示:上述设施均有具体的减免范围。

(2)农村居民在规定用地标准以内占用耕地新建自用住宅,按照当地适用税额减半征收耕地占用税;其中农村居民经批准搬迁,新建自用住宅占用耕地不超过原宅基地面积的部分,免征耕地占用税。

免征或者减征耕地占用税后,纳税人改变原占地用途,不再属于免征或者减征耕地占用税情形的,应自改变用途之日起30日内申报补缴税款。补缴税款按实际占用耕地面积和改变用途时当地适用税额计算。

第四节 耕地占用税采集与申报

目前,耕地占用税的纳税申报实现"一表申报",电子报税将税源信息采集从申报信息中分离出来并前置。纳税人在进行每个税种的申报时,需先维护税源管理信息。根据每个税种实际情况,纳税人可在申报期前填写税源信息表,也可在申报期填写。税源信息填报完成后,系统自动生成申报表,纳税人确认后申报。

税源采集及申报流程如下:

(1)登录电子税务局网站,操作路径:"首页"→"我要办税"→"税费申报及缴纳"→"合并纳税申报",点击菜单进入合并纳税申报界面,选择耕地占用税税源采集。如图9-9所示:

图9-9

第九章　城镇土地使用税法与耕地占用税法

（2）进入耕地占用税税源信息采集界面，点击"新增采集"按钮，进入新增采集信息界面，纳税人根据实际业务发生情况，填写相关采集信息，点击"提交"，再点击"确认提交"即可完成采集。如图9-10所示：

图9-10

当采集状态为"已采集未导入"的情况下，可对税源进行查看、修改或者作废操作。如图9-11所示：

图9-11

当采集状态为"已采集已导入"的情况下，只能对税源信息进行查看、作废导入操作。如图9-12所示：

- 195 -

◀ 税法理论与实践

图 9-12

当采集状态为"已采集已导入"且申报状态为"已申报"的情况下,不能对税源信息进行作废操作,只能查看。如图 9-13 所示:

图 9-13

(3)当税源采集状态变成"已采集已导入"的情况下,可进入"财产和行为税纳税申报表"→"申报表列表"选择税款属期,勾选申报的耕地占用税,若同属期存在多个税源信息,在申报表信息中勾选要申报的税源信息,点击"提交"按钮。如图 9-14 所示:

第九章　城镇土地使用税法与耕地占用税法

图 9-14

(4)在申报表列表勾选耕地占用税税源后,页面上会带出已勾选的耕地占用税申报表,进入耕地占用税申报表,勾选已采集可申报的税源信息,点击"确认申报"提交后,耕地占用税申报表会打上红色标志。如图 9-15 所示:

图 9-15

(5)最后进入财产和行为税纳税申报表界面,确认申报数据无误,点击"提交"后,再进行提交全申报即可完成申报。如图 9-16 所示:

- 197 -

图 9-16

第十章 土地增值税法

> **课前阅读**

土地增值税的由来

土地增值税这个概念是英国十九世纪伟大的心理学家、哲学家和经济学家约翰穆勒最早提及的,他在1848年出版的《政治经济学原理》一书中抨击了地主阶级的不劳而获,因为,欧洲各国普遍认为,土地是绝对的私有财产,应当免于任何义务,政府应当从其他途径寻求增加收入的办法.而约翰穆勒主张把全国土地予以估价,土地的现有价值仍归地主所有,而由于社会进步所增加的价值则以赋税形式交给国家。把地价增值部分归于不劳而获的收入,国家通过征收"土地税"加以调节,这个就是最早土地增值税的雏形。在这个理论的基础上,世界各国的经济学家进行了100多年的完善,进而形成了一个较为完善的土地增值税概念和制度。

中国开始有土地增值税这个概念是孙中山同志提出来的,孙中山认为"社会之进步发达",乃是地价增长的原因,而社会进步发达则是"众人之劳力致之",因此,他主张地价增长的部分收归国有,土地涨价归公是孙中山"驱除鞑虏,恢复中华,创立民国,平均地权"中的"平均地权"的核心。因此,国民政府在孙中山同志的理论下,在1930年至1943年执行了土地增值税,1944年停止了土地增值税征收。

20世纪80年代后期,随着房地产业的迅速发展,房地产市场初具规模并逐渐完善。但也出现了一些问题,主要是土地供给计划性不强,成片批租的量过大,土地出让金价格偏低,国有土地收益大量流失;各地盲目设立开发区,非农业生产建设大量占用耕地,开发利用率低;房地产市场机制不完善,市场行为不规范,"炒"风过盛,冲击了房地产的正常秩序。为了配合国家宏观经济政策,控制房地产的过度炒买炒卖,根据《中共中央国务院关于当前经济情况和加强宏观调控的意见》的精神,1993年12月13日,国务院颁布了《中华人民共和国土地增值税暂行条例》,自1994年1月1日起施行。2019年8月15日《中华人民共和国土地增值税法(征求意见稿)》,现向社会公开征求意见。随着意见稿的落地,此前业界有关土地增值税或将被取缔的声音就此遏止。《土地增值税法(正式稿)》出台之前,财政部、税务总局在发布该意见稿的同时,附加了一份文件起草说明。在这份说明中指出,《中华人民共和国土地增值税条例》施行20多年来,税制比较健全,运行平稳,上升为法律的条件和时机已经成熟。

第一节　土地增值税的基本要素

一、纳税人与征税对象

纳税人是转让国有土地使用权及地上建筑物和其他附着物产权、并取得收入的单位和个人。征税对象是指有偿转让国有土地使用权及地上建筑物和其他附着物产权所取得的增值额。增值额为纳税人转让房地产的收入减除《条例》规定的扣除项目金额后的余额。转让房地产的收入包括货币收入、实物收入和其他收入,即与转让房地产有关的经济收益。

二、征税范围

土地增值税的征税范围具体看三个标准:

标准一:土地增值税只对转让国有土地使用权及其地上建筑物和附属物的行为课税(此条将随着土地增值税法的正式出台而发生改变)。

标准二:土地使用权、地上建筑物及其附着物是否发生产权转移(不以有无产权为依据)。

标准三:转让房地产是否取得收入(现金、实物或其他收入)。

1. 一般规定

(1)土地增值税只对"转让"国有土地使用权的行为征税,对"出让"国有土地使用权的行为不征税。

(2)土地增值税既对转让国有土地使用权的行为征税,也对转让地上建筑物及其他附着物产权的行为征税。

(3)土地增值税只对"有偿转让"的房地产征税,对以"继承、赠与"等方式无偿转让的房地产,不予征税。不予征收土地增值税的行为主要包括两种:

①房产所有人、土地使用人将房产、土地使用权赠与直系亲属或者承担直接赡养义务人;

②房产所有人、土地使用人通过中国境内非营利的社会团体、国家机关将房屋产权、土地使用权赠与教育、民政和其他社会福利、公益事业。

2. 特殊规定

(1)以房地产进行投资联营,以房地产进行投资联营一方以土地作价入股进行投资或者作为联营条件,免征收土地增值税。其中如果投资联营的企业从事房地产开发,或者房地产开发企业以其建造的商品房进行投资联营的就不能暂免征税。

（2）房地产开发企业将开发的房产转为自用或者用于出租等商业用途,如果产权没有发生转移,不征收土地增值税。

（3）房地产的互换,由于发生了房产转移,因此属于土地增值税的征税范围。但是对于个人之间互换自有居住用房的行为,经过当地税务机关审核,可以免征土地增值税。

（4）合作建房,对于一方出地,另一方出资金,双方合作建房,建成后按比例分房自用的,暂免征收土地增值税;但建成后转让的,应征收土地增值税。

（5）房地产的出租,指房产所有者或土地使用者,将房产或土地使用权租赁给承租人使用由承租人向出租人支付租金的行为。房地产企业虽然取得了收入,但没有发生房产产权、土地使用权的转让,因此,不属于土地增值税的征税范围。

（6）房地产的抵押,指房产所有者或土地使用者作为债务人或第三人向债权人提供不动产作为清偿债务的担保而不转移权属的法律行为。这种情况下房产的产权、土地使用权在抵押期间并没有发生权属的变更,因此对房地产的抵押,在抵押期间不征收土地增值税。

（7）企业兼并转让房地产,在企业兼并中,对被兼并企业将房地产转让到兼并企业中的,免征收土地增值税。

（8）房地产的代建行为,是指房地产开发公司代客户进行房地产的开发,开发完成后向客户收取代建收入的行为。对于房地产开发公司而言,虽然取得了收入,但没有发生房地产权属的转移,其收入属于劳务收性质,故不在土地增值税征税范围。

（9）房地产的重新评估,按照财政部门的规定,国有企业在清产核资时对房地产进行重新评估而产生的评估增值,因其既没有发生房地产权属的转移,房产产权、土地使用权人也未取得收入,所以不属于土地增值税征税范围。

（10）土地使用者处置土地使用权,土地使用者转让、抵押或置换土地,无论其是否取得了该土地的使用权属证书,无论其在转让、抵押或置换土地过程中是否与对方当事人办理了土地使用权属证书变更登记手续,只要土地使用者享有占用、使用收益或处分该土地的权利,具有合同等证据表明其实质转让、抵押或置换了土地并取得了相应的经济利益,土地使用者及其对方当事人就应当依照税法规定缴纳城建税、土地增值税和契税等。

三、计算依据与方法

1. 土地增值税的计算

计算土地增值税的公式为:应纳土地增值税 = 增值额 × 税率

公式中的"增值额"为纳税人转让房地产所取得的收入减除扣除项目金额后的余额。纳税人转让房地产所取得的收入,包括货币收入、实物收入和其他收入。

计算增值额的扣除项目,包括:

(1)取得土地使用权所支付的金额。包括纳税人为取得土地使用权所支付的地价款和按国家统一规定交纳的有关费用。具体为:以出让方式取得土地使用权的,为支付的土地出让金;以行政划拨方式取得土地使用权的,为转让土地使用权时按规定补交的出让金;以转让方式得到土地使用权的,为支付的地价款。

(2)开发土地和新建房及配套设施的成本(以下简称房地产开发成本)。包括土地征用及拆迁补偿费、前期工程费、建筑安装工程费、基础设施费、公共设施配套费、开发间接费用。这些成本允许按实际发生额扣除。

(3)开发土地和新建房及配套设施的费用(以下简称房地产开发费用)。包括销售费用、管理费用、财务费用。根据新会计制度规定,与房地产开发有关的费用直接计入当年损益,不按房地产项目进行归集或分摊。为了便于计算操作,《细则》规定,财务费用中的利息支出,凡能够按转让房地产项目计算分摊,并提供金融机构证明的,允许据实扣除,但最高不能超过按商业银行同类同期贷款利率计算的金额,其他房地产开发费用按取得土地使用权所支付的金额及房地产开发成本之和的5%以内予以扣除。凡不能提供金融机构证明的,利息不单独扣除,三项费用的扣除按取得土地使用权所支付的金额及房地产开发成本的10%以内计算扣除。

(4)旧房及建筑物的评估价格。是指在转让已使用的房屋及建筑物时,由政府批准设立的房地产评估机构评定的重置成本价乘以成新度折扣率后的价值,并由当地税务机关参考评估机构的评估而确认的价格。

(5)与转让房地产有关的税金。是指在转让房地产时缴纳的城市维护建设税、印花税。因转让房地产交纳的教育费附加,也可视同税金予以扣除。

(6)加计扣除。对从事房地产开发的纳税人,可按取得土地使用权所支付的金额与房地产开发成本之和加计20%的扣除。

2. 土地增值税实行四级超率累进税率

表10-1　土地增值税税率表

范围	规定税率	速算扣除系数
增值额未超过扣除项目金额50%的	30%	0%
增值额超过扣除项目金额50%未超过100%的	40%	5%
增值额超过扣除项目金额100%未超过200%的	50%	15%
增值额超过扣除项目金额200%的	60%	35%

上面所列四级超率累进税率,每级"增值额未超过扣除项目金额"的比例,均包括本比例数。

纳税人计算土地增值税时,也可用下列简便算法:

计算土地增值税税额,可按增值额乘以适用的税率减去扣除项目金额乘以速算扣除系数的简便方法计算,具体公式如下:

(1)增值额未超过扣除项目金额50%:

土地增值税税额=增值额×30%

(2)增值额超过扣除项目金额50%,未超过100%:

土地增值税税额=增值额×40%-扣除项目金额×5%

(3)增值额超过扣除项目金额100%,未超过200%:

土地增值税税额=增值额×50%-扣除项目金额×15%

(4)增值额超过扣除项目金额200%:

土地增值税税额=增值额×60%-扣除项目金额×35%

公式中的5%、15%、35%为速算扣除系数。

3. 转让土地使用权和出售新建房及配套设施应纳税额的计算方法

(1)确定收入总额;

(2)确定扣除项目金额——重点;

(3)计算增值额=收入总额-扣除项目金额;

(4)计算增值率=增值额÷扣除项目金额;

(5)按照增值率确定适用的税率和速算扣除系数;

(6)计算应纳税额=增值额×适用税率-扣除项目金额×速算扣除系数。

4. 出售旧房应纳税额的计算方法

(1)计算评估价格,其公式为:

评估价格=重置成本价×成新度折扣率;

(2)汇集扣除项目金额;

(3)计算增值率=增值额÷扣除项目金额;

(4)依据增值率确定适用的税率和速算扣除系数;

(5)计算应纳税额=增值额×适用税率-扣除项目金额×速算扣除系数。

【例题10-1】某事业单位2021年5月转让其自建的一幢位于市区的旧办公楼。该办公楼于2012年建成,原造价500万元,经房地产评估机构评定,该楼重置成本价为1500万元,成新度折扣率为七成新,支付评估费用5万元。转让前为取得土地使用权支付的地价款和有关费用300万元。转让时取得收入2300万元(不含增值税),并已按规定缴纳了转让环节的有关税金(该单位转让旧办公楼适用简易计税方法,增值税征收率为5%,城市维护建设税税率7%,教育费附加征收率3%,印花税税率0.5‰)。请计算该纳税人应缴纳的土地增值税税额。

【答案】房地产评估价格=1500×70%=1050(万元)

取得土地使用权支付的金额=300(万元)

与转让房地产有关的税金=2300×5%×(7%+3%)+2300×0.5‰=12.65(万元)

转让收入为2300万元

扣除项目金额合计=1050+300+12.65+5=1367.65(万元)

增值额=2300-1367.65=932.35(万元)

增值额与扣除项目金额的比率=932.35÷1367.65≈68%

适用税率为40%,速算扣除系数为5%。

应纳土地增值税税额=932.35×40%-1367.65×5%=304.56(万元)

【例题10-2】某专门从事房地产开发业务的企业。假定该企业发生的收入均为不含增值税收入,成本费用均不含增值税进项税额,土地增值税扣除项目涉及的增值税进项税额,允许在销项税额中计算抵扣。该单位所在地政府规定的房地产开发费用按取得土地使用权所支付的金额与房地产开发成本之和的10%计算扣除。以2800万元购得非耕地40000平方米的土地使用权用于开发写字楼和商品房,合同记载土地使用权为60年。写字楼占地面积12000平方米,建筑面积60000平方米。第一期工程("三通一平"和第一栋写字楼开发)于11月30日竣工,按合同约定支付建筑承包商全部土地的"三通一平"费用400万元和写字楼建造费用7200万元。到12月31日为止对外销售写字楼50000平方米,共计收入16000万元;其余的10000平方米中,7000平方米用于出租,取得租金收入200万元,另外3000平方米转为本企业固定资产作办公用。在售房、租房等过程中发生销售费用1500万元;发生管理费用900万元。售房缴纳的城建税和教育费附加为80万元;出租房缴纳的城市维护建设税和教育费附加为1万元。分析2021年有关经营情况,请计算该房地产企业应纳的土地增值税。

【答案】房地产开发成本=400×(12000÷40000)×(50000÷60000)+7200×(50000÷60000)=6100(万元)

取得土地使用权支付的地价款及有关费用=2800×(12000÷40000)×(50000÷60000)=700(万元)

房地产转让的收入为16000万元

允许扣除的项目金额合计=700+6100+(700+6100)×10%+80+(700+6100)×20%=8920(万元)

增值额=16000-8920=7080(万元)

增值率=7080÷8920×100%≈79.37%

增值率超过50%至100%的,适用税率为40%,速算扣除系数为5%

应纳土地增值税税额=7080×40%-8920×5%=2386(万元)

四、征收管理与会计处理

土地增值税的纳税人应向房地产所在地主管税务机关办理纳税申报,并在税务机关核定的期限内缴纳。房地产所在地,是指房地产的坐落地。纳税人转让的房地产坐落在两个或以上地区的,应按房地产所在地分别申报纳税。

土地增值税的纳税人应在转让房地产合同签订后的7日内,到房地产所在地主管税务机关办理纳税申报,并向税务机关提交房屋及建筑物产权、土地使用权证书,土地使用权转让、房产买卖合同,房地产评估报告及其他与转让房地产有关的资料。

企业应当在"应交税费"科目下设"应交土地增值税"明细科目,专门用来核算土地增值税的发生和缴纳情况,其贷方反映企业计算出的应交土地增值税,其借方反映企业实际缴纳的土地增值税,余额在贷方反映企业应交而未交的土地增值税。

土地增值税作为对企业营业收入所征收的一种税收,一般应当作为营业税金进行处理,具体可以分为如下三种情况:

(1)对于专门从事房地产经营的企业,应当直接计入税金及附加科目,如房地产开发企业应当计入"税金及附加"科目,对外经济合作企业应当计入"应交税费"科目,股份制企业应当计入"税金及附加"科目。

(2)对于非专营房地产开发的企业从事的房地产开发业务应当缴纳的土地增值税,一般应当作为其他业务支出处理,如工业企业、商业企业、农业企业、交通企业、民航企业等企业应当计入"其他业务支出"科目,如果企业不划分主营业务收入和其他业务收入,那么相应的土地增值税也应当作为营业税金的一部分计入"税金及附加"(如旅游饮食服务企业)。

(3)对于企业转让其已经作为固定资产等入账的土地使用权、房屋等,其应当缴纳的土地增值税应当计入"固定资产清理"等账户。

【例题10-3】某房地产开发企业于2022年3月1日进行房地产新项目交房,确认价税合计为109万元,同时确认扣除土地价款21.8万元。会计处理如下:

营业收入 = 109 ÷ (1 + 9%) = 100(万元)

增值税额 = 100 × 9% = 9(万元)

借:预收账款 109 万元

贷:主营业务收入——XX 项目 100 万元

应交税金——应交增值税(销项税额)9 万元

注:上述在计算增值税销项税额的过程中,并未扣除土地价款对应的销项税额抵减数。

对应的土地价款按照税法规定可以抵减销售额。

其中,抵减的不含税销售额 = 21.8 ÷ (1 + 9%) = 20(万元)

那么,允许抵减的增值税额 = 20 × 9% = 1.8(万元)

借:应交税额——应交增值税(销项税额抵减)1.8 万元

贷:开发成本——XX 项目 1.8 万元

同时,结转成本。

借:主营业务成本——XX 项目

贷:开发产品——XX 项目

五、优惠政策

(1)法定免税。有下列情形之一的,免征土地增值税:

①纳税人建造普通标准住宅出售,增值额未超过扣除项目金额20%;

②因国家建设需要依法征用、收回的房地产。

(2)转让房地产免税。因城市规划、国家建设的需要而搬迁,由纳税人自行转让原房地产的,经税务机关审核,免征土地增值税。

(3)转让自用住房免税。个人因工作调动或改善居住条件而转让原自用住房,凡居住满5年及以上的,免征土地增值税;居住满3年未满5年的,减半征收土地增值税。

(4)房地产入股免税。以房地产作价入股进行投资或联营的,转让到所投资、联营的企业中的房地产,免征土地增值税。

(5)合作建自用房免税。对于一方出地,一方出资金,双方合作建房,建成后按比例分房自用的,暂免征土地增值税。

(6)互换房地产免税。个人之间互换自有居住用房地产的,经当地税务机关核实,免征土地增值税。

(7)房地产转让免税。对1994年1月1日以前已签订的房地产转让合同,不论何时转让其房地产,免征土地增值税。

(8)房地产转让免税。对1994年1月1日以前已签订房地产开发合同或已分项,并已按规定投入资金进行开发,其首次转让房地产的,在2000年底前免征土地增值税。

(9)个人转让普通住宅免税。从1999年8月1日起,对居民个人转让其拥有的普通住宅,暂免征土地增值税。

(10)赠与房地产不征税。房产所有人、土地使用权所有人将房屋产权、土地使用权赠与直系亲属或承担直接赡养义务人的,不征收土地增值税。

(11)房产捐赠不征税。房产所有人、土地使用权所有人通过中国境内非营利社会团体、国家机关将房屋产权、土地使用权赠与教育、民政和其他社会福利、公益事业的,不征收土地增值税。

(12)资产管理公司转让房地产免税。对中国信达、华融、长城和东方4家资产管理公司及其分支机构,自成立之日起,公司处置不良资产,转让房地产取得的收入,免征土地增值税。

(13)第29届奥运会取得收入免税。对第29届奥运会组委会再销售所获捐赠的物品和赛后出让资产取得收入,免征土地增值税。

(14)被撤销金融机构清偿债务免税。从《金融机构撤销条例》生效之日起,对被撤销的金融机构及其分支机构(不包括所属企业)财产用于清偿债务时,免征其转让货物、不动产、无形资产、有价证券、票据等应缴纳的土地增值税。

(15)资产处置免税。对中国东方资产管理公司接收港澳国际(集团)有限公司的资产以及利用该资产从事融资租赁业务应缴纳土地增值税,予以免征。对港澳国际(集团)有限公司及其内地公司和香港8家子公司在中国境内的资产,在清理和被处置时,免征应缴纳的土地增值税。

(16)产权未转移不征收土地增值税。房地产开发企业将开发的部分房地产转为企业自用或用于出租等商业用途时,如果产权未发生转移,不征收土地增值税,在税款清算时不列收入,不扣除相应的成本和费用。

(17)土地增值税预征率。对符合《国家税务总局关于房地产开发企业土地增值税清算管理有关问题的通知》第七条情形的,各省辖市地方税务局可在下列规定的幅度内,确定不低于预征率的征收率,并报省局备案:

①对房地产开发企业建造的普通标准住宅,可按取得收入的0.5%至1%计征土地增值税;

②对房地产开发企业建造的普通住宅,可按取得收入的1%至2%计征土地增值税;

③对房地产开发企业建造的营业用房、写字楼、高级公寓、度假村、别墅等,可按取得收入的2%至4%计征土地增值税;

④对房地产开发企业建造的项目中包含普通标准住宅、普通住宅或其他商品房的,其收入应分别核算,否则从高按取得收入的2%至4%计征土地增值税。

(18)转让旧主房及建筑物扣除项目规定。对单位转让旧主房及建筑物,既没有评估价格,又不能提供购房发票的,按转让收入的80%至95%作为扣除项目金额计征土地增值税,具体比例由各省辖市确定,并报省财政厅、省地税局备案。

(19)个人转让非普通住宅五年以上免征。对个人转让非普通住宅,即没有评估价格,又不能提供购房发票的,按转让收入的1%至1.5%计征土地增值税,具体比例由各省辖市确定,并报省财政厅、省地税局备案。

对个人转让非普通住宅的,经向主管税务机关申报核准,凡居住五年或五年以上,免予征收土地增值税;居住满三年未满五年的,减半征收土地增值税。

（20）廉租住房、经济适用住房符合规定免征土地增值税。企事业单位、社会团体以及其他组织转让旧房作为廉租住房、经济适用住房房源且增值额未超过扣除项目金额20%的，免征土地增值税。

（21）灾后重建安居房建设转让免征土地增值税。对政府为受灾居民组织建设的安居房建设用地免征城镇土地使用税，转让时免征土地增值税。

（22）个人销售住房暂免征收土地增值税。自2008年11月1日起，对个人销售住房暂免征收土地增值税。

（23）房地产开发企业进行土地增值税清算后，补缴税款暂时有困难的，经批准可以延期缴纳。

（24）对三项国际综合运动会组委会的收入免税。自2008年1月1日起，对亚运会组织委员会、大运会执行局和大冬会组织委员会赛后出让资产取得的收入，免征应缴纳的土地增值税。

（25）对企事业单位、社会团体以及其他组织转让旧房作为公共租赁住房房源的，且增值额未超过扣除项目金额20%的，免征土地增值税。

第二节　土地增值税采集与申报

一、税源采集和填报

自2021年6月1日起，财行税申报使用十税合一的《财产和行为税纳税申报表》，纳税人进行土地增值税申报前，应先进行土地增值税税源信息采集。从土地增值税的申报义务来看，所有纳税人均适用的税源采集类型包括：转让旧房及建筑物、整体转让在建工程；针对从事房地产开发的纳税人，适用的税源采集类型包括：土地增值税项目报告、预征、清算、尾盘销售。

二、电子报税流程

目前，土地增值税的纳税申报实现"一表申报"，电子报税将税源信息采集从申报信息中分离出来并前置。纳税人在进行每个税种的申报时，需先维护税源管理信息。根据每个税种实际情况，纳税人可在申报期前填写税源信息表，也可在申报期填写。税源信息填报完成后，系统自动生成申报表，纳税人确认后申报。

土地增值税税源采集及申报流程如下：

（1）登录电子税务局，操作路径："首页"→点击"我要办税"→"税费申报及缴纳"→"合并纳税申报"，点击菜单进入合并纳税申报界面，选择土地增值税税源采集，如图10-1所示：

图 10-1

前置条件:纳税人进行财产行为税税源信息采集土地增值税(从事房地产开发的纳税人预缴适用)之前,需存在有效的税(费)种认定信息。

(2)进入土地增值税税源信息采集界面,若需要进行土地增值税项目新增的,可点击"新增项目"按钮,进入土地增值税项目报告采集界面,填写必录项信息后,点击"保存",提示新增成功,完成土地增值税项目登记。如图 10-2 所示:

图 10-2

(3)点击"新增采集"按钮,新增申报类型选择:土地增值税税源信息采集(预征),点击"新增采集",若存在有效的按期申报税费种认定信息,进入新增采集信息界面,税源信息系统会自动获取带出,点击"采集"即可。如图 10-3、10-4 所示:

图 10-3

◀ 税法理论与实践

图 10-4

(4) 点击"采集"后,跳转至填写界面,填写完毕,点击"提交",再点击"确认提交",即可完成采集。如图 10-5、10-6 所示:

图 10-5

图 10-6

(5) 当税源采集状态变成"已采集已导入"的情况下,可进入"财产和行为税纳税申报表"→"申报表列表"选择税款属期,勾选申报的土地增值税,若同属期存在多个税源信息,在申报表信息中勾选要申报的税源信息,点击"提交"按钮。如图 10-7 所示:

图 10-7

(6)提交之后,页面上会带出的已勾选的土地增值税申报表,进入土地增值税申报表。勾选已采集可申报的税源信息,点击"确认申报"提交后,土地增值税申报表会打上红色标志。如图 10-8 所示:

图 10-8

(7)最后,进入财产和行为税纳税申报表界面,确认申报数据无误,点击"提交"后,再进行提交全申报即可完成报税。如图 10-9 所示:

图 10-9

第十一章　房产税法与契税法

> **课前阅读**

1. 房产税的由来

说起我国房产税的发展历史,最早可追溯到周代的廛布。廛在古代是指一户城市平民人家所住的房屋,而"布"是古代的一种钱币。《周礼》载"掌敛廛布而入于泉府",就是指市邸房舍之税。到了唐朝德宗建中四年(783年),朝廷在全国开征"间架税",即房产税。规定房屋每两架为一间,房屋分三等征税。上等房屋每间收税两千文,中等房屋每间收税一千文,下等房屋每间收税五百文。并且规定对不如实申报者,每隐瞒一间杖打六十,严厉的刑罚曾引得人民怨声载道。

清朝的房产税称市廛输钞、计檩输税,到清末和民国时期则称为房捐。清光绪二十四年(1898年),订有《房捐章程》,按租价征收十分之一的税,房主、租户负担各半。若房屋为房主自住,则按邻近相仿房屋的租价计征。民国四年(1915年)10月,国民政府制定了《宅地税征收条例》,各省根据该《条例》再制定细则,将征收地分为省会、商埠和县镇三等,每等税率再各分五级,三等共分十五级税率,最高为每平方弓(合1.6平方米)4元,最低为每平方弓0.6元。分级标准以房屋所处地段的繁僻程度与房屋价值而定。

1951年8月,中华人民共和国政务院颁布实行了《城市房地产税条例》,将房产税和地产税合并征收。1973年工商税制改革时,将企业缴纳的房地产税并入工商税,而对不缴纳工商税的个人,则仍由房产管理部门征收房地产税。1988年9月,国务院发布了《房产税暂行条例》,计税依据分为房产原值和租金收入两种形式。政府还对个人所有非营业用房、宗教寺庙、公园、名胜古迹自用房屋、人民团体等自用房给予免税照顾。

2. 契税的由来

契,买卖房地产的文书,也是所有权的凭证。契税就是依契收税。我国契税起源于东晋时期的"估税",至今已有1600多年的历史。《隋书·食货志》有云:"晋自过江,凡货卖奴婢、马牛、田宅有文券,率钱一万输估四百入官,卖者三百,买者一百。无文券者,随物所堪,亦百分收四,名为散估。历宋、齐、梁、陈,如此以为常。"

北宋开宝二年(969年),宋太祖"令民典卖田宅,输钱印契,税契限两月",违者按匿税条法断罪。清代文人吴憬在《左司笔记》中对此评论道:"宋太祖开宝二年,令收民印契钱,凡民买卖田宅输钱印契,税契限两月,此后世契税之始也。"宋朝政府为了保证契税征收,防止偷税漏税,还首次对房地产买卖契约的格式、内容作出统一规定,发行由官府统一印制的格式化契券。这是不再由买卖双方分摊,而是由买方缴纳了。从此,开始以保障产权为由征收契税。

元代明确将交易税与契税分离,使契税成为一项独立税种。《至元条画》规定:"诸人典卖田宅、人口、头匹、舟肛物业,应立契据者,验立契上实值价钱,依例收办正税外,将本用印关防每本宝钞一钱。"此处的"正税"指货物交易税,又称商税。"用印关防每本宝钞一钱"指交易税之外,对契约所征税收,即契税。

清朝将从前对马牛、奴婢诸多交易及田宅典当等业统一征收的契税,缩小为只对田宅、奴婢等重大买卖行为征收。清朝设立契尾制度,民人向官府投税后,将所获契税单证粘连于契约尾部,与原契合二为一,作为原契已依法投税成立的证明的制度。中国古代契税制度及其实施经验,对于我们今天完善契税法具有重要借鉴价值。

2020年8月11日,十三届全国人大常委会第二十一次会议通过《中华人民共和国契税法》,当日中华人民共和国主席令第五十二号公布,自2021年9月1日起施行。

第一节　房产税

房产税,又称房屋税,是国家以房产作为课税对象向产权所有人征收的一种财产税。对房产征税的目的是运用税收杠杆,加强对房产的管理,提高房产使用效率,控制固定资产投资规模和配合国家房产政策的调整,合理调节房产所有人和经营人的收入。

2010年7月22日,在财政部举行的地方税改革研讨会上,相关人士表示,房产税试点将于2012年开始推行。但鉴于全国推行难度较大,试点将从个别城市开始。2011年1月28日,上海重庆开始房产税试点改革,上海征收对象为本市居民新购房且属于第二套及以上住房和非本市居民新购房,税率暂定0.6%;重庆征收对象是独栋别墅高档公寓,以及无工作户口无投资人员所购二套房,税率为0.5%~1.2%。

一、征收范围

房产税的征税对象是房产。所谓房产,是指有屋面和围护结构,能够遮风避雨,可供人们在其中生产、学习、工作、娱乐、居住或储藏物资的场所。独立于房屋的建筑物如围墙、暖房、水塔、烟囱、室外游泳池等不属于房产,但室内游泳池属于房产。由于房地产开发企业开发的商品房在出售前,对房地产开发企业而言是一种产品,因此,对房地产开发企业建造的商品房,在售出前,不征收房产税;但对售出前房地产开发企业已使用或出租、出借的商品房应按规定征收房产税。

房产税的征税范围为城市、县城、建制镇和工矿区。具体规定如下:

(1)城市是指国务院批准设立的市。

(2)县城是指县人民政府所在地。

(3)建制镇是指省、自治区、直辖市人民政府批准设立的建制镇。

(4)工矿区是指工商业比较发达、人口比较集中、符合国务院规定的建制镇标准但尚未建立建制镇的大中型工矿企业所在地。开征房产税的工矿区须经省、自治区、直辖市人民政府批准。

房产税的征收范围不包括农村,这主要是为了减轻农民负担。因为农村的房屋大部分是农民居住用房。对农村房屋不纳入房产税征税范围,有利于农业发展,繁荣农村经济,促进社会稳定。

二、纳税义务人

房产税的纳税义务人是指征税范围内的房屋产权所有人。房产税的纳税人具体包括:

(1)产权属国家所有的,由经营管理单位纳税;产权属集体和个人所有的,由集体单位和个人纳税。

(2)产权出典的,由承典人纳税。

(3)产权所有人、承典人不在房屋所在地的,由房产代管人或者使用人纳税。

(4)产权未确定及租典纠纷未解决的,亦由房产代管人或者使用人纳税。

(5)无租使用其他房产的问题。纳税单位和个人无租使用房产管理部门、免税单位及纳税单位的房产,应由使用人代为缴纳房产税。

(6)产权属于集体所有制的,由实际使用人纳税。

三、征收标准

房产税征收标准分为从价计征和从租计征两种情况:

(1)从价计征的,其计税依据为房产原值一次减去10%~30%后的余值;

(2)从租计征的(即房产出租的),以房产租金收入为计税依据。

从价计征10%~30%的具体减除幅度由省、自治区、直辖市人民政府确定。如浙江省规定具体减除幅度为30%。

房产税税率采用比例税率。按照房产余值计征的,年税率为1.2%;按房产租金收入计征的,年税率为12%。

房产税应纳税额的计算分为以下两种情况,其计算公式为:

(1)以房产原值为计税依据的

应纳税额 = 房产原值 × (1 - 10% ~ 30%) × 税率(1.2%)

(2)以房产租金收入为计税依据的

应纳税额 = 房产租金收入 × 税率(12%)

要按照上述公式计算应缴纳的房产税,首先确定房产的原值和房产租金收入,也就是税法上所说的计税依据。

四、计税依据

(一)以房产的计税余值作为计税依据

对于经营自用的房屋,是以房产的原值一次性减除10%至30%后的余值来作为计税依据的。如果没有房产原值作为依据,将由房产所在地的税务机关参考同类房产核定。

从价计算应纳税额的计算公式:

应纳税额 = 房产原值 × (10% ~ 30%) × 1.2%

(二)以房产的租金收入作为计税依据

房产租金收入是指企业出租房产所得到的报酬,包括货币收入和实物收入。对于以劳务或其他形式作为报酬抵付房租收入的,应当根据当地同类房产的租金水平,确定一个标准租金,按规定计征房产税。

从租计算应纳税额的计算公式:

应纳税额 = 房产租金收入 × 12%

要按照上述公式计算应缴纳的房产税,首先您需要准确确定房产的原值和房产租金收入,也就是税收上所说的计税依据:

五、征收税率

(1)按房产余值计征的,年税率为1.2%;

(2)按房产出租的租金收入计征的,税率为12%。从2001年1月1日起,对个人按市场价格出租的居民住房,用于居住的,可暂减按4%的税率征收房产税。

注意事项:

①房产出租的,以房产租金收入为房产税的计税依据。对投资联营的房产,在计征房产税时应予以区别对待。共担风险的,按房产余值作为计税依据,计征房产税;对收取固定收入,应由出租方按租金收入计缴房产税。

②对融资租赁房屋的情况,在计征房产税时应以房产余值计算征收,租赁期内房产税的纳税人,由当地税务机关根据实际情况确定。

③新建房屋交付使用时,如中央空调设备已计算在房产原值之中,则房产原值应包

括中央空调设备;旧房安装空调设备,一般都作单项固定资产入账,不应计入房产原值。

【例题 11-1】假设某市一商贸企业为增值税一般纳税人,2020 年末建成办公楼一栋,为建造办公楼新征一块土地,面积为 45000 平方米,土地单价为每平方米 300 元,房产建筑面积为 2 万平方米,建筑成本为 2000 万元,该办公楼使用年限为 50 年,当地政府规定计算房产余值扣除的比例为 20%。计算该商贸企业 2021 年应缴纳的房产税。

【答案】该地的容积率 = 20000 ÷ 45000 = 0.44。按税法规定,容积率低于 0.5 的,按房产建筑面积的 2 倍计算土地面积并据此确定计入房产原值的地价。

该房产的原值 = 2000 + 20000 × 2 × 0.03 = 3200(万元)

2021 年应缴纳的房产税 = 3200 × (1 - 20%) × 1.2% = 30.72(万元)

【例题 11-2】假设某企业为增值税一般纳税人,2021 年初委托施工企业建造仓库一幢,9 月末办理验收手续,仓库入账原值 400 万元;9 月 30 日将原值 300 万元的旧车间对外投资联营,当年收取固定利润 10 万元。当地政府规定房产计税余值扣除比例为 30%。2021 年度该企业上述房产应缴纳多少房产税?

【答案】应缴纳房产税 = 400 × (1 - 30%) × 1.2% ÷ 12 × 3 + 300 × (1 - 30%) × 1.2% ÷ 12 × 9 + 10 × 12% = 3.93(万元)

【解析】对于以房产投资联营投资者参与投资利润分红,共担风险的情况,按房产原值作为计税依据计征房产税。对于以房产投资,收取固定收入,不承担联营风险的情况,实际上是以联营名义取得房产的租金,应根据《房产税暂行条例》的有关规定由出租方按租金收入计缴房产税。

六、征收管理

房产税实行按年计算、分期缴纳的征收方法,具体纳税期限由省、自治区、直辖市人民政府确定。房产税在房产所在地缴纳。房产不在同一地方的纳税人,应按房产的坐落地点分别向房产所在地的税务机关纳税。房产税的纳税人应按照条例的有关规定,及时办理纳税申报,并如实填写《房产税纳税申报表》。

七、纳税时间

(1)纳税人将原有房产用于生产经营,从生产经营之月起,缴纳房产税。

(2)纳税人自行新建房屋用于生产经营,从建成之次月起,缴纳房产税。

(3)纳税人委托施工企业建设的房屋,从办理验收手续之次月起,缴纳房产税。

(4)纳税人购置新建商品房,自房屋交付使用之次月起,缴纳房产税。

(5)纳税人购置存量房,自办理房屋权属转移、变更登记手续,房地产权属登记机关签发房屋权属证书之次月起,缴纳房产税。

(6)纳税人出租、出借房产,自交付出租、出借房产之次月起,缴纳房产税。

(7)房地产开发企业自用、出租、出借该企业建造的商品房,自房屋使用或交付之次月起,缴纳房产税。

八、税收优惠

(1)国家机关、人民团体、军队自用的房产免征房产税。但上述免税单位的出租房产不属于免税范围。

(2)由国家财政部门拨付事业经费的单位自用的房产免征房产税。但如学校的工厂、商店、招待所等应照章纳税。

(3)宗教寺庙、公园、名胜古迹自用的房产免征房产税。但经营用的房产不免。

(4)个人所有非营业用的房产免征房产税。但个人拥有的营业用房或出租的房产,应照章纳税。

(5)对行使国家行政管理职能的中国人民银行总行所属分支机构自用的房地产,免征房产税。

(6)对高校学生公寓免征房产税。

(7)从2001年1月1日起,对个人按市场价格出租的居民住房,用于居住的,可暂减按4%的税率征收房产税。

(8)经财政部批准免税的其他房产。

第二节 重庆房产税试点政策

为调节收入分配,引导个人合理住房消费,根据国务院第136次常务会议有关精神,重庆市人民政府决定在部分区域开展对部分个人住房征收房产税改革试点。现结合我市实际情况,制定本暂行办法。

一、试点区域

试点区域为渝中区、江北区、沙坪坝区、九龙坡区、大渡口区、南岸区、北碚区、渝北区、巴南区(以下简称主城九区)。

二、征收对象

试点采取分步实施的方式。首批纳入征收对象的住房为:

(1)个人拥有的独栋商品住宅。

(2)个人新购的高档住房。高档住房是指建筑面积交易单价达到上两年主城九区新建商品住房成交建筑面积均价2倍(含2倍)以上的住房。

(3)在重庆市同时无户籍、无企业、无工作的个人新购的首套及以上的普通住房。

新购住房是指《暂行办法》施行之日起购买的住房(包括新建商品住房和存量住

房)。新建商品住房购买时间以签订购房合同并提交房屋所在地房地产交易与权属登记中心的时间为准,存量住房购买时间以办理房屋权属转移、变更登记手续时间为准。

未列入征税范围的个人高档住房、多套普通住房,将适时纳入征税范围。

三、纳税人

纳税人为应税住房产权所有人。产权人为未成年人的,由其法定监护人纳税。产权出典的,由承典人纳税。产权所有人、监护人、承典人不在房产所在地的,或者产权未确定及租典纠纷未解决的,由代管人或使用人纳税。应税住房产权共有的,共有人应主动约定纳税人,未约定的,由税务机关指定纳税人。

四、计税依据

应税住房的计税价值为房产交易价。条件成熟时,以房产评估值作为计税依据。

独栋商品住宅和高档住房一经纳入应税范围,如无新的规定,无论是否出现产权变动均属纳税对象,其计税交易价和适用的税率均不再变动。

属于本办法规定的应税住房用于出租的,按本办法的规定征收房产税,不再按租金收入征收房产税。

五、税率

(1)独栋商品住宅和高档住房建筑面积交易单价在上两年主城九区新建商品住房成交建筑面积均价3倍以下的住房,税率为0.5%;3倍(含3倍)至4倍的,税率为1%;4倍(含4倍)以上的税率为1.2%。

(2)在重庆市同时无户籍、无企业、无工作的个人新购首套及以上的普通住房,税率为0.5%。

六、应纳税额的计算

(1)个人住房房产税应纳税额的计算。

应纳税额 = 应税建筑面积 × 建筑面积交易单价 × 税率

应税建筑面积是指纳税人应税住房的建筑面积扣除免税面积后的面积。

(2)免税面积的计算。

扣除免税面积以家庭为单位,一个家庭只能对一套应税住房扣除免税面积。纳税人在本办法施行前拥有的独栋商品住宅,免税面积为180平方米;新购的独栋商品住宅、高档住房,免税面积为100平方米;纳税人家庭拥有多套新购应税住房的,按时间顺序对先购的应税住房计算扣除免税面积。在重庆市同时无户籍、无企业、无工作的个人的应税住房均不扣除免税面积。

七、税收减免与缓缴税款

(1)对农民在宅基地上建造的自有住房,暂免征收房产税。

(2)在重庆市同时无户籍、无企业、无工作的个人拥有的普通应税住房,如纳税人在重庆市具备有户籍、有企业、有工作任一条件的,从当年起免征税,如已缴纳税款的,退还当年已缴税款。

(3)因自然灾害等不可抗力因素,纳税人纳税确有困难的,可向地方税务机关申请减免税和缓缴税款。

八、征收管理

(1)个人住房房产税的纳税义务发生时间为取得住房的次月。税款按年计征,不足一年的按月计算应纳税额。

(2)个人住房房产税由应税住房所在地的地方税务机关负责征收。

(3)纳税人应按规定如实申报纳税并提供相关信息。

(4)个人住房房产税的征收管理依照《中华人民共和国税收征收管理法》的规定执行。

第三节 上海房产税试点政策

上海市房产税征收自2011年开始,征收对象包括上海市有二套房的房主和非上海市新购住房的房主。上海房产税征收范围是上海市全市,只要超过规定免征的面积都需要依照相关规定缴纳个人房产税。征收对象是居民家庭在沪新购且属于该居民家庭第二套及以上的住房(包括新购的二手存量住房和新建商品住房)和非本市居民家庭在本市新购的住房。计算上海房产税征收面积时,需要先扣除免税住房面积(指住房建筑面积)人均60平方米。也就是说,在上海市2011年1月28日以后新购买第二套住房的上海市居民,应缴纳上海房产税的住房面积是家庭全部住房面积减去上海房产税暂行办法规定的免税面积。

1. 本地户籍

(1)房产的人均住房面积小于60平方米就不用交税;

(2)人均住房面积大于60平方米的:

应该缴税的金额=(房屋总面积-60×家庭人口数)×2011年后购买的房屋价格×70%×0.6%

(3)如果新房的价格过高,是平均售价的两倍,税率会改变,应该套用另一个方程:

应该缴税的金额=(房屋总面积-60×家庭人口数)×2011年后购买的房屋价格×

70% ×0.4%

2. 外地户籍

（1）应该缴税的金额＝房屋总面积×2011年后购买的房屋价格×70%×0.6%

（2）如果新房的价格过高,是平均售价的两倍,税率会改变,应该套用另一个方程式：应该缴税的金额＝房屋总面积×2011年后购买的房屋价格×70%×0.4%

注：具体计算金额与实际金额可能会有误差,实际缴纳金额应该与网上核算金额或当地税务机关书面通知金额为准。

第四节 房产税采集与申报

目前,房产税的纳税申报实现"一表申报",电子报税将税源信息采集从申报信息中分离出来并前置。纳税人在进行每个税种的申报时,需先维护税源管理信息。根据每个税种实际情况,纳税人可在申报期前填写税源信息表,也可在申报期填写。税源信息填报完成后,系统自动生成申报表,纳税人确认后申报。

房产税税源采集及申报流程如下：

（1）登录电子税务局网站,操作路径："首页"→"我要办税"→"税费申报及缴纳"→"综合纳税申报",点击菜单进入综合纳税申报界面,选择房产税税源采集。如图11-1所示：

图11-1

（2）选择"房产税税源采集",点击"在线办理",跳转至房产税税源信息变更页面。系统自动带出已有房屋信息。如图11-2所示：

图 11 – 2

(3)若要新增房产税税源信息,点击"新增"按钮,弹出房产税税源信息采集页面,自行填写房屋应税信息以及符合条件的减免信息,点击"提交"即可。如图 11 – 3 所示:

图 11 – 3

(4)采集成功后,进入"综合纳税申报"→"申报表列表"界面,所属年度默认当年年度,税款属期自行选择,在申报表信息中勾选要申报的税源信息,点击"提交"按钮。如图 11 – 4 所示:

◀ 税法理论与实践

图 11 - 4

（5）提交成功之后，自动带出"房产税"申报表，打开"房产税"申报表，会自动获取已采集可申报的税源明细，以列表展示。如图 11 - 5 所示：

图 11 - 5

（6）可以直接选择"全部申报"，也可以勾选单项税源，点击"确认申报"。如图 11 - 6 所示：

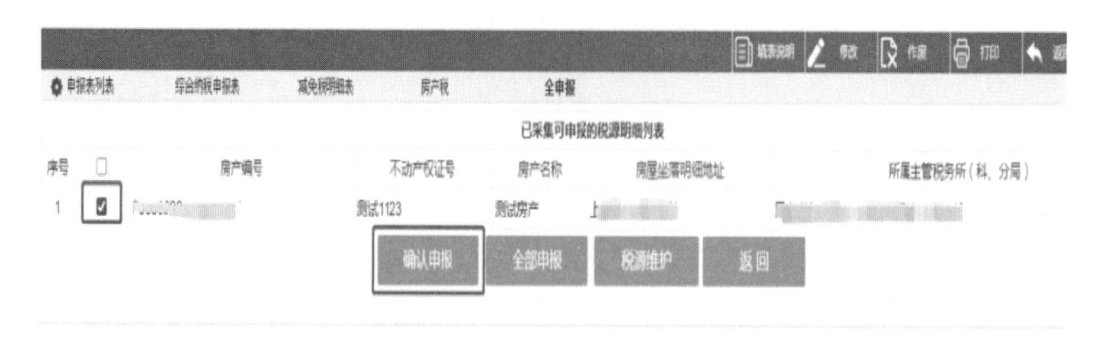

图 11 - 6

第十一章　房产税法与契税法

(7)存在减免的,打开"减免税明细表",点击"查询",带出在房产税税源信息采集中采集的减免税信息,确认信息无误,点击"提交"即可。如图11-7所示:

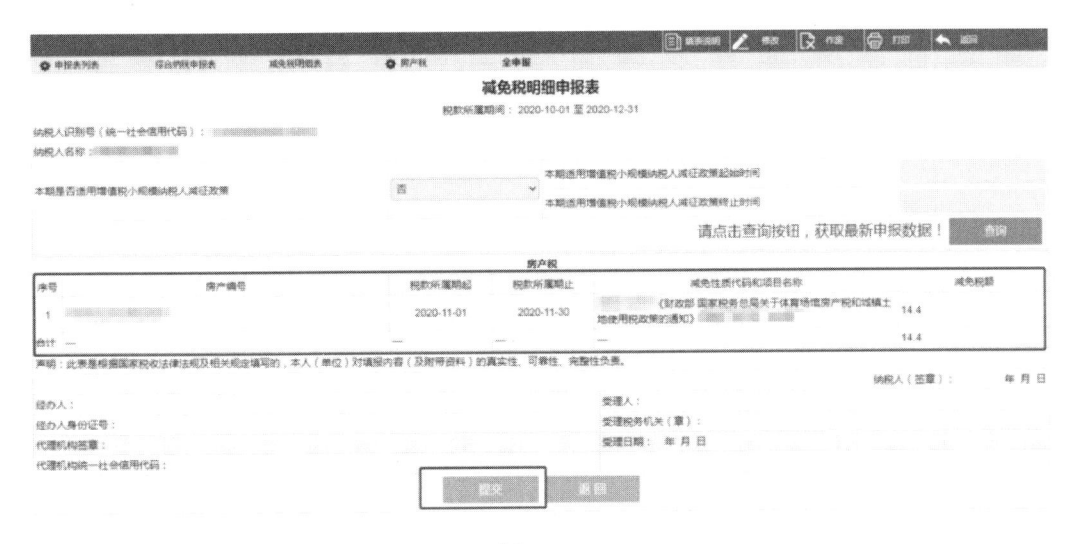

图11-7

(8)打开"综合纳税申报表",核实报表中的信息无误之后,点击"提交",提示保存成功之后,点击"全申报"。如图11-8所示:

图11-8

(9)未全申报或者申报状态为"已申报未导入"的情况下,可对报表进行修改或者作废操作。如图11-9所示:

- 223 -

图 11-9

第五节　契税

  契税是土地、房屋权属转移时向其承受者征收的一种税收。现行的《中华人民共和国契税法》于2021年9月1日起施行。在中国境内取得土地、房屋权属的企业和个人，应当依法缴纳契税。上述取得土地、房屋权属包括下列方式：国有土地使用权出让，土地使用权转让（包括出售、赠与和交换），房屋买卖、赠与和交换。以下列方式转移土地房屋权属的，视同土地使用权转让、房屋买卖或者房屋赠与征收契税：以土地、房屋权属作价投资、入股，以土地、房屋权属抵偿债务，以获奖的方式承受土地、房屋权属，以预购方式或者预付集资建房款的方式承受土地、房屋权属。契税实行3%~5%的幅度比例税率。

  契税，是指对契约征收的税，属于财产转移税，由财产承受人缴纳。契税中所涉及的契约，包括土地使用权转移，如国有土地使用权出让或转让，房屋所有权转移，应该称为土地、房屋权属转移，如房屋买卖、赠送、交换等。除了买卖、赠送、交换外，房屋所有权转移的方式还有很多种。其中，有两种常见的房屋权属转移，按规定要缴纳契税：因特殊贡献获奖，奖品为土地或房屋权属；或预购期房、预付款项集资建房，只要拥有房屋所有权，就等同于房屋买卖。契税是一种重要的地方税种，在土地、房屋交易的发生地，不管何人，只要所有权属转移，都要依法纳税。契税已成为地方财政收入的固定来源，在全国，地方契税收入呈迅速上升态势。各类土地、房屋权属转移，方式各不相同，契税定价方法，也各有差异。契税属于财产转移税，契税由财产承受人缴纳。

一、征税对象

  契税的征税对象是境内转移的土地、房屋权属。具体包括以下五项内容：

(1)国有土地使用权的出让,由承受方交。

国有土地使用权的转让是指土地使用者向国家交付土地使用权出让费用,国家将国有土地使用权在一定年限内让与土地使用者的行为。

(2)土地使用权的转让,除了考虑土地增值税,另由承受方交契税。

土地使用权的转让是指土地使用者以出售、赠与、交换或者其他方式将土地使用权转移给其他单位和个人的行为。土地使用权的转让不包括农村集体土地承包经营权的转移。

(3)房屋买卖,即以货币为媒介,出卖者向购买者过渡房产所有权的交易行为。以下几种特殊情况,视同买卖房屋:

①以房产抵债或实物交换房屋,应由产权承受人,按房屋现值缴纳契税;

②以房产作投资或股权转让,以自有房产作股投入本人独资经营的企业,免纳契税;

③买房拆料或翻建新房,应照章纳税。

(4)房屋赠与,房屋受赠人缴纳契税,赠与方不缴纳土地增值税。

(5)房屋交换,房屋产权相互交换,双方交换价值相等,免纳契税,办理免征契税手续。其价值不相等的,按超出部分由支付差价方缴纳契税。

二、纳税义务人

契税的纳税义务人是境内转移土地、房屋权属,承受的单位和个人。境内是指中华人民共和国实际税收行政管辖范围内。土地、房屋权属是指土地使用权和房屋所有权。单位是指企业单位、事业单位、国家机关、军事单位和社会团体以及其他组织。个人是指个体经营者及其他个人,包括中国公民和外籍人员。

三、税率

契税实行3%~5%的幅度税率。实行幅度税率是考虑到中国经济发展的不平衡,各地经济差别较大的实际情况。因此,各省、自治区、直辖市人民政府可以在3%~5%的幅度税率规定范围内,按照该地区的实际情况决定。

四、计税依据

契税的计税依据为不动产的价格。由于土地、房屋权属转移方式不同,定价方法不同,因而具体计税依据视不同情况而决定。

国有土地使用权出让、土地使用权出售、房屋买卖,以成交价格为计税依据。成交价格是指土地、房屋权属转移合同确定的价格,包括承受者应交付的货币、实物、无形资产或者其他经济利益。

土地使用权赠与、房屋赠与,由征收机关参照土地使用权出售、房屋买卖的市场价格核定。

土地使用权交换、房屋交换,为所交换的土地使用权、房屋的价格差额。也就是说,交换价格相等时,免征契税;交换价格不等时,由多交付的货币、实物、无形资产或者其他经济利益的一方缴纳契税。

以划拨方式取得土地使用权,经批准转让房地产时,由房地产转让者补交契税。计税依据为补交的土地使用权出让费用或者土地收益。

为了避免偷、逃税款,税法规定,成交价格明显低于市场价格并且无正当理由的,或者所交换土地使用权、房屋的价格的差额明显不合理并且无正当理由的,征收机关可以参照市场价格核定计税依据。

房屋附属设施征收契税的依据:

(1)采取分期付款方式购买房屋附属设施土地使用权、房屋所有权的,应按合同规定的总价款计征契税。

(2)承受的房屋附属设施权属如为单独计价的,按照当地确定的适用税率征收契税;如与房屋统一计价的,适用与房屋相同的契税税率。

个人无偿赠与不动产行为(法定继承人除外),应对受赠人全额征收契税。在缴纳契税时,纳税人须提交经税务机关审核并签字盖章的《个人无偿赠与不动产登记表》,税务机关(或其他征收机关)应在纳税人的契税完税凭证上加盖"个人无偿赠与"印章,在《个人无偿赠与不动产登记表》中签字并将该表格留存。

出让国有土地使用权,契税计税价格为承受人为取得该土地使用权而支付的全部经济利益。对通过"招、拍、挂"程序承受国有土地使用权的,应按照土地成交总价款计征契税,其中的土地前期开发成本不得扣除。

五、计算方法

契税采用比例税率。当计税依据确定以后,应纳税额的计算比较简单。应纳税额的计算公式为:

应纳税额 = 计税依据 × 税率

【例题11-3】某市甲工业企业,因生产经营需要,将其闲置的厂房与乙企业的某土地使用权交换,由乙企业支付差价款120万元;甲企业还接受丙企业以房产进行的投资,丙企业投资入股的房产市场价值为350万元。计算甲、乙企业各自应缴纳的契税税额。(当地省级人民政府规定的契税税率为4%)

【答案】甲企业应纳契税税额 = 350 × 4% = 14(万元)

乙企业应纳契税税额 = 120 × 4% = 4.8(万元)

六、征收管理

契税的纳税义务发生时间是纳税人签订土地、房屋权属转移合同的当天,或者纳税人取得其他具有土地、房屋权属转移合同性质凭证的当天。纳税人应当自纳税义务发生之日起10日内,向土地、房屋所在地的契税征收机关办理纳税申报,并在契税征收机关核定的期限内缴纳税款。契税在土地、房屋所在地的征收机关缴纳。

纳税人办理纳税事宜后,征收机关应向纳税人开具契税完税凭证。纳税人持契税完税凭证和其他规定的文件材料,依法向土地管理部门、房产管理部门办理有关土地、房屋的权属变更登记手续。土地管理部门和房产管理部门应向契税征收机关提供有关资料,并协助契税征收机关依法征收契税。

七、税收优惠

国家机关、事业单位、社会团体、军事单位承受土地、房屋用于办公、教学、医疗、科研和军事设施的,免征契税。

城镇职工按规定第一次购买公有住房,免征契税。

此外,财政部、国家税务总局规定:自2000年11月29日起,对各类公有制单位为解决职工住房而采取集资建房方式建成的普通住房,或由单位购买的普通商品住房,经当地县以上人民政府房改部门批准、按照国家房改政策出售给本单位职工的,如属职工首次购买住房,均可免征契税。

自2008年11月1日起对个人首次购买90平方米以下普通住房的,契税税率暂统一下调到1%。

因不可抗力灭失住房而重新购买住房的,酌情减免。不可抗力是指自然灾害、战争等不能预见、不可避免,并不能克服的客观情况。

土地、房屋被县级以上人民政府征用、占用后,重新承受土地、房屋权属的,由省级人民政府确定是否减免。

承受荒山、荒沟、荒丘、荒滩土地使用权,并用于农、林、牧、渔业生产的,免征契税。

经外交部确认,依照中国有关法律规定以及中国缔结或参加的双边和多边条约或协定,应当予以免税的外国驻华使馆、领事馆、联合国驻华机构及其外交代表、领事官员和其他外交人员承受土地、房屋权属。

第六节 契税采集与申报

目前,契税的纳税申报实现"一表申报",电子报税将税源信息采集从申报信息中分离出来并前置。纳税人在进行每个税种的申报时,需先维护税源管理信息。根据每个税种实际情况,纳税人可在申报期前填写税源信息表,也可在申报期填写。税源信息填报完成后,系统自动生成申报表,纳税人确认后申报。

◀ 税法理论与实践

契税税源采集及申报流程如下：

（1）登录电子税务局网站，操作路径："首页"→"我要办税"→"税费申报及缴纳"→"合并纳税申报"，点击菜单进入合并纳税申报界面，选择契税税源采集。如图11-10所示：

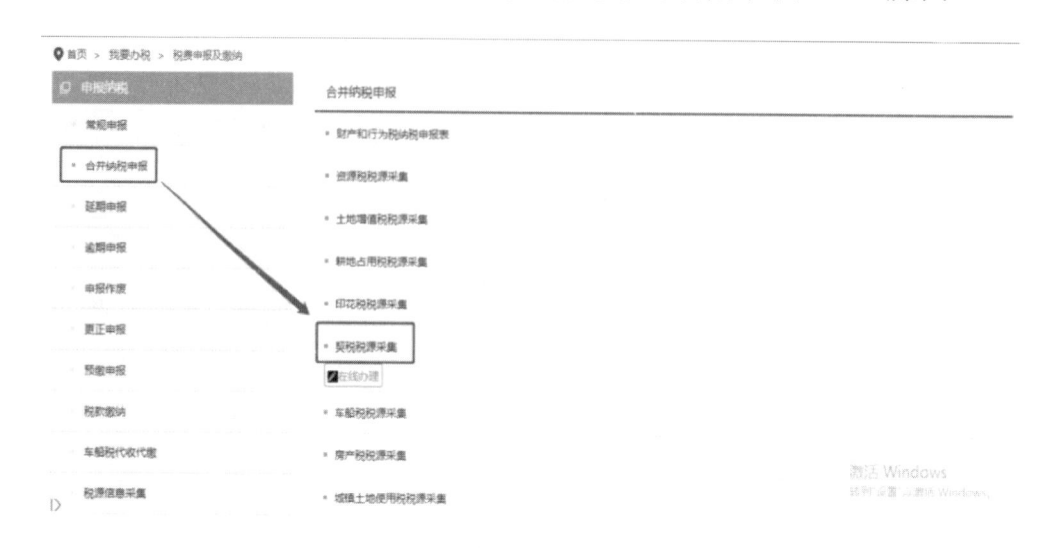

图 11-10

（2）进入契税税源信息采集界面，根据税源类型等查询条件，点击"查询"按钮，在契税税源明细表中可查询出在税款所属期内未采集或已采集等状态的契税税源信息。如图11-11所示：

图 11-11

（3）点击"新增采集"按钮，当纳税人存在有效的土地税源信息、有土地转出采集行为，若满足条件，"税源标志"选择土地税源编号时，系统自动读取相关土地税源信息，选

— 228 —

择相应税源进行采集。填写完毕,点击"提交",再确认提交,即可完成采集。如图11-12、11-13所示:

图 11 - 12

图 11 - 13

注意:当采集状态为"已采集未导入"的情况下,可对税源进行查看、修改或者作废操作。如图 11 - 14 所示:

图 11 - 14

- 229 -

◀ 税法理论与实践

当采集状态为"已采集已导入"的情况下,只能对税源信息进行查看、作废导入操作。如图 11-15 所示:

图 11-15

当采集状态为"已采集已导入"且申报状态为"已申报"的情况下,不能对税源信息进行作废操作,只能查看。如图 11-16 所示:

图 11-16

(4)当税源采集状态变成"已采集已导入"的情况下,可进入"财产和行为税纳税申报表"→"申报表列表"选择税款属期,勾选申报的契税,若同属期存在多个税源信息,在申报表信息中勾选要申报的税源信息,点击"提交"按钮。如图 11-17 所示:

- 230 -

图 11－17

(5)申报表列表勾选契税税源后,页面上会带出的已勾选的契税申报表,进入契税申报表。勾选已采集可申报的税源信息,点击"确认申报"提交后,契税申报表会打上红色标志。如图 11－18 所示:

图 11－18

(6)最后进入财产和行为税纳税申报表界面,确认申报数据无误,点击"提交"后,再进行提交全申报即可。如图 11－19 所示:

图 11－19

第七节　二手房交易涉及的税费

在二手房交易中,购房者除了要支付房款外,还需要缴纳税费,那其中涉及的税费有哪些呢？主要可以分为以下几类:增值税、城市维护建设税、教育费附加和地方教育附加、个人所得税、印花税、土地增值税及契税。具体征收如下：

1. 增值税

(1)房产证或契税发票填发日期未满2年,不分面积,按照全部价款和价外费用的5%征收率全额缴纳增值税。

(2)个人销售其取得的非住宅,按照全部价款和价外费用扣除房屋购置原价后的5%征收率全额缴纳增值税。

免征情形：

(1)房产证或契税发票填发日期满2年,免征增值税。

(2)个人销售自建自用住房,免征增值税。

(3)家庭财产分割的个人无偿转让不动产免征增值税。

2. 城市维护建设税、教育费附加和地方教育附加

城市维护建设税、教育费附加和地方教育附加随同增值税一并征免。

适用税(费)率为：

(1)城市维护建设税：按市区7％,县城、镇5％,不在市区、县城或镇的,税率为1％计征。

(2)教育费附加：按3％的征收率计征。

(3)地方教育附加：按2％的征收率计征。

3. 个人所得税

通过税收征管房屋、登记等历史信息能核实房屋原值的,对转让二手房收入计算个人所得税应纳税所得额时,纳税人可凭原购房合同、发票等有效凭证,经税务机关审核后,允许从其转让收入中减除房屋原值、转让住房过程中缴纳的税金及有关合理费用后,按20％的税率征收个人所得税。

特别提醒：房产证或契税发票填发日期满5年的,且以家庭为单位的唯一住房,免征收个人所得税。

免征情形：

(1)以下情形的房屋产权无偿赠与和转移,对当事双方不征收个人所得税：①房屋产权所有人将房屋产权无偿赠与配偶、父母、子女、祖父母、外祖父母、孙子女、外孙子女；②房屋产权所有人将房屋产权无偿赠与对其承担直接抚养或者赡养义务的抚养人或者赡养人；③房屋产权所有人死亡,依法取得房屋产权的法定继承人、遗嘱继承人或者受遗

赠人。

(2)通过离婚析产的方式分割房屋产权是夫妻双方对共同共有财产的处置,个人因离婚办理房屋产权过户手续,不征收个人所得税。

4.印花税

(1)个人买卖非住房的印花税,按合同金额与计税评估价格孰高确认计税依据,税率万分之五。

(2)赠与应按产权转移书据缴纳印花税的由征收机关参照房屋买卖的市场价格核定,税率万分之五。

减免情形:

(1)个人销售或购买住房暂免征收印花税。

(2)对增值税小规模纳税人按50%幅度减征城市维护建设税、印花税和教育费附加、地方教育附加。

5.土地增值税

个人转让非住房等存量房的,按转让收入全额的5%核定征收土地增值税。

免征情形:

(1)个人销售住房暂免征收土地增值税。

(2)以继承、赠与方式无偿转让房地产的行为不征收土地增值税。

(3)对个人之间互换自有居住用房地产的,经当地的税务机关核实,可以免征土地增值税。

6.契税

个人购买的二手房,凡不符合减免税规定的,应按3%征收契税。

减征情形:

(1)对个人购买家庭唯一住房,面积为90平方米及以下的,减按1%的税率征收契税;面积为90平方米以上的,减按1.5%的税率征收契税。

(2)对个人购买家庭第二套改善性住房,面积为90平方米及以下的,减按1%的税率征收契税;面积为90平方米以上的,减按2%的税率征收契税。

免征情形:

(1)对于《中华人民共和国继承法》规定的法定继承人继承土地、房屋权属,不征契税。

(2)在婚姻关系存续期间,房屋、土地权属变更免征契税。夫妻离婚,对共有房产重新分割或归属一方的,不征收契税。

另外,我们看到很多市场上的二手房会标注是否"满三满二"或者"满五",一般我们所说的"满三"就是指房屋买卖合同网签备案时间满三年,"满二"就是指房产证或者契税发票填发时间满二年,因为达到这些条件后,税收征收的费用就不一样了。而"满五"

指的是从取得产权证的日期算起,持有该房产的时间已经≥五年,如果房产证还没有办下来的话,也可以按照缴纳契税发票上的日期算起。

【例题11-4】西安市居民李美美(化名)购买了家庭唯一住房,看中王国强(化名)位于市区的一套50平方二手房,经协商后以200万的价格成交,王国强这套住房不能核实原值,且购入这套住房不满2年。请计算二人在这笔房产交易中都需要缴纳哪些税费。

【答案】王国强需缴纳的税费:

增值税:$2000000 \div 1.05 \times 5\% = 95238.10$(元)

城市维护建设税、教育费附加和地方教育附加:

$95238.10 \times (7\% + 3\% + 2\%) \times 50\% = 5714.29$(元)

土地增值税、印花税暂免

个人所得税:$2000000 \div 1.05 \times 1.5\% = 28571.43$(元)

需缴纳的税费合计129523.82(元)

李美美需缴纳的税费:

印花税暂免

契税:$2000000 \div 1.05 \times 1\% = 19047.62$(元)

第十二章 车船税法与车辆购置税法

> **课前阅读**

1. 车船税的由来

车船使用税是以车、船为课税对象,按其种类、大小和使用性质,实行定额征收的一种税。

在我国,对车船征税由来已久。汉代"算缗钱"的课征对象,就包括车船在内。《史记·平准书》记载"西汉元光六年(公元前129年)初算商车;元狩四年(公元前119年),初算缗钱。"当时规定:"平民车一辆,征税一算,商人加倍。船五丈以上,征税一算。""算"是单位税额,每"算"二十钱。

明代也对船只征税,名曰"船料"规定按船只载料多少和运途远近计算征税。后因丈量估料繁难,改以船只梁头的广狭为计税标准,从五尺到三丈六尺,分等定税,又叫"梁头税"。

鸦片战争以后,我国沿海港口,常有外国船只出入。对这些外船,按吨位征税,称为"吨税",对内地船只仍征"船料"。但此后一度停征,至民国31年,才改征"使用牌照税"。新中国成立后,也征收此税,后因在执行中往往被误认为是对牌照征税,故删去"牌照"二字,叫作"车船使用税"。

1951年政务院发布《车船使用牌照税暂行条例》,在全国范围内征收车船使用牌照税,但在20世纪70年代税制改革时,将对国营、集体企业征收的车船使用牌照税并入工商税,不再征收车船使用牌照税。

在1984年工商税制改革时,确定恢复征收车船使用税。

1986年国务院发布了《中华人民共和国车船使用税暂行条例》,于当年10月1日起施行。除对外资企业和外籍个人拥有使用的车船仍依照《车船使用牌照税暂行条例》的规定征收车船使用牌照税外,其他单位和个人均缴纳车船使用税。

2006年12月,国务院发布《中华人民共和国车船税暂行条例》,自2007年1月1日起施行。与车船使用牌照税、车船使用税相比,车船税在征税范围、税目税额、减免税和征收管理等几个方面进行了完善:

◀ 税法理论与实践

一、合并了车船使用牌照税和车船使用税；

二、将车船税定性为财产税；

三、适当调整了税目分类；

四、适当提高了税额标准；

五、调整了减免税范围。

车船税是我国自2004年启动新一轮税制改革以来，第一个实现内外统一的税种，也是1994年税制改革以来第一个实现全面改革的地方税税种。《中华人民共和国车船税法》已由中华人民共和国第十一届全国人民代表大会常务委员会第十九次会议于2011年2月25日通过，自2012年1月1日起施行。

2. 车辆购置税的由来

车辆购置税，顾名思义，它是跟车辆密切相关的一个税种，正如水资源税是针对水资源征收的一种税，车辆购置税的前身也如水资源税一般，是由费改税而来，车辆购置税的历史相对简单，不像个人所得税历经7次重大改革，而它的重大改革只有一次，1985年4月2日，国务院发布关于《车辆购置附加费征收办法》的通知，正式开始征收车辆购置附加费，国产车的费率为10%，进口车的费率为15%。

改革开放初期，公路运输的建设和养护都是作为地方交通而管理，而这个车辆购置附加费的征收目的也十分明确，为国家主干线公路的建设和技术改造提供背后的资金支持。从1985年到2000年的15年时间里，全国累计征收车辆购置附加费约1600多亿元，为解决我国公路建设资金严重不足的问题发挥了十分重要的作用，在这15年里，车辆购置附加费拉动了其他资金配套，累计投资建成公路超过41万公里，通车里程超过134万公里，新建桥梁(涵洞)和隧道都超过1万多座，高速公路超过1万公里。

2000年，通过"费改税"平移的方式，国务院颁布《中华人民共和国车辆购置税暂行条例》，规定从2001年1月1日起开征车辆购置税，统一了使用环节的税率全部为10%，不再区分国产和进口了。在2001年至2020年，车辆购置税都未发生过重大的变化改革，经国家统计局可查询到的过去19年数据里，车辆购置税共贡献了3.6万亿元的税收收入，年均1917亿元，截至2020年，中国私人汽车市场共拥有24291万辆，公路里程累计达519.81万公里，高速公路里程累计达16.1万公里(稳居世界第一)。

第一节 车船税

车船税,是以车船为特征对象,向车辆与船舶(以下简称车船)的所有人或者管理人征收的一种税。此处所称车船是指依法应当在车船管理部门登记的车船。在中国其适用税额,依照《车船税税目税额表》执行。中国国务院财政部门、税务主管部门可以根据实际情况,在规定的税目范围和税额幅度内,划分子税目,并明确车辆的子税目税额幅度和船舶的具体适用税额。车辆的具体适用税额由省、自治区、直辖市人民政府在规定的子税目税额幅度内确定。

一、税征范围和纳税人

车船税的征收范围,是指依法应当在我国车船管理部门登记的车船(除规定减免的车船外)。

1. 车辆

(1)依法应当在车船管理部门登记的机动车辆和船舶;

(2)依法不需要在车船管理部门登记、在单位内部场所行驶或者作业的机动车辆和船舶。

前款所称车船管理部门,是指公安、交通运输、农业、渔业、军队、武装警察部队等依法具有车船登记管理职能的部门;单位是指依照中国法律、行政法规规定,在中国境内成立的行政机关、企业、事业单位、社会团体以及其他组织。

2. 船舶

船舶,包括机动船舶和非机动船舶。机动船舶,指依靠燃料等能源作为动力运行的船舶,如客轮、货船、气垫船等;非机动船舶,指依靠人力或者其他力量运行的船舶,如木船、帆船、舢板等。

车船税的纳税人是指在中华人民共和国境内,车辆、船舶(以下简称车船)的所有人或者管理人为车船税的纳税人,应当依照规定缴纳车船税。即在我国境内拥有车船的单位和个人。车船的所有人或者管理人未缴纳车船税的,使用人应当代为缴纳车船税。所称的管理人,是指对车船具有管理使用权,不具有所有权的单位。

二、税目税额

车船税实行定额税率。定额税率,也称固定税额,是税率的一种特殊形式。定额税率计算简便,是适宜从量计征的税种。车船税的适用税额,依照车船税法所附的《车船税税目税额表》执行。车辆的具体适用税额由省、自治区、直辖市人民政府依照车船税法所附《车船税税目税额表》规定的税额幅度和国务院的规定确定。

表 12-1 车船税税目税额表

税目	计税单位	每年税额(元)	备注
乘用车	每辆(含9人以下)	60~5400	按发动机汽缸容量分档
商用车	每辆	480~1440（核定9人以上）	包括电车
货车、挂车	按自重每吨	16~120（挂车为货车50%）	包括半挂牵引车、三轮汽车和低速载货汽车等。
作业车、机械车	按自重每吨	16~120	不包括拖拉机
摩托车	每辆	36~180	
机动船舶、游艇	净吨位每吨	3~6	拖船和非机动驳船分别按船舶税额的50%计算
	游艇每米	600~2000	

车船税采用定额税率，即对征税的车船规定单位固定税额。车船税确定税额总的原则是：非机动车船的税负轻于机动车船；人力车的税负轻于畜力车；小吨位船舶的税负轻于大船舶。由于车辆与船舶的行驶情况不同，车船税的税额也有所不同。

（1）机动船舶，具体适用税额为：

①净吨位小于或者等于200吨的，每吨3元；

②净吨位201~2000吨的，每吨4元；

③净吨位2001~10000吨的，每吨5元；

④净吨位10001吨及以上的，每吨6元。

拖船按照发动机功率每1千瓦折合净吨位0.67吨计算征收车船税。

（2）游艇，游艇艇身长度是指游艇的总长，具体适用税额为：

①艇身长度不超过10米的游艇，每米600元；

②艇身长度超过10米但不超过18米的游艇，每米900元；

③艇身长度超过18米但不超过30米的游艇，每米1300元；

④艇身长度超过30米的游艇，每米2000元；

⑤辅助动力帆艇，每米600元。

（3）车船税法及其实施条例涉及的整备质量、净吨位、艇身长度等计税单位，有尾数的一律按照含尾数的计税单位据实计算车船税应纳税额。计算得出的应纳税额小数点后超过两位的可四舍五入保留两位小数。

（4）乘用车以车辆登记管理部门核发的机动车登记证书或者行驶证书所载的排气量毫升数确定税额区间。

（5）车船税法和实施条例所涉及的排气量、整备质量、核定载客人数、净吨位、功率

(千瓦或马力)、艇身长度,以车船登记管理部门核发的车船登记证书或者行驶证相应项目所载数据为准。

依法不需要办理登记、依法应当登记而未办理登记或者不能提供车船登记证书、行驶证的,以车船出厂合格证明或者进口凭证相应项目标注的技术参数、所载数据为准;不能提供车船出厂合格证明或者进口凭证的,由主管税务机关参照国家相关标准核定,没有国家相关标准的参照同类车船核定。

三、税收优惠

(1)捕捞、养殖渔船免征车船税。是指在渔业船舶登记管理部门登记为捕捞船或者养殖船的船舶。

(2)军队、武装警察部队专用的车船免征车船税。是指按照规定在军队、武装警察部队车船管理部门登记,并领取军队、武警牌照的车船。

(3)警用车船免征车船税。是指公安机关、国家安全机关、监狱、劳动教养管理机关和人民法院、人民检察院领取警用牌照的车辆和执行警务的专用船舶。

(4)依照法律规定应当予以免税的外国驻华使领馆、国际组织驻华代表机构及其有关人员的车船。

(5)对节约能源的车船,减半征收车船税;对使用新能源的车船,免征车船税。减半征收车船税的节约能源乘用车和商用车,免征车船税的使用新能源汽车均应符合规定的标准。使用新能源的车辆包括纯电动汽车、燃料电池汽车和混合动力汽车。纯电动汽车、燃料电池汽车不属于车船税征收范围,其他混合动力汽车按照同类车辆适用税额减半征税。

(6)省、自治区、直辖市人民政府根据当地实际情况,可以对公共交通车船、农村居民拥有并主要在农村地区使用的摩托车、三轮汽车和低速载货汽车定期减征或者免征车船税。

(7)经批准临时入境的外国车船和香港特别行政区、澳门特别行政区、台湾地区的车船,不征收车船税。

(8)按照规定缴纳船舶吨税的机动船舶,自车船税法实施之日起5年内免征车船税。

(9)依法不需要在车船登记管理部门登记的机场、港口、铁路站场内部行驶或作业的车船,自车船税法实施之日起5年内免征车船税。

四、征收管理

(1)纳税义务发生时间:取得车船所有权或者管理权的当月。

(2)纳税地点:车船的登记地或者车船税扣缴义务人所在地。

(3)纳税申报:按年申报,分月计算,一次性缴纳。

①从事机动车第三者责任强制保险业务的保险机构,应当在收取保险费时依法代收车船税;

②扣缴义务人在代收代缴税款时,可以一并代收代缴欠缴税款的滞纳金;

③已缴纳车船税的车船在同一纳税年度内办理转让过户的,不另纳税,也不退税;

④在一个纳税年度内,已完税的车船被盗抢、报废、灭失的,纳税人可以申请退还自被盗抢、报废、灭失月份起至该纳税年度终了期间的税款;已办理退税的被盗抢车船失而复得的,纳税人应当从公安机关出具相关证明的当月起计算缴纳车船税。

【例题12-1】某企业2022年初拥有小轿车3辆;当年4月,1辆小轿车被盗,已按照规定办理退税。通过公安机关的侦查,10月份被盗车辆失而复得,并取得公安机关的相关证明。已知当地小轿车车船税年税额为500元/辆,该企业2020年实际应缴纳的车船税为(　　)元。

A. 1000　　B. 1250　　C. 1450　　D. 1500

【答案】B

【解析】根据税法规定,在一个纳税年度内,已完税的车船被盗抢、报废、灭失的,纳税人可以申请退还自被盗抢、报废、灭失月份起至该纳税年度终了期间的税款;已办理退税的被盗抢车船失而复得的,纳税人应当从公安机关出具相关证明的当月起计算缴纳车船税。

题目中一共有三辆小轿车,其中一辆4月被盗,自4月起就可以申请退还4月至12月的税款,但是10月失而复得。

思路1:10月至12月失而复得的小汽车都应该缴纳税款,所以这一辆车本年度应缴纳税款的月份一共是6个月。

应缴纳的车船税 = 500 × 2 + 500 × 6 ÷ 12 = 1250(元)

思路2:4月至9月被盗的小汽车不用缴纳税款。

应缴纳的车船税 = 500 × 3 - 500 × 6 ÷ 12 = 1250(元)

第二节　车船税采集与申报

目前,车船税的纳税申报实现"一表申报",电子报税将税源信息采集从申报信息中分离出来并前置。纳税人在进行每个税种的申报时,需先维护税源管理信息。根据每个税种实际情况,纳税人可在申报期前填写税源信息表,也可在申报期填写。税源信息填报完成后,系统自动生成申报表,纳税人确认后申报。

车船税税源采集及申报流程:

(1)登录电子税务局网站,操作路径:"首页"→"我要办税"→"税费申报及缴纳"→"合并纳税申报",点击菜单进入综合纳税申报界面,选择车船税税源采集。如图12-1、12-2所示:

第十二章　车船税法与车辆购置税法

图 12-1

图 12-2

(2)车船税申报,点击"车船税申报"跳转至申报表界面,若提示"您本属期没有要申报的车船税源信息,请先采集税源",则可点击右上角"车船税税源信息采集"按钮进行采集。如图 12-3 所示:

图 12-3

◀ 税法理论与实践

（3）已经完成车辆税源信息采集的，进入申报界面后，可对需申报车辆进行勾选（或通过"（车辆）识别号/（船舶）识别号"查询定位到所需申报车辆）。如图12-4所示：

图 12-4

（4）核对申报表信息无误后，提交申报表并点击"全申报"即可完成车船税申报。如图 12-5 所示：

图 12-5

（5）税款缴纳及查询，可通过"我要办税"→"税费申报及缴纳"→"税款缴纳"手动勾选扣款，扣款完成后可在"扣款明细日志"查询扣款情况。如图12-6所示：

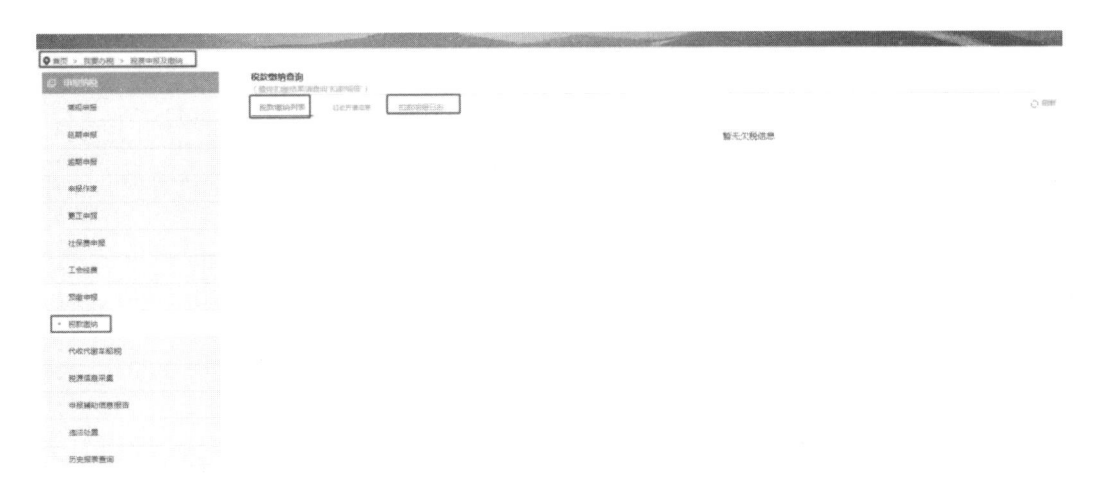

图 12 – 6

（6）查看进度，可通过"我要办税"→"税费申报及缴纳"→"常规申报"→"申报状态"查询办理结果。如图 12 – 7 所示：

图 12 – 7

第三节　车辆购置税

一、纳税人

车辆购置税的纳税人，是在中华人民共和国境内购置汽车、有轨电车、汽车挂车、排气量超过一百五十毫升的摩托车的单位和个人。购置，是指以购买、进口、自产、受赠、获奖或者其他方式取得并自用应税车辆的行为。车辆购置税实行一次性征收。购置已征车辆购置税的车辆，不再征收车辆购置税。

二、征税范围

包括汽车、有轨电车、汽车挂车、排气量超过150毫升的摩托车。

不包括地铁、轻轨等城市轨道交通车辆,装载机、平地机、挖掘机、推土机等轮式专用机械车,以及起重机(吊车)、叉车、电动摩托车。

三、税率、计税依据和应纳税额的计算

表12-2 车辆购置税的税率、计税依据与应纳税额

税率	统一比例税率10%	
计税依据	购买自用(国产、进口)	纳税人实际支付给销售者的全部价款,依据纳税人购买应税车辆时相关凭证载明的价格确定,不包括增值税税款。 包括:购买车辆时支付的工具件,零部件价格;支付的车辆装饰费用;使用代收单位(受托方)票据收取的款项;开展优质销售活动中开票收取的有关费用。 不包括:购车时使用委托方票据代收代付的费用,例如代收代付的保险费、临时牌照费等。
	进口自用	以组成计税价格为计税依据:组成计税价格=关税完税价格+关税+消费税=(关税完税价格+关税)÷(1-消费税税率) 注:按照申报纳税之日的人民币汇率中间价折合成人民币计算缴纳税款。
	自产自用	(1)纳税人生产的同类应税车辆的销售价格确定,不包括增值税税款。 (2)没有同类应税车辆销售价格的。按照组成计税价格确定。组成计税价格=成本×(1+成本利润率)+消费税(如果有)
	受赠、获奖或其他方式取得自用	(1)购置应税车辆时相关凭证载明的价格确定,不包括增值税税款。 (2)无法提供相关凭证的,参照同类应税车辆市场平均交易价格。 (3)无同类应税车辆销售价格的,按照组成计税价格确定应税车辆的计税价格。
税额	应纳税额=计税依据×税率10%	

【例题12-2】A从某汽车厂购买1辆用于租赁的载货汽车和1辆挂车,取得机动车销售统一发票载明的载货汽车价税合计款207016元,挂车价税合计款92800元。请计算A应纳车辆购置税。

【答案】应纳车辆购置税=207016÷(1+13%)×10%+9040÷(1+13%)×10%÷2=18320+4000=22320(元)

【解析】《中华人民共和国车辆购置税法》(国务院令第二百九十四号)第一条 在中华

人民共和国境内购置汽车、有轨电车、汽车挂车、排气量超过一百五十毫升的摩托车(以下统称应税车辆)的单位和个人,为车辆购置税的纳税人,应当依照本法规定缴纳车辆购置税。《财政部税务总局 工业和信息化部关于对挂车减征车辆购置税的公告》(财政部税务总局 工业和信息化部公告2018年第69号)第一条 自2018年7月1日至2021年6月30日,对购置挂车减半征收车辆购置税。购置日期按照《机动车销售统一发票》《海关关税专用缴款书》或者其他有效凭证的开具日期确定。

【例题12-3】B从4S店购买1辆小汽车自用,支付含税价款24.86万元,取得《机动车销售统一发票》;支付购买工具件和零配件含税价款3600元,取得增值税专用发票;支付控购费21000元,取得控购部门的收据;支付4S店代收保险费8500元,支付代收新车登记费、上牌办证费共计1600元,取得收款收据。请计算B应纳车辆购置税。

【答案】应纳车辆购置税=248600÷(1+13%)×10%=22000(元)

【解析】购车依据《机动车销售统一发票》上所列金额计算缴纳车购税;购买工具件和零配件取得普通发票,既不属于价外费用,也不属于车辆必需的一部分,因此不属于车购税的征收范围;支付控购费、代收保险费、代收新车登记费、上牌办证费均不缴纳车购税。

【例题12-4】C从俄罗斯进口2辆旧货车自用,关税完税价格折合人民币共计91000元,缴纳关税13650元,消费税税率9%。请计算C应纳车辆购置税。

【答案】进口旧车自用,应纳车辆购置税=(91000+13650)÷(1-9%)×10%=11500(元)

解析:《中华人民共和国车辆购置税法》(国务院令第二百九十四号)第六条第二项纳税人进口自用应税车辆的计税价格,为关税完税价格加上关税和消费税。

四、税收优惠

(1)依照法律规定应当予以免税的外国驻华使馆、领事馆和国际组织驻华机构及有关人员自用车辆免税。

(2)中国人民解放军和中国人民武装警察部队列入军队武器装备订货计划的车辆免税。

(3)悬挂应急救援专用号牌的国家综合性消防救援车辆免税。

(4)设有固定装置的非运输专用作业车辆免税。

(5)城市公交企业购置的公共汽电车辆免税。

(6)回国服务的在外留学人员用现汇购买1辆个人自用国产小汽车免税。

(7)长期来华定居专家进口1辆自用小汽车免税。

(8)防汛部门和森林消防部门用于指挥、检查、调度、报汛(警)、联络的由指定厂家生产的设有固定装置的指定型号的车辆免税。

(9)自2018年1月1日至2022年12月31日,购置新能源汽车免税。

(10)中国妇女发展基金会"母亲健康快车"项目的流动医疗车免税。

(11)北京 2022 年冬奥会和冬残奥会组织委员会新购置车辆免税。

(12)原公安现役部队和原武警黄金、森林、水电部队改制后换发地方机动车牌证的车辆(公安消防、武警森林部队执行灭火救援任务的车辆除外),一次性免税。

(13)农用三轮车免税。

五、征收管理

纳税义务发生时间,购买自用,购买之日,即车辆相关价格凭证的开具日期。进口自用,进口之日,即《海关进口增值税专用缴款书》或者其他有效凭证的开具日期。其他方式取得并自用,取得之日,即合同、法律文书或者其他有效凭证的生效或者开具日期。纳税期限,纳税人应当自纳税义务发生之日起 60 日内申报缴纳车辆购置税。纳税地点,需要办车辆登记:车辆登记地。不需要办车辆登记:单位纳税人在其机构所在地,个人在户籍所在地或者经常居住地。

第四节 车辆购置税采集与申报

目前,车辆购置税的纳税申报实现"一表申报",电子报税将税源信息采集从申报信息中分离出来并前置。纳税人在进行每个税种的申报时,需先维护税源管理信息。根据每个税种实际情况,纳税人可在申报期前填写税源信息表,也可在申报期填写。税源信息填报完成后,系统自动生成申报表,纳税人确认后申报。

车辆购置税税源采集及申报流程:

(1)登录电子税务局网站,操作路径:"首页"→"我要办税"→"税费申报及缴纳"→"其他申报",点击菜单进入综合纳税申报界面,选择车辆购置税税源采集。如图 12 - 8、12 - 9 所示:

图 12 - 8

图 12 - 9

(2) 点击"导入"选择需要申报的发票信息,点击"获取发票信息",如果公司有购买车辆,信息会自动带出来,系统带出的信息和手中的机动车销售统一发票进行核对,核对无误点击"确认";也支持手动输入发票信息,点击"下一步"。如图 12 - 10、12 - 11 所示:

图 12 - 10

◀ 税法理论与实践

图 12-11

(3) 车辆发票信息导入申报表后,根据机动车销售统一发票来填写黄色部分信息,点击"计税",车辆购置税会自动带出来,此时再次确认信息无误后,点击"申报"。如图 12-12 所示:

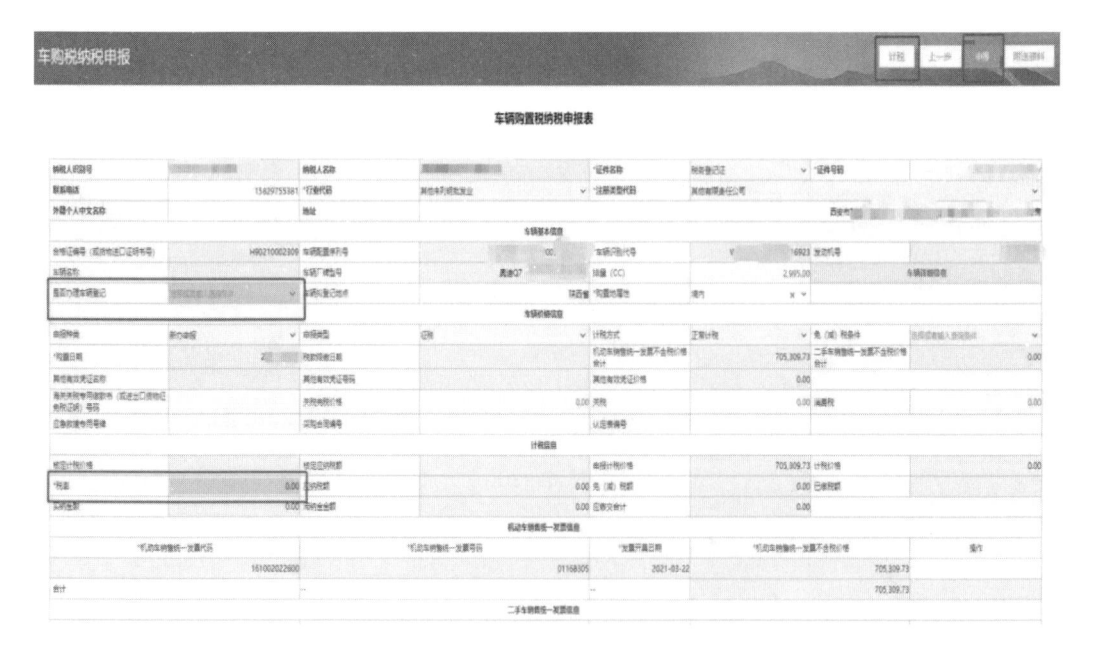

图 12-12

(4) 返回首页,点击"我要办税"→"税费申报及缴纳"→"税费缴纳"→"税(基金)缴纳"进行车辆购置税缴款,税款缴纳完成。

— 248 —

第十三章　烟叶税法与船舶吨税法

> **课前阅读**

烟叶税的由来

据历史文献记载,约从公元16世纪开始,烟草相继由菲律宾、越南、朝鲜传入中国。其中,菲律宾在西班牙人统治时代,烟草由美洲墨西哥传入,在吕宋岛推广种植,故有"吕宋国出一草曰淡巴菰,一名醺,以火烧一头,以一头向口,烟气从管中入喉,能令人醉,且可辟瘴气"(姚旅《露书》)。明万历年间(1573—1620)福建籍水手将烟草自吕宋携回福建的漳州、泉州一带种植,不久烟草在中国各地传播开来。

烟草作为一种嗜好品,在其传播过程中,始终贯穿着吸烟与反吸烟的对立与斗争。明代崇祯皇帝即位后反对吸烟,曾下令禁止种植、私售烟草,违者斩首示众。然而,这种严厉的规定并没有阻止人们对烟草的嗜好。到了崇祯末年,蓟辽总督洪承畴率兵与满族军作战,由于天气寒冷,有将士认为吸烟可以驱寒。虽然朝廷有令禁烟,但是将在外军令有所不受,有许多将士吸烟。为此,洪承畴向崇祯皇帝提出"弛禁"的请求,为了满足军中的要求,又保持禁烟的目的,崇祯皇帝恩准了洪承畴的建议,但要"寓禁于征"。《明实录》记载:"崇祯十四年(1641)十月,弛禁兴贩烟酒,听从民便,须加等纳税,不遵者,仍依律治罪。"

清代初期,政府开始在个别边疆关市征收烟税。如陕西的黄甫川(位于今府谷县东北),属延绥镇管辖(延绥镇自明代起就为九个边防重镇之一)。顺治十年(1653)黄甫川边市,烟随茶至,烟茶同时征税。顺治十六年(1659),该市烟类贸易达到424驮,额定税银2289两。商人原以烟利垫补茶税,不料烟的税赋很重,致使商人不再经营烟茶。后来许多商人开始卖牛马,继而卖田产,最后卖儿典妻,偿还欠税。顺治十七年(1660),陕西巡抚张中念及黄甫川烟税枯竭,上疏朝廷,奏请每斤烟减至税银一分。清廷以"国课事大,难以轻议"为由驳回。后来,陕西巡抚林天擎、贾汉复相继奏请减税均未果。康熙三年(1664)六月,陕西总督白如梅奏请朝廷黜免烟税,闰六月十四日允准,旨令下,四境欢声如沸。以上内容记载在康熙年间重修的《延绥镇志·上》。

清康熙年间,征收烟草税的情况在东北《盛京通志》、浙江《金华府志》、江西《黎川县志》等地方志都有记载。其中浙江《金华府志》记载：康熙十九年（1680）奉文，烟酒两税始定税额，其中售卖烟筋铺面为每斤征银二厘。当时金华府下属8县有登记烟户20名，共征银20两9钱3分2厘。康熙二十三年（1684）奉文停征。《盛京通志》记载："康熙十九年（1680），奉户部文征收烟税每斤二厘，二十二年（1683）十一月停止。"表明当时征收烟税已成为普遍情况。

此后，烟草税收列在杂税中征收，各省税率不一，税赋较低，但人们普遍反对纳税。据《大清会典则例》：乾隆五年（1740）题准安徽等十三府州属杂税项下花布、烟、油等项银，或杂派于铺家烟户，实为扰累，悉于豁免。乾隆四十四年，吉林将军福康阿在省内创办烟酒税，征率每斤黄烟二钱四分。此税未在全国推广。光绪年间，吉林省对木材征税，始设烟酒木税。光绪二十二年（1896），佐领连春为征收烟酒木税作出贡献的盛春等十八名委员请奖，并得到恩准。

新中国的烟叶税，诞生于1958年。

1958年，我国颁布实施《中华人民共和国农业税条例》（以下简称《农业税条例》）。

1983年，国务院以《农业税条例》为依据，选择特定农产品征收农林特产农业税（征收范围并不包括烟叶税），对烟叶另外征收产品税和工商统一税。

1994年，我国进行了财政体制和税制改革，国务院决定取消原产品税和工商统一税，将原农林特产农业税与原产品税和工商统一税目合并，改为统一征收农业特产农业税。（农业特产税收入二级科目参照国务院《规定》中列举的科目设置，按下列顺序排列：烟叶、毛茶、水果、干果、果用瓜、蚕茧、药材、水产品、原木、原竹、生漆、天然树脂、天然橡胶、林产品、牲畜产品、食用菌、其他。）同年1月30日发布《国务院关于对农业特产收入征收农业税的规定》（国务院令143号）。其中规定：对烟叶在收购环节征收，税率为31%。

1999年，将烟叶特产农业税的税率下调为20%。

2004年6月，根据《中共中央 国务院关于促进农民增加收入若干政策的意见》（中发【2004】120号），规定从2004年起，除对烟叶保留征收农业特产农业税外，取消对其他农业特产品征收农业特产税。

2005年12月29日，第十届全国人大常委会第十九次会议决定，《农业税条例》自2006年1月1日废止。至此，对烟叶征收农业特产农业税失去了法律依据。

2006年4月28日，国务院公布了《中华人民共和国烟叶税暂行条例》，并自公布之日起施行。

2017年12月27日，第十二届全国人民代表大会常务委员会第三十一次会议通过《中华人民共和国烟叶税法》于2018年7月1日起施行。

船舶吨税的由来

船舶吨税是海关在设关口岸对自境外港口进入境内港口的船舶按其吨位征收的一种税,主要用于航道航标设施建设与管理。一些国家将该税称为"灯塔税",这是一种非常古老的税种。

我国唐代对入境商船征收"舶脚",元明清时期对船舶征收"船钞""水饷",清康熙年间闽海关开征帆船梁头税,都是船舶吨税的雏形。1843年以后,我国开始对外国商船改按吨位征收船舶吨"船钞"。

中华人民共和国成立后,1951年9月,船舶吨税划入车船使用牌照税范围。对于外国籍船舶和外商租用的中国籍船舶,仍沿用船舶吨税名称,由海关代征。1951年10月至1986年9月,船舶吨税由海关征收,属于关税组成部分。1986年10月至2000年12月,船舶吨税由海关代征,税款缴入交通部专门账户,专项用于海上航标的维护、建设和管理。2001年1月1日起,船舶吨税纳入中央预算收入,上缴中央国库,仍专项用于海上航标的维护、建设和管理。

从船舶吨税的立法情况看,1952年9月29日海关总署发布的《中华人民共和国海关船舶吨税暂行办法》长期成为我国船舶吨税征管的法律依据,其间仅税率等作了修改。2012年1月1日起,国务院《船舶吨税暂行条例》开始施行,废止了实施近60年的《船舶吨税暂行办法》。国务院《船舶吨税暂行条例》对纳船舶吨税的对象、缴纳的过程、方式、违反条例的处罚和海关征收责任都有更明确和清楚的规定。考虑到现代船的平均吨位远远大于60年前的船,《船舶吨税暂行条例》提高了每个等级的吨位范围,把征收对象划分为4个等级,最低级为2000吨以下,最高级为50000吨以上。对拖船和非机动驳船减免了50%的吨税;延长了吨税缴纳者的缴纳期限,从原来的一个月和三个月的2种缴纳选择增至一个月、三个月和一年3种选择,更加周到和人性化。

2016年10月17日,财政部、海关总署起草的《中华人民共和国船舶吨税法(征求意见稿)》(以下简称《征求意见稿》)向公众征求意见。《征求意见稿》在总体结构和主要内容上与《船舶吨税暂行条例》基本保持一致。根据实践中反映的问题并按照立法规范要求,《征求意见稿》对《船舶吨税暂行条例》相关内容作了相应修改调整。修改的主要内容是:(一)根据实践需要增加了免征吨税的情形。有的船舶因清舱、加油、加水、船员生病等偶发性的客观原因必须临时靠泊,这类靠泊并不上下客货,不以营利为目的,具有特殊性、临时性和偶然性,不宜征税。《征求意见稿》将这些规定为免税及批注延长吨税执照期限的情形。同时,增加规定警用船舶免税。(二)细化了对游艇征税的规定,解决了部分游艇没有净吨位证明海关难以征税问题。(三)将税收利息规定为"税收利息的利率由国务院确定"。

船舶吨税是对进入境内港口的船舶征收的税种,对国际航运和国际贸易物流的发展壮大都具有直接的影响。

党的十八大报告提出要建设海洋强国,党的十八届三中全会明确提出要推进"海上丝绸之路建设",促进海运贸易的发展是核心内容。十二届全国人大五次会议上,李克强总理在政府工作报告中,再次强调加快建设海洋强国。

2017年,全国人大常委会落实税收法定原则,将制定烟叶税法、船舶吨税法等单行税法。这将把船舶吨税从条例这一国务院行政法规层级上升为法律,是进一步落实"税收法定"原则、促进"21世纪海上丝绸之路"建设的重要举措。

而从《中华人民共和国船舶吨税法(征求意见稿)》的内容来看,我国船舶吨税立法采取的仍然是传统吨税模式,征税对象是自境外港口进入境内港口、已经使用或者即将使用我国相关航运设施的船舶,不管这些船舶的注册地、归属地是哪里,只要进出我国港口,该船舶都要缴纳吨税。

随着全球航运贸易的发展,海运业已成为世界经济发展的基础产业,世界海运大国纷纷对传统船舶吨税进行制度创新,对本国海运企业实施与船舶吨位挂钩的低税负船舶吨税制度,以代替海运企业所得税,有效提升了本国海运业的国际竞争力。荷兰、挪威、德国、美国、印度、韩国、日本等都已实行这样的现代船舶吨税制度。为进一步推动海洋强国战略、海运强国战略的顺利实施,这些立法发展值得我国借鉴。

第一节　烟叶税

烟叶税是以纳税人收购烟叶的收购金额为计税依据征收的一种税。2008年7月1日,《中华人民共和国烟叶税法》公布施行。在中华人民共和国境内收购烟叶的单位为烟叶税的纳税人。纳税人应当依照本条例规定缴纳烟叶税。条例所称烟叶,是指晾晒烟叶、烤烟叶。烟叶税的应纳税额按照纳税人收购烟叶的收购金额和规定的税率计算。烟叶税实行比例税率,税率为20%。烟叶税由地方税务机关征收。

一、纳税人

在中华人民共和国境内收购烟叶的单位为烟叶税的纳税人。

二、纳税对象

烟叶税的纳税对象是指晾晒烟叶和烤烟叶。

三、计税依据

烟叶税的计税依据是烟叶收购金额。收购金额 = 收购价款 × (1 + 10%),税率为

20%;计征方法是应纳税额=烟叶收购金额×税率。

【例题13-1】 某烟厂为增值税一般纳税人,2018年10月向农民收购烟叶支付价款500万元,并按规定支付了10%的价外补贴,已开具烟叶收购发票。计算该卷烟厂缴纳的烟叶税和可以扣减的增值税进项税额。

【答案】 (1)烟叶收购金额=500×(1+10%)=550(万元)

(2)烟叶税=550×20%=110(万元)

(3)烟叶可以抵扣的进项税=(烟叶收购金额+烟叶税)×10%=(550+110)×10%=66(万元)

四、烟叶税的征收管理

纳税人应当向烟叶收购地的主管税务机关申报缴纳烟叶税。烟叶税的纳税义务发生时间为纳税人收购烟叶的当日。烟叶税按月计征,纳税人应当于纳税义务发生月终了之日起十五日内申报并缴纳税款。

第二节 烟叶税采集与申报

目前,烟叶税的纳税申报实现"一表申报",电子报税将税源信息采集从申报信息中分离出来并前置。纳税人在进行每个税种的申报时,需先维护税源管理信息。根据每个税种实际情况,纳税人可在申报期前填写税源信息表,也可在申报期填写。税源信息填报完成后,系统自动生成申报表,纳税人确认后申报。

烟叶税税源采集及申报流程:

(1)登录电子税务局网站,操作路径:"首页"→"我要办税"→"税费申报及缴纳"→"合并纳税申报",点击菜单进入综合纳税申报界面,选择烟叶税税源采集。如图13-1所示:

图13-1

◀ 税法理论与实践

（2）进入烟叶税税源信息采集界面，税款属期起止默认当前属期，（例如申报期为11月，即为2020-10-01至2020-10-31）；点击"查询"按钮，可查询出在税款所属期内未采集、已采集的烟叶税税源信息，点击"采集"按钮完成烟叶税按期税源采集。如图13-2所示：

图13-2

（3）点击"+"，填写完毕，点击"提交"，再"确认提交"，即可完成采集。如图13-3所示：

图13-3

当采集状态为"已采集未导入"的情况下，可对税源进行修改或者作废操作。如图13-4所示：

图13-4

当采集状态为"已采集已导入"的情况下，只能对税源信息进行"作废导入"操作。

- 254 -

第十三章　烟叶税法与船舶吨税法

如图 13-5 所示：

图 13-5

当采集状态为"已采集已导入"且申报状态为"已申报"的情况下，不能对税源信息进行作废操作，只能查看。如图 13-6 所示：

图 13-6

（4）当税源采集状态变成"已采集已导入"的情况下，可进入"综合纳税申报"→"申报表列表"选择税款属期，勾选烟叶税；若同属期存在多个税源信息，在申报表信息中自行勾选需要申报的税源信息，点击"提交"按钮。如图 13-7 所示：

图 13-7

- 255 -

◀ 税法理论与实践

（5）在申报表列表勾选烟叶税税源后，页面上会带出已勾选的烟叶税申报表，进入烟叶税申报表。勾选已采集可申报的税源信息，点击"确认申报"后，烟叶申报表会打上红色标志。如图13-8所示：

图 13-8

（6）最后进入综合纳税申报表界面，确认申报数据无误，点击"提交"后，再进行提交全申报即可。如图13-9所示：

图 13-9

第三节　船舶吨税

船舶吨税亦称"吨税"，是指海关对外国籍船舶航行进出本国港口时，按船舶净吨位征收的税。其原因主要是外国船舶在本国港口行驶，使用了港口设施和助航设备，如灯塔、航标等，故应支付一定的费用。有的国家因此也称吨税为"灯塔税"。外商租用的中国籍船舶、中外合营企业等使用的中国籍船舶和我国租用航行国外兼营沿海贸易的外国籍船舶，都应按照规定缴纳船舶吨税。对应纳吨税船舶经特准行驶于我国未设海关港口的，则由当地税务局代征。

- 256 -

一、纳税人

拥有或租有进出中国港口的国际航行船舶的单位和个人。

二、征税范围

2017年《中华人民共和国船舶吨税法》规定,对自中华人民共和国境外港口进入境内港口的船舶(以下称应税船舶),应当依照本条例缴纳船舶吨税(以下简称吨税)。吨税纳税义务发生时间为应税船舶进入港口的当日。应税船舶在吨税执照期满后尚未离开港口的,应当申领新的吨税执照,自上一次执照期满的次日起续缴吨税。

船舶吨税以船舶注册净吨位为计税依据,净吨位尾数不足0.5吨的不计,达到或超过0.5吨的按1吨计。船舶吨税按船舶净吨位大小分等级设置单位税额,每一等级又都分为一般吨税和优惠吨税。无论是一般吨税还是优惠吨税,又分别按90天期和30天期制定吨税税额。优惠税率适用同中国签有条约或协定,规定对船舶税费相互给予优惠国待遇的国家或地区的船舶;对于没有与中国签订互惠条约或协定的国家或地区的船舶适用一般税率征税。

三、征税对象

吨税的纳税人为拥有或租有进出中国港口的国际航行船舶的单位和个人。吨税的征税对象是行驶于中国港口的中外船舶,具体包括:

(1)在中国港口行驶的外国籍船舶。

(2)外商租用的中国籍船舶。

(3)中外合营的海运企业自有或租用的中、外籍船舶。

(4)中国租用(包括国外华商所有的和租用的)航行国外及兼营国内沿海贸易的外国籍船舶。

四、税率和计税方法

吨税的应纳税额按照船舶净吨位乘以适用税率计算。吨税的税目、税率依照本法所附的《吨税税目税率表》执行,见表13-1。吨税设置优惠税率和普通税率。中华人民共和国籍的应税船舶,船籍国(地区)与中华人民共和国签订含有相互给予船舶税费最惠国待遇条款的条约或者协定的应税船舶,适用优惠税率。其他应税船舶,适用普通税率。吨税按照船舶净吨位和吨税执照期限征收。应税船舶负责人在每次申报纳税时,可以按照《吨税税目税率表》选择申领一种期限的吨税执照。吨税的应纳税额按照船舶净吨位乘以适用税率计算。

表 13-1　吨税税目税率表

税目 （按净吨位划分）	普通税率(元)			优惠税率(元)		
	1年	90日	30日	1年	90日	30日
不超过2000净吨	12.6	4.2	2.1	9.0	3.0	1.5
超过2000净吨，但不超过1万净吨	24.0	8.0	4.0	17.4	5.8	2.9
超过1万净吨，但不超过5万净吨	27.6	9.2	4.6	19.8	6.6	3.3
超过5万净吨	31.8	10.6	5.3	22.8	7.6	3.8

净吨位，是指由船籍国（地区）政府签发或者授权签发的船舶吨位证明书上标明的净吨位。非机动船舶，是指自身没有动力装置，依靠外力驱动的船舶。非机动驳船，是指在船舶登记机关登记为驳船的非机动船舶。捕捞、养殖渔船，是指在中华人民共和国渔业船舶管理部门登记为捕捞船或者养殖船的船舶。拖船，是指专门用于拖（推）动运输船舶的专业作业船舶。吨税执照期限，是指按照公历年、日计算的期间。

【例题13-2】 A国和我国签订了相互给予船舶税费最惠国待遇条款的协议，2022年2月，自A国港口进入我国港口船舶两艘，一艘净吨位为10000吨的货轮，一艘发动机功率为4000千瓦的拖船，这两艘船舶的执照期限均为1年。（优惠税率，1年执照期限，超过2000净吨位，但不超过10000净吨位的，税率为17.4元/净吨位。）根据船舶吨税的相关规定，计算应缴纳船舶吨税。

【答案】 拖船按照发动机功率每1千瓦折合净吨位0.67吨。

应缴纳船舶吨税 = 17.4 × 10000 + 4000 × 0.67 × 17.4 × 50% = 197316（元）

五、征管办法

吨税由海关负责征收。海关征收吨税应当制发缴款凭证。应税船舶负责人缴纳吨税或者提供担保后，海关按照其申领的执照期限填发吨税执照。应税船舶在进入港口办理入境手续时，应当向海关申报纳税领取吨税执照，或者交验吨税执照（或者申请核验吨税执照电子信息）。应税船舶在离开港口办理出境手续时，应当交验吨税执照（或者申请核验吨税执照电子信息）。应税船舶负责人申领吨税执照时，应当向海关提供下列文件：①船舶国籍证书或者海事部门签发的船舶国籍证书收存证明；②船舶吨位证明。

应税船舶因不可抗力在未设立海关地点停泊的，船舶负责人应当立即向附近海关报告，并在不可抗力原因消除后，依照本法规定向海关申报纳税。吨税纳税义务发生时间为应税船舶进入港口的当日。应税船舶在吨税执照期满后尚未离开港口的，应当申领新的吨税执照，自上一次执照期满的次日起续缴吨税。

2017年《中华人民共和国船舶吨税法》规定,应税船舶负责人应当自海关填发吨税缴款凭证之日起15日内向指定银行缴清税款。未按期缴清税款的,自滞纳税款之日起,按日加收滞纳税款0.5‰的滞纳金。

海关发现少征或者漏征税款的,应当自应税船舶应当缴纳税款之日起1年内,补征税款。但因应税船舶违反规定造成少征或者漏征税款的,海关可以自应当缴纳税款之日起3年内追征税款,并自应当缴纳税款之日起按日加征少征或者漏征税款0.5‰的滞纳金。

海关发现多征税款的,应当立即通知应税船舶办理退还手续,并加算银行同期活期存款利息。

应税船舶发现多缴税款的,可以自缴纳税款之日起1年内以书面形式要求海关退还多缴的税款并加算银行同期活期存款利息;海关应当自受理退税申请之日起30日内查实并通知应税船舶办理退还手续。应税船舶应当自收到本条第二款、第三款规定的通知之日起3个月内办理有关退还手续。应税船舶有下列行为之一的,由海关责令限期改正,处2000元以上3万元以下罚款;不缴或者少缴应纳税款的,处不缴或者少缴税款50%以上5倍以下的罚款,但罚款不得低于2000元:

(1)未按照规定申报纳税、领取吨税执照的;

(2)未按照规定交验吨税执照(或者申请核验吨税执照电子信息)及其他证明文件的。

六、税收优惠

下列船舶免征吨税:

(1)应纳税额在人民币50元以下的船舶;

(2)自境外以购买、受赠、继承等方式取得船舶所有权的初次进口到港的空载船舶;

(3)吨税执照期满后24小时内不上下客货的船舶;

(4)非机动船舶(不包括非机动驳船);

(5)捕捞、养殖渔船;

(6)避难、防疫隔离、修理、终止运营或者拆解,并不上下客货的船舶;

(7)军队、武装警察部队专用或者征用的船舶;

(8)依照法律规定应当予以免税的外国驻华使领馆、国际组织驻华代表机构及其相关人员的船舶。

第四节 船舶吨税的执照申请

自2018年7月1日船舶吨税法正式实施以来,应税船舶负责人缴纳船舶吨税,申领吨税执照变得更加方便、快捷。具体流程如下：

1. 申请电子口岸 IC 卡

应税船舶负责人可联系所在地的电子口岸数据分中心，根据分中心的要求申请 IC 卡。

2. 网上填写吨税执照申请书

应税船舶负责人可通过"互联网+海关""国际贸易单一窗口"等关企事务平台登录"海关船舶吨税执照申请系统"填写申请书相关信息，网上提交申请。如图 13-10 所示：

图 13-10

3. 递交纸质单证

应税船舶负责人到海关递交纸面单证，包括执照申请书、船舶吨位证书、船舶国籍证书等有关单证。

具有 IMO 号的船舶必须录入 IMO 号，并在 IMO 号前添加"UN"（大写）；无 IMO 号的船舶，应保证录入的运输工具编号与企业进行运输工具总申报时使用的船舶编号一致。通过使用海关船舶吨税执照申请系统，应税船舶负责人可以进行吨税执照申请、修改、查询等操作，选择链接海关税费电子支付系统实现缴纳船舶吨税的电子化。

4. 海关审核

海关审核应税船舶负责人提交网上申请和纸面单证。审核通过，进入下一步操作；审核不通过，修改申请书后重新申报。

注意：对于符合《吨税法》第九条第一款第（二）项至第（四）项免征吨税规定的应税

船舶,应税船舶负责人应当向海关提供书面免税申请,申明免税的依据和理由。船舶吨税社会化预录入的推广,应税船舶负责人通过系统录入相关数据,海关审核电子申报数据与纸质单证是否一致,有效提升了船舶吨税执照信息的审批效率。

5. 选择吨税支付方式

(1) 电子支付。应税船舶负责人根据海关总署公告2014年第6号的要求完成电子支付备案、签约即可缴纳船舶吨税,缴纳完毕后到海关领取吨税执照。

(2) 柜台支付。应税船舶负责人需到海关打印税款缴款书后前往银行柜台缴费,之后将加盖银行已收讫税款业务印章的缴款书第一联送交海关,领取吨税执照。

船舶吨税电子支付方式可确保纳税义务人365天24小时全天候缴纳船舶吨税,保障进出境船舶按期进出港口。电子支付推广后,选择先征后签方式申领执照的企业变多,有效提高海关对船舶吨税的征管效率,保障船舶吨税及时、足额、安全入库。

第十四章　印花税法

> **课前阅读**

我国印花税的昨天和今天

作为新中国成立之初就有的税种,尽管印花税不如增值税、个人所得税等那样为人所熟知,但它却是最古老和征收范围最广泛的税种之一,也是一个不折不扣的"舶来品"。

1624年,当时由莫尔执政的荷兰政府发生经济危机,国家财政也陷入困境,便拟用增加税收来解决支出困难,同时,进行公开招标,来确立"既增加赋税又不惹人民反对"的税收方案。

契约、凭证等单据在人们生活中随处可见,税源广泛;且若政府加盖印章使之成为合法凭证,来保障法律效力,人们也乐于接受,"印花税"由此从成千上万的招标方案中脱颖而出。

此后,简单易行的"印花税"在全球范围内推广开来,成为国际上盛行的税种之一。

丹麦于1660年、法国于1665年、美国于1765年、奥地利于1686年、英国于1694年等,都先后开始征收印花税,但当时的各国并没有明确"印花税"的概念。

直至1889年,当时清政府总理海军事务大臣奕劻可能在借鉴外国经验的基础上,奏请清政府使用某种图案作为完税后的标志,并正式将这种税收制度翻译为"印花税"。

尽管,1896年、1902年和1908年清政府曾分别请英国、日本和美国印制税票,陈璧、伍廷芳等大臣也多次提出征收印花税,但由于商民反对等原因,直至1911年清政府灭亡之时,印花税始终未能正式征收。

1912年10月,北洋政府公布《印花税法》,随着次年的正式实施,才真正开始中国印花税征收的历史。

此后,至新中国成立后,印花税一直都未退出历史舞台,直到1958年,随着全国税改的施行,印花税被并入工商统一税,才正式被取消。

1988年8月6日,国务院发布《中华人民共和国印花税暂行条例》,对购销合同、承揽合同、建筑安装工程承包合同、财产租赁合同、货物运输合同、仓储保管合同、营业账簿、许可证照等13种凭证在全国统一开征印花税,并于同年10月1日实行。

自此,在我国税收史上消失长达30年的印花税正式恢复征收。随后,以宇航、炼钢、海陆空交通、大学等为重要内容的新一套印花税票"建设图"也正式发行。

此后,2001年、2003年、2006年、2007年、2010年之后的每一年,国家税务总局都会发布不同主题的印花税票,目前,最新的2017年印花税票就以"明清榷关"为题材,选取"临清关""崇文门""淮安门""山海关"等9处有代表性的税关史迹作为票面图案,税票收藏也成为不少人的"心头好"。

然而,顺应社会的发展,纸质的凭证、账簿、票据等单据逐渐被虚拟合同、电子账簿所替代,以粘贴印花税票在纳税凭证上的"贴花"纳税方式越来越不方便,印花税的纳税方式面临着新的挑战。

在此次的印花税法意见稿修订中,国家税务总局指出,随着大量电子凭证的出现,难以再采用贴的纳税方式,"为降低征管成本、提升纳税便利度,并适应电子凭证发展需要",规定印花税统一实行申报纳税方式,不再采用"贴花"纳税方式。这意味着,一旦印花税法正式获得立法通过,长达数十年的印花税票将正式退出历史舞台。

第一节 印花税

印花税是对经济活动和经济交往中设立、领受具有法律效力的凭证的行为所征收的一种行为税。因采用在应税凭证上粘贴印花税票作为完税的标志而得名。

一、印花税的征收范围、对象和计税依据

(一)征收范围

现行印花税只对《印花税法》列举的凭证征收,没有列举的凭证不征税。具体征税范围如下:

1. 经济合同

税目税率表中列举了11大类合同。它们是:

(1)借款合同。包括银行及其他金融组织和借款人(不包括银行同业拆借)所签订的借款合同。

(2)融资租赁合同。银行及其金融机构经营的融资租赁业务,是一种以融物方式达到融资目的的业务,实际上是分期偿还的固定资金借款合同。

(3)买卖合同。指动产买卖合同(不包括个人书立的动产买卖合同)。

(4)承揽合同。承揽合同是承揽人按照定作人的要求完成工作,交付工作成果,定作人支付报酬的合同。包括加工合同、定作合同、修理合同、复制合同、测试合同、检验合同。

(5)建设工程合同。包括工程勘察、设计、施工合同的总包合同、分包合同和转包合同。

(6)运输合同。包括民用航空运输、铁路运输、海上运输、内河运输、公路运输和联运合同,不包括管道运输合同。

(7)技术合同。技术咨询合同是当事人就有关项目的分析、论证、评价、预测和调查订立的技术合同。

(8)租赁合同。包括租赁房屋、船舶、飞机、机动车辆、机械、器具、设备等合同;还包括企业、个人出租门店、柜台等所签订的合同,但不包括企业与主管部门签订的租赁承包合同。

(9)保管合同。包括保管合同或作为合同使用的栈单(或称入库单)。

(10)仓储合同。包括仓储合同或作为合同使用的仓单。

(11)财产保险合同。包括财产、责任、保证、信用等保险合同(不包括再保险合同)。

2. 产权转移书据

税目税率表中列举了4类产权转移书据。它们是:

(1)土地使用权出让书据。

(2)土地使用权、房屋等建筑物和构筑物所有权转让书据。不包括土地承包经营权和土地经营权转移。

(3)股权转让书据。不包括证券交易印花税。

(4)商标专用权、著作权、专利权、专有技术使用权转移书据。

3. 营业账簿

印花税税目中的营业账簿归属于财务会计账簿,是按照财务会计制度的要求设置的,反映生产经营活动的账册。按照营业账簿反映的内容不同,在税目中为记载资金的账簿(简称资金账簿),是反映生产经营单位"实收资本"和"资本公积"金额增减变化的账簿,采用合计金额的计税方法征税。

4. 证券交易

证券交易印花税是专门针对证券交易行为发生额进行征收的印花税,目前只对出让方成交金额征收。

(二)征税对象

在中华人民共和国境内书立、领受《中华人民共和国印花税法》所列举凭证的单位和个人,都是印花税的纳税义务人,应当按照规定缴纳印花税。具体有:

(1)立合同人。

(2)立据人。

(3)立账簿人。

(4)领受人。

(5)使用人。

(三)计税依据

印花税的计税依据如下:

(1)应税合同的计税依据,为合同所列的金额,不包括列明的增值税税款;应税合同、产权转移书据未列明金额的,印花税的计税依据按照实际结算的金额确定。计税依据按照前款规定仍不能确定的,按照书立合同、产权转移书据时的市场价格确定;依法应当执行政府定价或者政府指导价的,按照国家有关规定确定。

(2)应税产权转移书据的计税依据,为产权转移书据所列的金额,不包括列明的增值税税款。

(3)应税营业账簿的计税依据,为账簿记载的实收资本(股本)、资本公积合计金额。

(4)证券交易的计税依据,为成交金额。证券交易无转让价格的,按照办理过户登记手续时该证券前一个交易日收盘价计算确定计税依据;无收盘价的,按照证券面值计算确定计税依据。

二、纳税人

印花税纳税人是指在中国境内书立、领受、使用税法所列举凭证的单位和个人。凡在我国境内书立、领受印花税暂行条例所列举凭证的单位和个人,应当按照规定缴纳印花税。根据书立、领受印花税凭证的不同,其纳税人可分别称为立合同人、立账簿人、立据人和领受人。对合同、书据等凡是由两方或两方以上当事人共同书立的凭证,当事人各方都是纳税义务人,各就所持凭证的金额纳税。对政府部门发给的权利、许可证照,领受人为纳税义务人。在中华人民共和国境内书立应税凭证、进行证券交易的单位和个人,为印花税的纳税人,应当依照本法规定缴纳印花税。根据《中华人民共和国印花税法》(中华人民共和国主席令第八十九号),在中华人民共和国境内书立应税凭证、进行证券交易的单位和个人,为印花税的纳税人,应当依照本法规定缴纳印花税。

三、印花税的税目与税率

表14-1 印花税的税目与税率表

税目	比例税率	税目	比例税率
1.借款合同	0.05‰	6.运输合同	0.3‰
2.融资租赁合同	0.05‰	7.技术合同	0.3‰
3.买卖合同	0.3‰	8.租赁合同	1‰
4.承揽合同	0.3‰	9.保管合同	1‰
5.建设工程合同	0.3‰	10.仓储合同	1‰

续表

税目	比例税率	税目	比例税率
11. 财产保险合同	1‰	15. 商标专用权、著作权、专利权、专有技术使用权转移书据	0.3‰
12. 土地使用权出让书据	0.5‰	16. 营业账簿(实收资本、资本公积)	0.25‰
13. 土地使用权、房屋等建筑物和构筑物所有权转让书据	0.5‰	17. 证券交易(出让方成交金额)	1‰
14. 股权转让书据	0.5‰		

四、应纳税额的计算

印花税的应纳税额按照计税依据乘以适用税率计算。

(1)同一应税凭证载有两个以上税目事项并分别列明金额的,按照各自适用的税目税率分别计算应纳税额;未分别列明金额的,从高适用税率。

(2)同一应税凭证由两方以上当事人书立的,按照各自涉及的金额分别计算应纳税额。

(3)已缴纳印花税的营业账簿,以后年度记载的实收资本(股本)、资本公积合计金额比已缴纳印花税的实收资本(股本)、资本公积合计金额增加的,按照增加部分计算应纳税额。

【例题14-1】某企业2022年12月开业,领受房产权证、工商营业执照、商标注册证、土地使用证各一件;立产品购销合同两份,所载金额为140万元;订立借款合同一份,所载金额为40万元。此外,企业的营业账簿中,"实收资本"账户载有资金200万元,其他账簿5本。2022年12月底该企业"实收资本"所载资金增加为250万元。计算该企业2月份应纳印花税额和12月份应补纳印花税额。

【答案】(1)企业订立购销合同应纳税额 = 1400000 × 0.0003 = 420(元)

(2)企业订立借款合同应纳税款 = 400000 × 0.00005 = 20(元)

(3)企业营业账簿中"实收资本"应纳税额 = 2000000 × 0.00025 = 500(元)

(4)2月份企业应纳印花税税额 = 420 + 20 + 500 = 940(元)

(5)12月份资金账簿应补税 = (2500000 - 2000000) × 0.00025 = 125(元)

五、税收优惠

下列凭证免征印花税：

(1)应税凭证的副本或者抄本。

(2)依照法律规定应当予以免税的外国驻华使馆、领事馆和国际组织驻华代表机构为获得馆舍书立的应税凭证。

(3)中国人民解放军、中国人民武装警察部队书立的应税凭证。

(4)农民、家庭农场、农民专业合作社、农村集体经济组织、村民委员会购买农业生产资料或者销售农产品书立的买卖合同和农业保险合同。

(5)无息或者贴息借款合同、国际金融组织向中国提供优惠贷款书立的借款合同。

(6)财产所有权人将财产赠与政府、学校、社会福利机构、慈善组织书立的产权转移书据。

(7)非营利性医疗卫生机构采购药品或者卫生材料书立的买卖合同。

(8)个人与电子商务经营者订立的电子订单。

根据国民经济和社会发展的需要，国务院对居民住房需求保障、企业改制重组、破产、支持小型微型企业发展等情形可以规定减征或者免征印花税，报全国人民代表大会常务委员会备案。

六、印花税的征收管理

(1)纳税人为单位的，应当向其机构所在地的主管税务机关申报缴纳印花税；纳税人为个人的，应当向应税凭证书立地或者纳税人居住地的主管税务机关申报缴纳印花税。

(2)不动产产权发生转移的，纳税人应当向不动产所在地的主管税务机关申报缴纳印花税。

(3)纳税人为境外单位或者个人，在境内有代理人的，以其境内代理人为扣缴义务人；在境内没有代理人的，由纳税人自行申报缴纳印花税，具体办法由国务院税务主管部门规定。

(4)证券登记结算机构为证券交易印花税的扣缴义务人，应当向其机构所在地的主管税务机关申报解缴税款以及银行结算的利息。

(5)印花税的纳税义务发生时间为纳税人书立应税凭证或者完成证券交易的当日。

(6)证券交易印花税扣缴义务发生时间为证券交易完成的当日。

(7)印花税按季、按年或者按次计征。实行按季、按年计征的，纳税人应当自季度、年度终了之日起十五日内申报缴纳税款；实行按次计征的，纳税人应当自纳税义务发生之日起十五日内申报缴纳税款。证券交易印花税按周解缴。证券交易印花税扣缴义务人应当自每周终了之日起五日内申报解缴税款以及银行结算的利息。印花税可以采用粘贴印花税票或者由税务机关依法开具其他完税凭证的方式缴纳。印花税票粘贴在应税凭证上的,由纳税人在每枚税票的骑缝处盖戳注销或者画销。印花税票由国务院税务主管部门监制。

第二节　印花税采集与申报

一、税源采集和申报

自 2022 年 7 月 1 日起,印花税法实施,财行税申报使用十税合一的《财产和行为税纳税申报表》,纳税人进行印花税申报前,应先进行印花税源信息采集。从印花税的申报义务来看,所有纳税人均适用的税源采集类型包括:应税凭证数量、计税金额;按次申报的印花税,可根据企业自身需要缴纳的税目明细进行选择(注意以前的资金账簿名称更改为了营业账簿,如需缴纳营业账簿印花税的无需再找专管员添加税费中,可直接在印花税税源采集页面采集申报即可),同样需要填写应税凭证名称、应税凭证数量、计税金额。

二、电子报税流程

目前,印花税的纳税申报实现"一表申报",电子报税将税源信息采集从申报信息中分离出来并前置。纳税人在进行每个税种的申报时,需先维护税源管理信息。根据每个税种实际情况,纳税人可在申报期前填写税源信息表,也可在申报期填写。税源信息填报完成后,系统自动生成申报表,纳税人确认后申报。

印花税税源申报流程如下:

(1)登录电子税务局网站,操作路径:"首页"→"我要办税"→"税费申报及缴纳"→"财产和行为税税源明细报告",进行税源采集。如图 14-1 所示:

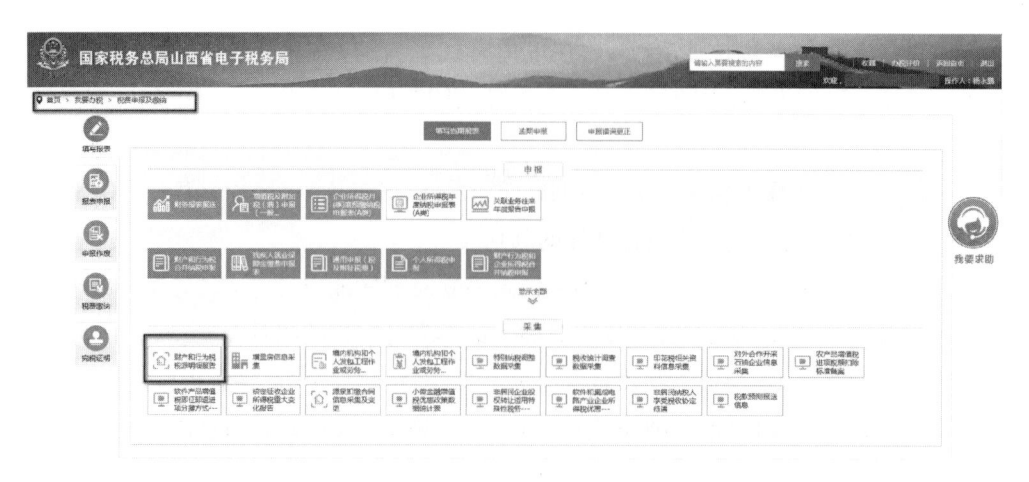

图 14-1

（2）采集完成后，纳税人进入电子税务局申报界面，点击"财产和行为税合并纳税申报"操作，纳税人可以完成所有税种采集后进行申报，也可以单独申报印花税。如图14-2所示：

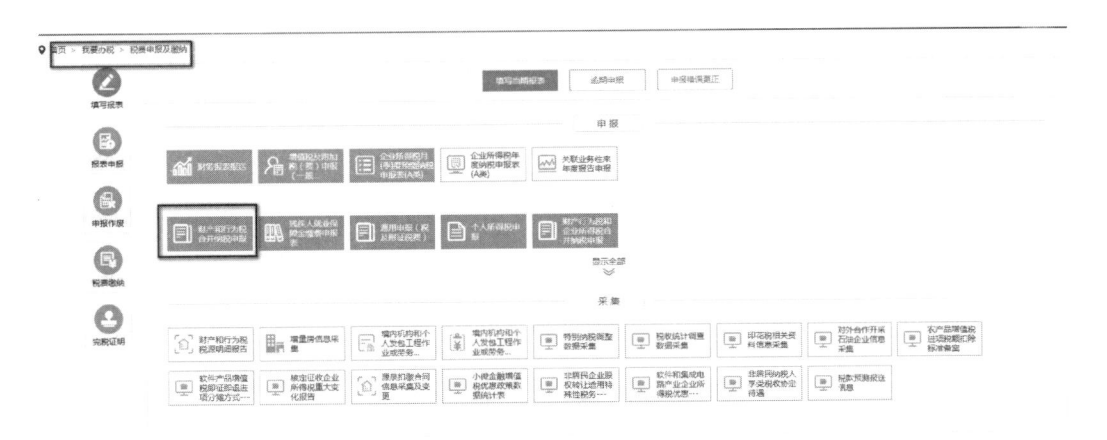

图14-2

（3）按系统提示勾选需要申报的印花税税源信息后，点击下方"确定"返回申报界面。如图14-3所示：

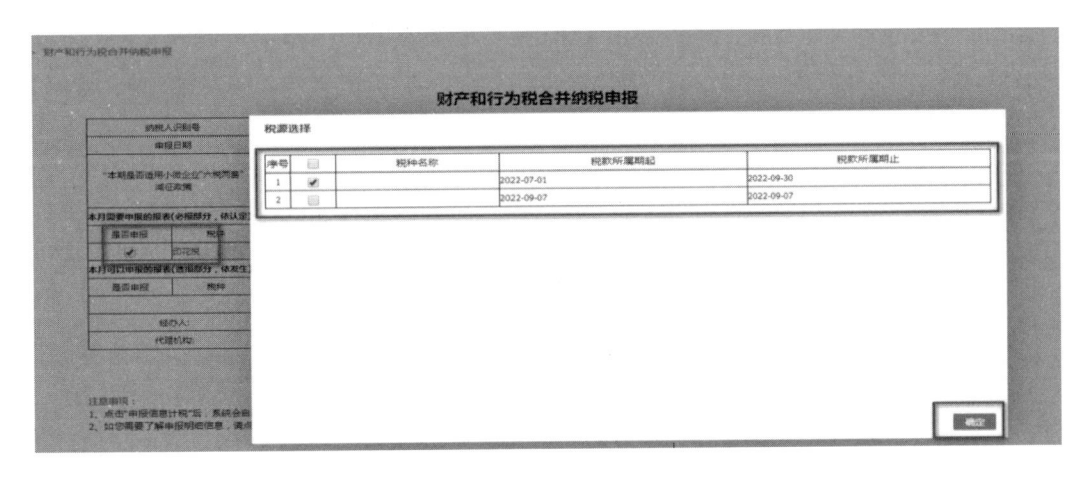

图14-3

（4）返回申报界面后，点击下方"申报信息计税"。如图14-4所示：

◀ 税法理论与实践

图 14-4

（5）系统将会自动判断纳税人是否享受"六税两费"的减免信息及申报信息。无法自动判断纳税人是否享受"六税两费"信息的需要纳税人根据实际情况选择是否享受。如图 14-5 所示：

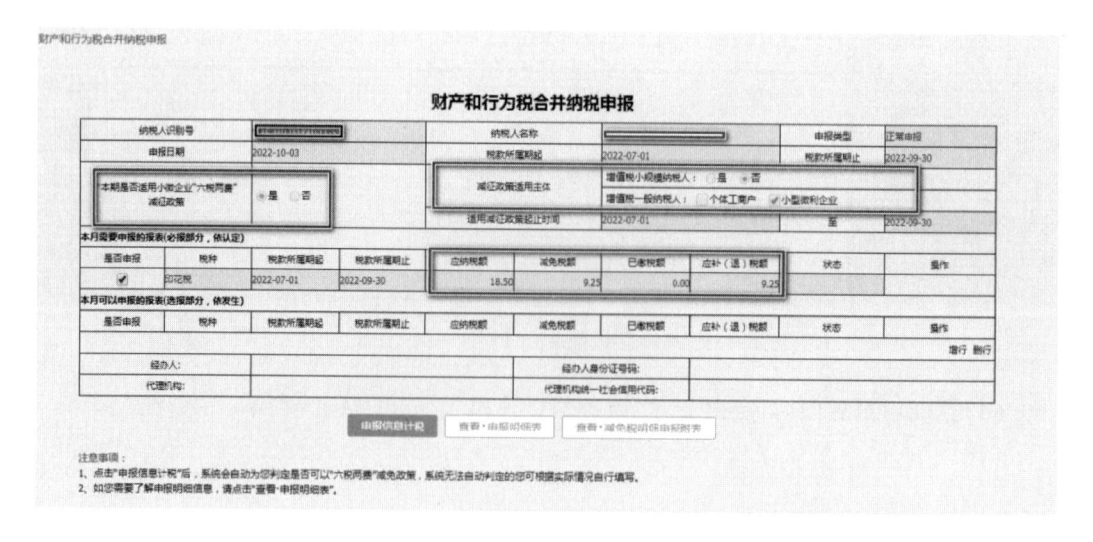

图 14-5

（6）点击下方"查看·申报明细表"及"查看·减免税申报明细附表"可查看申报明细信息、减免明细信息。如图 14-6 所示：

- 270 -

财产和行为税合并纳税申报

图 14-6

（7）确定申报信息无误后，点击左上角"保存"保存申报表，保存完成后返回申报界面，选择左侧"报表申报"，点击"操作"下的"申报"申报即可。如图 14-7 所示：

图 14-7

（8）申报完成后，点击"查看详情"按钮可查询申报结果。如图 14-8 所示：

图 14-8

（9）缴款完成后，可在"完税证明"下选择缴款日期及税款所属期打印和开具完税证明。如图 14-9 所示：

图 14-9

第十五章　环境保护税法

> **课前阅读**

环境保护税历史起源与中国现状

荷兰是征收环境保护税比较早的国家,为环境保护设计的税收主要包括燃料税、噪音税、水污染税等,其税收政策已为不少发达国家研究和借鉴。此外,1984年意大利开征了废物回收费用,作为地方政府处置废物垃圾的资金来源,法国开征森林砍伐税,欧盟开征了碳税。

欧美国家征收的环境保护税概括起来有:

(1)对排放污染所征收的税,包括对工业企业在生产过程中排放的废水、废气、废渣及汽车排放的尾气等行为课税,如二氧化碳税、水污染税、化学品税等。

(2)对高耗能、高耗材行为征收的税,也可以称为对固体废物处理征税,如润滑油税、旧轮胎税、饮料容器税、电池税等。

(3)为减少自然资源开采、保护自然资源与生态资源而征收的税,如开采税、地下水税、森林税、土壤保护税。

(4)对城市环境和居住环境造成污染的行为征税,如噪音税、拥挤税、垃圾税等。

(5)对农村或农业污染所征收的税,如超额粪便税、化肥税、农药税等。

(6)为防止核污染而开征的税,主要有铀税。

这些环境税收手段加强了环保工作的力度,取得了显著的社会效益和经济效益。芬兰全国二氧化碳的排放量已从80年代初的每年60万吨减少到几万吨;美国多年来坚持利用环保税收政策,促进生态环境的良性发展,取得了显著成效,其中最明显的例子是虽然汽车数量不断增加,但二氧化碳的排放量却比70年代减少了80%,空气质量得到很大的改善。

与发达国家相比,中国在环境与资源保护方面虽然也采取了一些税收措施,但比较零散且在整个税收体系中所占比重较小,无法充分起到调节作用,也无法满足环境保护所需资金。严格地说,中国不存在真正意义上的生态税,而且某些税收优惠政策在扶持或保护一些产业或部门利益的同时,却对生态环境造成了污染和破坏。如对农膜、农药尤其是剧毒农药免征增值税,虽然有利于降低农业生产资料的价格,保护农民的利益,促进农业的发展,但农药和农膜的大量使用却直接造成对生态和环境的严重污染和破坏。现行消费税虽然对某些污染产品、高能耗消费品及不能再生和替代的资源性消费品进行征收,但主要政策目标仍是控制和调节奢侈消费行为,强调财政作用,其环保意义不大。

国家发改委的《"十一五"规划纲要》实施中期评估报告显示:反映节能减排的单位 GDP 能耗和主要污染物排放两项指标进展不容乐观。几年过去了,能耗、化学需氧量、二氧化硫排放等三项指标的完成进度,均不足三分之一。全国政协委员欧成中就此提交了一份提案,认为国家应该择机开征"环境保护税"。欧委员认为,税收作为国家对经济进行宏观调控的重要手段,应该在促进节能减排方面发挥更大的作用,当前经济增速放缓,需求减少,石油、煤炭价格大幅下降,正是国家开征环境保护税的有利时机。他表示,环境保护税一旦开征,至少可以有三方面好处:一是减少污染,确保完成"十一五"规划的节能减排指标;二是加大污染企业的经营成本,使企业产生保护生态环境的压力和动力;三是增加政府财政收入,使政府有更多资金用于治理环境及支持、鼓励、补贴企业开发环保技术、实施环保项目。"而开征环境保护税的最终目的,是使能源资源的产品价格体现环境成本,理顺稀缺资源的价格,从而降低资源的消耗速度,促进生产和消费向可持续方向发展。"

国家发展改革委副主任解振华在国新办新闻发布会上表示,"十二五"期间有可能开征环保税,有关部门正在积极研究。"有关部门正在积极研究征收环保税的问题,这种可能性是有的,碳税现在还在继续研究。"解振华强调,在"十二五"期间,中国会更多地利用市场机制和经济手段实现碳排放强度降低的目标。碳交易,在"十二五"期间可能会走得快一些。中央财经大学税务学院副院长刘桓介绍,关于环境保护税如何征收的问题,正在酝酿的途径有两种。一是在消费税、企业增值税、企业所得税等各种税收中单独增加一个税目,对在生产和经营过程中造成的环境损害行为进行付费性的补偿。另有一种办法就是专门开征单独的环保税,例如,对制造酸雨的排放行为,废水废气废渣的排放,占用农田等行为征收环保税。

2015 年 6 月,中国国务院法制办公布《环境保护税(征求意见稿)》。

2018 年 1 月 1 日起,《中华人民共和国环境保护税法》施行,标志着中国有了首个以环境保护为目标的税种。依照规定,环保税按季申报缴纳,2018 年 4 月 1 日至 15 日是环保税首个征期。

2018 年 12 月 31 日,环保税开征一周年为绿色发展提供新动力。2018 年 1 月,我国首部环境保护税法正式施行,在全国范围对大气污染物、水污染物、固体废物和噪声等 4 大类污染物、共计 117 种主要污染因子进行征税。

第一节　环境保护税

环境保护税是为维护生态环境,针对污水、废气、噪音和废弃物等突出的"显性污染"进行强制征税的行为税。

一、征收对象

环境保护税征税范围包括4大类:大气污染物(不包含温室气体二氧化碳)、水污染物、固体废物(煤矸石、尾矿、危险废物、冶炼渣、粉煤灰、炉渣以及其他固定废物)、噪音(仅包含工业噪音)。

二、纳税人

在中华人民共和国领域和中华人民共和国管辖的其他海域,直接向环境排放应税污染物的企业事业单位和其他生产经营者为环境保护税的纳税人。

三、税率

环境保护税实行差别定额税率。环境保护税的税目、税额,依照《环境保护税税目税额表》执行。

表15-1　环境保护税税目税额表

税目		计税单位	税率
大气污染物		每污染当量	1.2元~12元
水污染物		每污染当量	1.4元~14元
固体废物	煤矸石	每吨	5元
	尾矿	每吨	15元
	危险废物	每吨	1000元
	冶炼煤粉炉渣及其他固体废物	每吨	25元
噪声	工业噪声	超标1~3分贝	每月350元
		超标4~6分贝	每月700元
		超标7~9分贝	每月1400元
		超标10~12分贝	每月2800元
		超标13~15分贝	每月5600元
		超标16分贝以上	每月11200元

四、应纳税额的计算

根据《环境保护税法》规定,环保税应税污染物的计税依据按照以下方法确定:

(1)应税大气污染物按照污染物排放量折合的污染当量数确定;
(2)应税水污染物按照污染物排放量折合的污染当量数确定;
(3)应税固体废物按照固体废物的排放量确定;
(4)应税噪声按照超过国家规定标准的分贝数确定。

应税大气污染物、水污染物的污染当量数,以该污染物的排放量除以该污染物的污染当量值计算。每种应税大气污染物、水污染物的具体污染当量值,依照《环境保护税法》所附《应税污染物和当量值表》执行。

(1)大气污染物的计税依据均为污染当量数,污染当量数=该污染物的排放量÷该污染物的污染当量值(污染当量值查表《应税污染物和当量值表》)。

由于每一排放口或者没有排放口的应税大气污染物,征税项目确定按照污染当量数从大到小排列,对前三项污染物征收环保税;

应税大气污染物应纳税额的计算公式为:

$$应税大气污染物的应纳税额 = 污染当量数 \times 适用税额$$

(2)应税水污染物的计税依据,征税项目确定先根据《应税污染物和当量值表》区分第一类水污染物和其他类水污染物,然后按照污染当量数从大到小排列,对于第一类水污染物按照前五项征收环保税,对于其他类水污染物仅对前3项征收环保税。

水污染物应纳税额的计算公式为:

$$水污染物的应纳税额 = 污染当量数 \times 适用税额$$

(3)应税固体废物的计税依据,按照固体废物的排放量确定。固体废物的排放量为当期应税固体废物的产生量减去当期应税固体废物的贮存量、处置量、综合利用量的余额。固体废物的贮存量、处置量,是指在符合国家和地方环境保护标准的设施、场所贮存或者处置的固体废物数量;固体废物的综合利用量,是指按照国务院发展改革、工业和信息化主管部门关于资源综合利用要求以及国家和地方环境保护标准进行综合利用的固体废物数量。

纳税人有下列情形之一的,以其当期应税固体废物的产生量作为固体废物的排放量:①非法倾倒应税固体废物;②进行虚假纳税申报。

应税固体污染物应纳税额以固体废物的排放量为计税依据,固体废物的排放量 = 当期固体废物的产生量 - 当期固体费用的综合利用量 - 当期固体废物的贮存量 - 当期固体废物的处置量。

固体废物应纳税额的计算公式为:

固体废物的应纳税额 =(当期固体废物的产生量 - 当期固体废物的综合利用量 - 当

期固体废物的贮存量 - 当期固体废物的处置量) × 适用税额

(4) 工业噪声应纳税额的计算以超标分贝数为计税依据,一个单位边界有多处噪音超标的,按照最高一处超标数额计算应纳税额,当沿边界长度超过 100 米有两处以上噪音超标的,按照两个单位计算应纳税额;一个单位有不同地点作业场所的,应分别计算应纳税额,合计计征;白天和夜晚均超标的,白天和晚上分别计算应纳税额,合计计征;声源一个月内超标不足 15 天的,减半计算应纳税额。应税噪声的应纳税额为超过国家规定标准的分贝数对应的具体适用税额。

超标分贝数的计算公式为:

$$超标分贝数 = 产生工业噪声分贝数 - 排放标准限值$$

工业噪声应纳税额的计算公式为:

$$工业噪声的应纳税额 = 超标分贝数 \times 适用税额$$

【例题 15 - 1】甲公司 2020 年 1 月向大气直接排放二氧化硫 8 千克、氟化物 10 千克、一氧化碳 200 千克、氯化氢 100 千克。假设当地大气污染物每污染当量税额为 1.2 元。该公司只有一个排放口。二氧化硫的污染当量值为 0.95,氟化物的污染当量值为 0.87,一氧化碳的污染当量值为 16.7,氯化氢的污染当量值为 10.75。计算甲公司 2020 年 1 月应缴纳的环境保护税。

【答案】(1) 二氧化硫污染当量数 = 80 ÷ 0.95 = 84.21

(2) 氟化物污染当量数 = 100 ÷ 0.87 = 114.94

(3) 一氧化碳污染当量数 = 200 ÷ 16.7 = 11.98

(4) 氯化氢污染当量数 = 100 ÷ 10.75 = 9.30

按污染当量数排序:氟化物污染当量数(114.94) > 二氧化硫污染当量数(84.21) > 一氧化碳污染当量数(11.98) > 氯化氢污染当量数(9.30)

该公司只有一个排放口,排序选取前三项污染物为:氟化物、二氧化硫、一氧化碳。

应纳税额 = (114.94 + 84.21 + 11.98) × 1.2 = 253.36(元)

五、税收优惠

《中华人民共和国环境保护税法》第十二条下列情形,暂予免征环境保护税:

(1) 农业生产(不包括规模化养殖)排放应税污染物的;

(2) 机动车、铁路机车、非道路移动机械、船舶和航空器等流动污染源排放应税污染物的;

(3) 依法设立的城乡污水集中处理、生活垃圾集中处理场所排放相应应税污染物,不超过国家和地方规定的排放标准的;

(4) 纳税人综合利用的固体废物,符合国家和地方环境保护标准的;

(5) 国务院批准免税的其他情形;

(6)纳税人排放应税大气污染物或者水污染物的浓度值低于国家和地方规定的污染物排放标准百分之三十的,减按百分之七十五征收环境保护税。纳税人排放应税大气污染物或者水污染物的浓度值低于国家和地方规定的污染物排放标准百分之五十的,减按百分之五十征收环境保护税。

六、征收管理

环境保护税由税务机关依照《中华人民共和国税收征收管理法》和本法的有关规定征收管理。生态环境主管部门依照本法和有关环境保护法律法规的规定负责对污染物的监测管理。县级以上地方人民政府应当建立税务机关、生态环境主管部门和其他相关单位分工协作工作机制,加强环境保护税征收管理,保障税款及时足额入库。

纳税义务发生时间为纳税人排放应税污染物的当日。纳税人应当向应税污染物排放地的税务机关申报缴纳环境保护税。

环境保护税按月计算,按季申报缴纳。不能按固定期限计算缴纳的,可以按次申报缴纳。纳税人申报缴纳时,应当向税务机关报送所排放应税污染物的种类、数量,大气污染物、水污染物的浓度值,以及税务机关根据实际需要要求纳税人报送的其他纳税资料。纳税人按季申报缴纳的,应当自季度终了之日起十五日内,向税务机关办理纳税申报并缴纳税款。纳税人按次申报缴纳的,应当自纳税义务发生之日起十五日内,向税务机关办理纳税申报并缴纳税款。纳税人应当依法如实办理纳税申报,对申报的真实性和完整性承担责任。

第二节　环境保护税采集与申报

一、税源采集和填报

自2021年3季度起,环境保护税税源采集流程分为两大部分,一是基础信息采集,二是分类信息采集,排污信息如无变动,则只需采集一次,以后不必每次申报都采集。此项采集是完全根据排污许可证副本的相关内容填列的。在填报前,需要注意明确的几个专业术语是"污染物类别""污染物种类""排放形式"。

申报流程只有申报计算及减免信息采集一项。此项采集是根据环保设备监测数据或监测机构的监测报告填列。需要注意明确的几个专业术语是"排放量""实测浓度""月均浓度""最高浓度""计算基数""产污系数""排污系数"等,相关解释以各地环保部门公告为准。

二、申报流程

以电子报税为例,登录电子税务局网站,操作路径:"首页"→"我要办税"→"税费申报及缴纳"→"财产和行为税合并纳税申报"路径进入申报界面,也可以通过搜索功能搜索"财产和行为税合并纳税申报"进入申报界面,在"财产和行为税税源信息报告"中选择环境保护税税源采集及变更。以下是电子申报的流程:

(1)登录电子税务局网站。如图15-1所示:

图 15-1

(2)进入环保税税信息采集。如图15-2所示

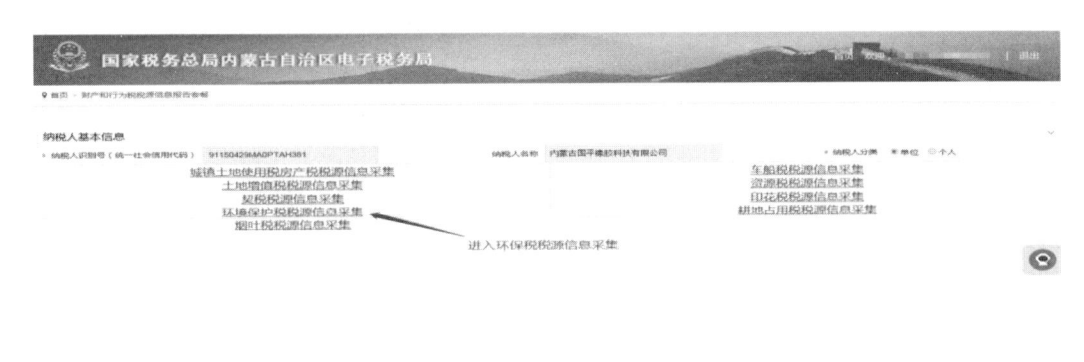

图 15-2

(3)进行税源基础信息采集,请完全依照排污证副本中的《排污单位基本信息表》填写。如图15-3所示:

◀ 税法理论与实践

图 15-3

（4）在下面的税源基础信息采集表中，分别依照《副本》中各污染物类别的排放口、污染物种类等，通过增行填写所有数据。《环境保护税法》第三条注明：本法所称污染物，是批本法所附《环境保护税税目税额表》《应税污染物和当量值表》规定的大气污染物、水污染物、固体废物和噪声。如图 15-4 所示：

图 15-4

— 280 —

(5)分别填写各类污染物的基础信息采集表,标 * 的为必填项。如图 15 – 5 所示:

图 15 – 5

(6)采集完成后回到税源基础信息采集表,保存数据。至此,税源信息采集部分采集完毕,以后如果税源信息没有变动则无需再次采集。如图 15 – 6 所示:

图 15 – 6

◀ 税法理论与实践

（7）点击进入申报计算及减免信息采集页面。从此步起为申报部分，以后税源如无变化，第3~6步操作可越过。如图15-7所示：

图 15-7

（8）按季选择税款所属期，点击下面的"增行"。如图15-8所示：

图 15-8

- 282 -

(9)分别选择各项税源信息。如图15-9所示:

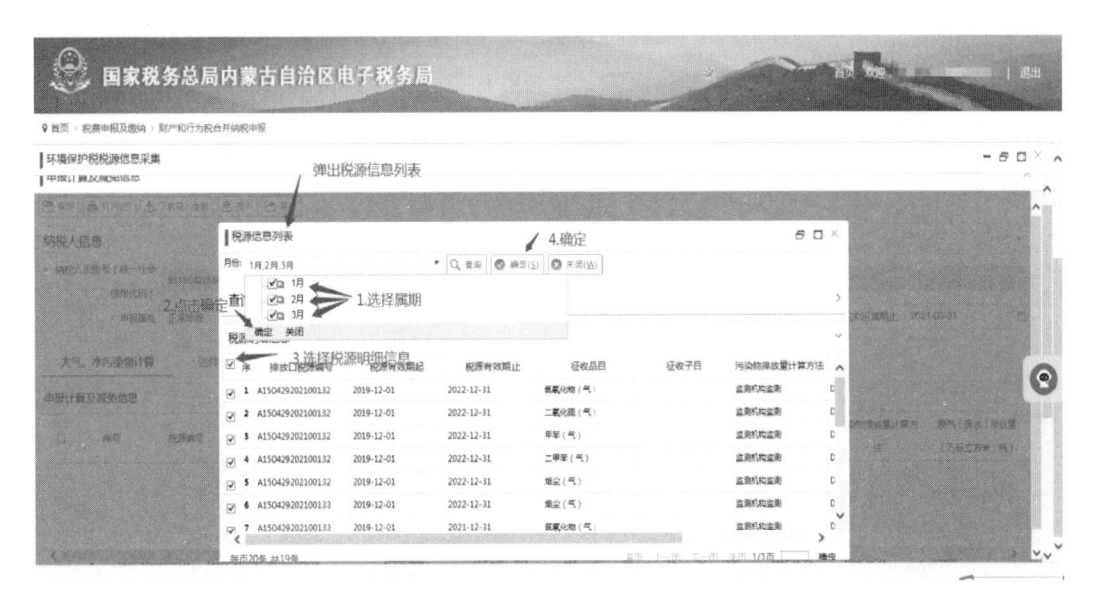

图15-9

(10)列出申报信息数据,根据环保设备监测数据或监测机构的监测报告填列各项内容。注意:此表虽是按季申报,但却是按月填报各类污染物数据,污染物种类较多的企业填报时需谨慎。填报完成点击"跳转申报"回到申报主页面。如图15-10所示:

图15-10

◀ 税法理论与实践

(11) 按季选择申报属期。如图 15-11 所示：

图 15-11

(12) 此时在"是否存在税源信息"栏的状态应为"是"，点击"下一步"按钮进行申报，申报完成。如图 15-12 所示：

图 15-12

参考文献

[1] 马海涛.中国税制[M].11版.北京:中国人民大学出版社,2021.

[2] 李雪筠,李金荣.中国税制[M].上海:立信会计出版社,2022.

[3] 中国注册会计师协会.税法[M].北京:中国财政经济出版社,2022.

[4] 会计资格评价中心.经济法基础[M].北京:经济科学出版社,2021.

[5] 全国税务师职业资格考试教材编写组.税法1,税法2[M].北京:中国税务出版社,2022.

[6] 梁俊娇.税法[M].8版.北京:中国人民大学出版社,2021.

[7] 熊伟.税法解释与判例评注:第十四卷[M].北京:法律出版社,2022.

[8] 中国法制出版社.最新税收法律政策全书[M].6版.北京:中国法制出版社,2021.

[9] 王玉娟.税法与纳税实务[M].北京:中国人民大学出版社,2021.

[10] 冯英利,徐言琨.税法[M].北京:机械工业出版社,2022.

[11] 龙江滨,李永红.纳税申报与筹划实训教程[M].2版.北京:科学出版社,2020.

课后习题及答案解析